욕망의 음식

욕망의 음식

역사와 문화에 깃든
탐식의 인류학

연호탁 지음

글항아리

차례

볼로냐에서 쓴 편지

볼로냐에 머물렀었다. 피렌체와 베네치아, 베로나에서 멀지 않은 이탈리아 중북부의 도시 볼로냐. 평생 안식년 휴가와는 인연이 없을 것이라고 믿었던 내가 그곳에 간 까닭은 무엇일까. 무라카미 하루키는 어느 날 귓전에 들리는 북소리, 떠날 것을 종용하는 그 울림 때문에 이탈리아에 갔다고 했다. 괴테는 따뜻한 곳에 간다는 생각으로 흥분했다고 『이탈리아 기행』에 썼다.

내가 볼로냐에 간 이유는 유럽에서 가장 오래된 1000년 역사의 볼로냐대학 때문이었다. 그렇다고 연구를 하자고 간 건 아니다. 두어 달 짧은 기간 머물며 수학을 한다는 건 무리다. 그래도 볼로냐대학의 전통과 학문의 냄새는 맡고 싶었다. 이 도시의 별명은 학문의 도시, 음식의 도시, 붉은색의 도시다. 볼로냐를 찾기 몇 년 전부터 음식 문화에 관심이 생겼다. 그리고 역사학, 인류학은 물론 언어학적 관점에서 음식 문화에 접근하고 싶었다. 이 대목에서 내가 채식주의자인 사실을 아는 사람들은 피식 웃을지도 모르겠다. 그러나 나도 60여 년 나름대로 음식을 즐긴 사람이고, 음식 문화를 주의 깊게 관찰한 사람이다. 그러므로 당당한 음식 전문가다.

어지간히 파스타 요리를 좋아하는 사람들은 이미 라자냐 알라 볼로네제*Lasagna alla bolognese*를 맛보았을 것이다. 볼로냐식 라구 소스와 베샤멜, 치즈 가루를 라자냐 면과 함께 층층이 쌓아 만드는 이 오븐 요리의 맛은 라구, 정확하게는 라구 알라 볼로네제*ragu alla bolognese*라고 불리는 볼로냐 미트 소스가 결정짓는다. 나는 볼로냐 시내 골목을 어슬렁거리며 이런 현지 음식 냄새를 맡고 주민들의 음식 사랑도 엿보려고 했다. 그러면서 궁금증을 키우고 다시 풀어보려 한다. 왜 사람들은 먹는 일에 몰두할까? 내가 풀어갈 음식 이야기는 '음식에 얽힌 인간의 욕망'이다. 책의 제목을 '욕망의 음식'이라고 붙인 이유가 여기에 있다.

식탐과 탐식 사이

식탐食貪과 탐식貪食은 어느 글자가 앞이고 뒤인지 순서만 다를 뿐이나, 아 다르고 어 다르듯 두 단어의 뉘앙스는 미묘하게 차이가 난다. 식탐을 경계하라는 말을 쓸 때, 식탐은 부정적 의미를 지닌다. 먹는 것을 지나치게 밝히거나, 무엇이든 많이 먹을 때 식탐이라 칭하고 그런 상태를 죄나 금기로 대하는 느낌이다. 한편 탐식은 많이 먹는다기보다는 그냥 음식 자체를 탐한다는 인상을 준다. 중국어에서 식탐이란 말은 탄츠貪吃로 '게걸스럽게 먹다, 걸신들린 것처럼 먹다'의 뜻을 지닌다. 한편 탐식은 탐식증 환자, 탐식증 병자의 예에서와 같이 쓰인다.

이처럼 남들은 관심도 없을 말놀이를 하고 있을 무렵, 『중앙아시아 인문학기행』을 펴낸 출판사와 만나 음식에 관한 글을 써보고 싶다고 말을 던졌다. 왜 음식이냐, 어떤 내용을 글로 쓰고 싶으냐는 자연스런 질문이 돌아왔다. 음식의 탄생, 음식에 대한 사람들의 태도, 채식과 육식, 단식과 탐식 등 인간과 음식에 관한 이야기를 언어학과 역사학을 전공하고, 세상 곳곳을 돌아다닌 여행가의 입장에서 써보고 싶다는 게 나의 답변이었다.

사실 나는 채식주의자, 그것도 베저테리언*vegetarian*이 아닌 비건*vegan*이다. 사람들이 호기심을 갖고 묻는다. 왜 채식을 하느냐? 영양 불균형이 생기지 않느냐, 종교 때문이냐, 고기가 몸에 안 받느냐? 더러는 이렇게 묻기도 한다. 멸치는 먹지 않느냐? 짜장면에도 고기가 들어 있지 않느냐고 회의적으로 묻는 사람도 있다. 그런 이에게 나는 "내게는 멸치 한 마리와 고등어 한 마리가 같답니다"라고 대답을 한다. "짜장면을 먹지 고기를 먹지는 않잖아요"라고 한숨을 쉬며 해명을 하는 경우도 있다. 그러다 요즘 들어서는 겸손한 척 채식의 변을 이렇게 말한다. "내가 식복이 없는 거지요. 세상에 맛난 음식이 무수히 많은데 그걸 마다하니 말입니다." 그렇다. 나는 어린 시절 경험으로 고기가 참 맛있다는 사실을 잘 알고 있다.

그런데 세상 한편에는 여전히 굶주리다 못해 배고파 죽는 사람이 무수히 많다. 그렇지만 또 식욕을 자극하는 별별 산해진미가 세상 곳곳에 널려 있기도 하다. 어느 면에서 맛난 음식에 대한 인간의 욕망은 때로 죄악이 된다. 더러는 파멸을 부르기도 한다. 그럼에도 사람들은 오늘도 맛난 음식을 탐한다. 음식에 투영된 인간의 욕망. 나는 그걸 파헤쳐볼 참이다. 프란츠 카프카의 소설 속 단식 광대는 입에 맞는 음식을 발견하지 못해 단식을 한다지만, 나는 음식에 대한 인간 욕망의 근원을 더듬어볼 생각이다.

채식주의자의 고백

채식주의자, 엄밀히 말하면 곡식주의자에 가까운 내가 음식 문화에 관한 글을 쓰는 일은 무모한 일일 수 있다. 그러나 나는 그 일에 도전하려고 한다. 거기에는 몇 가지 이유가 있다.

첫째, 나는 내 글이 채식주의자로서 육식주의자 내지는 잡식주의자와는 다른 관점에서 음식에 관한 이야기를 들려줄 수 있다고 믿는다.

둘째, 나는 언어학자로서 오래전부터 음식 명칭과 그 기원에 관심을 가져왔다. 언어 접촉에 따른 어휘 차용과 전파의 과정을 분석해 음식의 기원과 역사, 문화에 대한 색다른 시각을 보여줄 것이라 믿는다.

셋째, 나는 또 중앙아시아 유목민의 언어와 풍속, 습관을 연구하는 역사학자이기도 하다. 중국의 사서史書는 물론 유목민의 구전 자료, 아랍의 문헌 등 고대부터 전해진 풍부한 사료를 검토하여 음식 문화의 변천사는 물론 교류사를 제시할 수 있다고 믿는다.

넷째, 나는 제법 알려진 여행가이기도 하다. 아직 가보지 못한 곳이 많지만, 30여 년간 문명과는 동떨어진 산간오지 척박한 환경 속의 소수민족을 찾아 그들의 언어와 생활문화를 눈과 귀로 보고 들었다. 방송가에서는 한때 나를 오지탐험가라 불렀다. 비교적 젊었던 1990년대 중국 윈난성과 베트남, 캄보디아, 라오스, 미얀마, 태국 산간의 소수민족 거주 지역은 고생과 눈물과 미소가 뒤섞인 아름다운 여행 목적지였다.

또한 인도, 파키스탄, 이집트, 이란, 터키, 그리스, 이탈리아 등 문명사적으로 중요한 지역은 자주 방문해 친근한 시선으로 현재와 과거를 연결시켜 바라보았다. 지중해 연안의 고대 국가들, 흔히 마그레브*the Maghreb*로 지칭하는 모로코, 알제리, 튀니지, 리비아 그리고 레반트*the Levant*라 불리는 시리아, 레바논, 요르단 등 중동 국가도 열정을 갖고 다녔다. 북미의 미국과 캐나다, 유럽을 대표하는 영국, 스코틀랜드, 아일랜드, 프랑스, 스위스, 스페인, 포르투갈, 오스트리아, 체코, 슬로바키아, 헝가리 그리고 폴란드, 루마니아, 불가리아 등 동유럽, 크로아티아, 세르비아 등의 발칸 지역, 또 벨로루스, 우크라이나와 러시아도 유심히 들여다보았다. 우즈베키스탄을 위시해 나라 이름이 '스탄*stan*'으로 끝나는 키르기스스탄, 타지키스탄, 카자흐스탄, 투르크메니스탄 등 중앙아시아 국가들과 파미르고원 동쪽인 신장웨이우얼 자치주, 몽골은 내 역사학 박사 논문의 주제와 관련해, 그리고 지역마다 특색 있는 매혹적인 음악에 끌려 부푼 마음으로 초원과 사막을 가리지 않고 돌아다녔다.

이렇듯 마음에 들거나 관심 가는 지역은 가고 또 가고, 가서 놀기도 하고 답사도 하고 그렇게 30여 년을 돌아다녔다. 그러므로 세상의 맛난 음식, 별난 음식 등을 보고 때로는 맛보았다. 그러므로 여행가의 입장에서 음식과 음식 문화에 대한 글을 쓸 자격이 있다고 믿는다.

책상에서 보는 세상과 현장에 나가서 보는 세상은 다르다. 책으로 이해하는 음식과 현지에서 목격하는 음식은 차이가 있다. 세상에는 가련한 채식주의자를 위한 음식이 마련돼 있었고, 여행지에서 나는 굶지 않았다. 그렇게 현지 음식, 현지인이 음식을 대하는 태도와 예절 등을 관찰할 수 있었다.

게다가 나는 차에 관심을 가지고 즐겨 마신다. 1992년부터 1994년까지 『중앙일보』에 '차의 고향'이라는 칼럼을 연재했고, 1994년부터 1995년까지 꼬박 일 년 KBS 라디오의 '우리 차, 우리 멋'이라는 프로그램에 참여해 차에 대한 인식을 새롭게 하고 차의 보급에도 의미 있는 역할을 했다. 우리 차를 소개하는 총 12편짜리 다큐멘터리에서 리포터 노릇도 하고, 각종 잡지에 차 칼럼을 기고했다.

나는 이번 글에서 사람들이 무엇을 먹는가, 즉 식재료나 음식 자체에만 관심을 두지 않고, 왜 그리고 어떻게 먹는가에 초점을 맞추려고 한다. 음식의 발상지를 알아보고 언어의 이동과 변천은 물론 음식과 관련된 인류 역사상 흥미로운 이야기를 전개할 계획이다. 자연스레 음식과 성의 관계도 다루려 한다. 음식 언어와 성에 대한 말이 연결되어 있는 부분도 놓치지 않고 보여줄 생각이다. 사람은 먹지 않고 살 수 없고, 끊임없이 누군가와 말을 하며 또 성을 추구한다. 이들의 공통점은 소통이다. 소통으로서의 음식, 말, 성을 이야기하려 한다.

나는 우리의 식생활이 더 이상 생존을 위한 것이 아니라고 생각한다. 먹을 것이 부족해 영양실조에 처하거나, 굶어죽는 사람이 지구 곳곳에 헤아릴 수 없이 많다는 사실을 누구보다 잘 알고 있다. 그럼에도 이제 음식은 인간의 사치 품목이 되어가고 있고, 사람들은 탐식 본능에 따라 맛있는 음식을 즐겨 선택한다. 그래서 나는 제일 먼저 인간의 미식 나아가 탐식 욕구에 대해서 살펴보려 한다.

사람들은 건강하게 오래 살고 싶어한다. 과거부터 현재에 이르기까지 사람들, 특히 지배계급은 무병장수나 불로불사에 지대한 관심을 가졌다. 여자들은 미용과 젊음에 마음을 빼앗기기도 했다. 필러 주사가 없던 때, 감기약이 출현하기 전 사람들은 먹거리를 통해 질병을 다스리고 건강을 유지하며, 영원히 살 수 있다고 생각했다.

성희, 환희에서 불사불로의 명약까지

음식을 사랑의 비약, 성의 환희를 보장할 명약으로 섭취하기도 했다. 그런가하면 소식이나 단식을 통해 반대의 길을 택하기도 한다. 인류 역사 속에서 불화를 화친으로 바꾸려 노력할 때면 음식은 빠지지 않는 주요한 수단이었다. 갈등 때문에 독특한 음식이 탄생하고 이색적인 문화가 생겨나기도 했다. 만한전석, 만두, 크루아상, 불스 블러드 등이 대표적인 예다.

인간은 종교를 떠나 살 수 없다. 어떤 종교든 숭배 대상이 있다. 숭배 대상인 신은 비록 우리 눈에 보이지 않으나 인간과 마찬가지로 음식을 섭취한다. 종교에 따라 신을 위해 바치는 신들의 음식이 다르다. 지금은 평등한 세상이나(최소한 법적으로), 과거 계급사회에서는 계층에 따라 먹고 마시는 음식이 달랐다. 음식의 질뿐만이 아니라 종류, 양, 먹는 방법, 도구 등이 현격하게 달랐다. 그렇다고 하층계급의 음식 문화가 없었다고 말해서는 안 된다. 여성들의 경우, 동양의 기녀들은 상상 이상의 아름다운 음식을 즐겼다. 이런 일이 가능한 배경을 살펴보는 일은 몹시 흥미롭다. 인간을 이해하고 인간의 삶과 역사를 엿보는 중요한 단서이기 때문이다.

나는 불한당들의 호사스런 삶도 다루려고 한다. 도둑이 하는 포식은 어쩐지 화가 나는 일이다. 사라센 해적이든 아랍 해적이든, 왜구든 남의 물건을 약탈하고 목숨을 위협하는 도둑이 산해진미를 즐긴다는 건 상상만으로도 기분이 나쁘다. 그러나 유감스럽게도 세상의 현실은 그렇다. 음식을 즐기는 일은 강자의 특권이었고, 오늘날도 그러하다. 왕족과 귀족, 성직자, 기사들도 당연히 강자에 속한다. 이런 반反 정의의 음식사를 독자의 감정을 건드리지 않는 범위 내에서 기술하려고 한다.

궁극적으로 나는 음식에 관한 수수께끼를 풀려고 한다. 인간에게 음식이란 무엇인가라는 원초적 질문에 대한 답을 여러 측면에서 살펴보려고 한다. 음식의 언어학, 음식의 역사학, 음식의 문화사, 음식의 인문학이 될 것이다. 재미를 추구하되 천박하지 않게, 다소 학술적이되 현학적이지 않은 글쓰기다. 나는 이 글이 음식에 대한 교양 안내자 역할을 해주길 기대한다. 이 글을 읽고 독자들이 다른 사람과 즐겁고 유익하게 소통할 수 있길 희망한다. 진정한 소통은 공감으로 완성된다. 바야흐로 미식의 시대다.

염염풍진 동소완董小宛

미식의 기본, 담박함

나는 국수를 좋아한다. 어릴 때는 국수가 좋은 줄 몰랐다. 채식주의자로 변신하면서 입맛에도 변화가 왔던가 싶다. 1일 2식 식생활에 한 끼는 국수를 먹었다. 그냥 맛있었다. 단순하게 말해 미식이란 맛있는 것을 먹는 일, 즐기는 일이 아닐까? 영동 지방에 산 지 거의 40년, 20대 후반에 처음 맛본 동해안 국수는 고추장을 풀어 끓인 장칼국수였다. 누군가는 텁텁해서 싫다지만 나는 오히려 그래서 입맛에 맞는다.

스님들은 국수 얘기만 나와도 싱글벙글한다. 국수 먹는 기쁨에 어린애처럼 좋아하는 데는 다 까닭이 있을 것이다. 아무려나 승가의 주방에서는 스님들이 워낙 국수(잔치국수)를 좋아해서 국수를 승소僧笑라 부른다. 사실 국수는 동서양을 막론하고 대중이 사랑하는 대중 음식이다. 지역마다 별종 혹은 변이형이 수도 없이 많다. 이탈리아를 비롯한 서양인들은 흔히 스파게티라고 부르는 파스타를 즐겨 먹는다. 중국 윈난성 사람들은 뜨거운 돼지기름 국물에 쌀국수를 담가 먹는 궈차오미셴過橋米線을 최고의 국수로 꼽는다. 나는 칼국수, 잔치국수 말고도 메밀국수를 상당히 좋아한다. 그러나 뭐니 뭐니 해도 국수의 참맛은 잔치국수에서 발견할 수 있다.

다시마를 우린 뜨끈한 국물에 탄력 있게 삶은 국수를 말아 만든 잔치국수를 먹으면, 그때 느끼는 행복감으로 하루를 살아갈 활력을 충분히 채운다. 내 국수에는 멸치 우린 육수가 금기다. 기대감에 부푼 엄지와 검지 사이의 젓가락에 감기는 국수의 찰진 면발만으로도 대뇌피질은 흥분 호르몬을 분비한다. 인간의 입맛

중국 윈난성 멍쯔蒙自시 한 식당의 궈차오미셴 차림. 궈차오過橋는 "다리를 건너다"라는 뜻으로 청나라 시기 한 선비와 아내의 애정 고사에서 비롯되었다.

과 미식이 사실 대단한 것은 아니며 그럴 필요도 없다.

인간은 늘 건강이나 장수를 염두에 두고 음식을 먹을 만큼 분별이 있지 않다. 대부분의 사람이 음식을 선택하는 첫 번째 기준은 맛이다. 맛이 없으면 그건 음식이 아니다. 그러므로 음식을 만드는 사람이 할 일은 입맛을 사로잡는 요리를 만드는 것이다. 음식과 조리법 발달도 다 이런 사정에 기인했다. 어떻게 하면 맛있는 음식을 만들 수 있을까? 과거나 현재나 이것이 요리사가 항상 고민하는 부분이다. 고민 끝에 학문이 탄생한다.

미식학美食學(gastronomy)의 주된 연구 대상인 미식을 영어로는 '파인 푸드*fine food*'라고 한다. '미식학'이라는 뜻 외에 '(어느 지방의 독특한) 요리법'을 가리키기도 하는 개스트라너미*gastronomy*라는 말은 고대 그리스어 γαστήρ(stomach)와 νόμος(laws that govern)가 합쳐진 말인데 글자 자체로는 '위를 조절하는 법칙'이라는 뜻을 갖는다. 미식학은 음식과 문화의 관계, 귀하고 맛있는 음식을 준비하고 대접하는 기술, 특정 지역의 조리 스타일, 과학적 섭생 등을 연구하는 학문 분야다. 그렇다면 미식이란 말은 온갖 조리 기술, 영양 정보, 음식 과학, 그 밖에 인간이 섭취하는 음식물의 맛과 냄새와 관련한 모든 것을 포함한다고 말할 수 있다.

이런 사전적 정의와는 상관없이 나는 미식을 '사람이 아름다워지기 위해 먹는 음식이나 식사법'을 뜻하는 용어로 사용하려고 한다. 자연계에서 아름다움을 위해 스스로 음식을 선택하고 식사를 조절하는 존재는 오로지 인간밖에 없다. 물론 인간은 아름다움 외에 건강을 위해서도 특별히 섭생에 신경을 쓰지만, 극단적인 경우에는 절식과 금식을 넘어 단식이라는 특이한 양태의 몸 관리를 행하기도 한다. 다만 종교적인 단식은 미식과 관계가 없어 보인다.

동소완의 예술요리

나라가 이미 만주 오랑캐의 수중에 있었던 중국 명나라 말기, 남명의 수도는 난징이었다. 그 무렵 양쯔강 삼각주 지역에 위치한 난징 시내에는 친화이강秦淮河이 흐르고 있었다. 그 남쪽에 강남공원이 있고, 또 그 옆에 명기들의 집합소 구원舊院이 있었다. 이곳에 진회팔염秦淮八艷, 진회팔절秦淮八絕, 금릉팔염金陵八艷이라 불리는 여덟 명의 이름난 명기가 있었는데, 그중 한 명이 동소완董小宛이었다. 소완小宛은 '작은 동산'이라는 의미의 기명이다.

동소완은 당대의 명사인 모벽강冒辟疆과 염문을 뿌렸다. 명말 사공자의 한 사람으로 이름난 문학가이자 서법가書法家였던 모양冒襄(벽강은 그의 자字다)은 금세 그에게 반했다. 그의 선조는 몽골 귀족으로 쿠빌라이의 아홉 번째 아들 진남왕鎮南王 토간Toyan(脫歡 혹은 脫驩)의 후예로 알려져 있다. 일설에는 원나라 승상을 역임한 메르키트蔑里乞씨 톡타가Toqtogha(Toytaya: 脫脫 혹은 托克托)의 후예라고도 한다.

동소완을 끔찍하게 여긴 모양은 그녀를 기적에서 빼내 첩으로 삼고 죽을 때까지 지극정성으로 보살폈다. 모양이 쓴 회상기

『영매암억어影梅庵憶語』에 동소완의 미용법과 음식 이야기가 들어 있다.

"소완小宛은 천성이 담박했으며 기름지거나 단 음식을 좋아하지 않았다. 작은 호로병小壺에 든 개차芥茶 물로 쌀을 따뜻하게 일어 밥을 짓고 또 한 병의 개차 물로는 두 접시의 미나리芹를 넣고 향시(된장)국을 끓여 먹었다. 이것이 그녀의 먹거리였다."

비록 오래 살지는 못했지만, 동소완의 건강식은 쌀밥과 된장국이었다. 그녀는 매일 개차 우린 따뜻한 물을 부어 지은 밥에 역시 개차 물을

주서周序가 임모한 소운종蕭雲從 원작의 「동소완 소상」

넣고 미나리 된장국을 끓여 먹었다. 담박한 식단이다. 개차는 겨자차가 아니라 장쑤성 이싱宜興 등지의 골짜기나 넓은 공지에서 자생하는 차나무 잎으로 만든 녹차를 말한다. 당송시대에는 양

이차陽羨茶로 불리던 장쑤성 이싱차가 명청시대에 이르러 공차貢茶가 되면서 개지차岕之茶라는 명성을 얻었다. 다시 말해 이싱의 옛 명칭이 양이陽羨인데, 양이차는 이싱 당공산唐貢山(다산茶山), 남악사南岳寺, 이묵산离墨山, 명령茗岭 등지의 험한 '골짜기岕'에서 생산되는 차다. 현대의 관점에서 보면 고산지대에서 자라는 수령이 오래되고, 오염되지 않은 귀한 천연 상태의 차나무 잎을 채취해 만든 차인 셈이다.

동육(호피육)의 개발자 동소완

동소완은 재색을 갖춘 데다가 요리 솜씨가 뛰어나 그 명성이 강남 전역에 퍼져나갔다. 오늘날 양저우의 명물인 관향동당灌香董糖, 권소동당卷酥董糖 등은 동소완이 처음 만든 음식이다. '동당'이란 순백의 깨, 백설탕, 강력분, 맥아당 등을 원료로 종이처럼 얇게 만든 과자를 말한다. 이렇듯 동소완은 늘 새로운 메뉴를 개발하고 어딘가에 특별한 식단이 있으면 그곳에 직접 가서 제조법을 알아내는 수고를 아끼지 않았다.

소완은 늘 식보食譜를 보고 음식을 연구했다. 당시 중국 사람들은 호피육虎皮肉이라는 이름의 고기 튀김走油肉을 즐겨 먹었는데, 이 요리가 바로 소완의 창작품이다. 요리 연구가 소완으로 인해 일개 생선이 동육董肉이라는 이름을 얻게 되고 동파육東坡肉과 쌍벽을 이루는 멋진 요리로 재탄생한 것이다. 중국 10대 요리명장 중 하나로 손꼽힐 만하다.

오늘날도 중국인들은 호피육을 즐겨 먹는다. 인심이 무상해서 이 요리를 처음 개발한 사람이 누군지는 별 관심이 없다. 저장성의 한족 전통 요리로 알려져 있는 호피육은 다른 말

시판 중인 동당

로 '동육董肉'이라고도 부르는데 돼지고기 삼겹살帶毛五花猪肉을 사용하여 만든다. 그럼에도 전혀 느끼하지 않고 맛이 오히려 달며, 향이 뛰어난 데다 무늬가 마치 호랑이 표피와 같아서 호피육이란 이름이 붙었다. 미용 효과가 뛰어난 음식으로 알려져 있다.

소완은 단순한 팽임烹飪의 역할에 만족하지 않은 요리사였다. 그녀는 불굴의 요리연구가이기도 했다. 중국에서는 음식 만드는 소임을 '삶을 팽烹'과 '익힐 임飪'을 써서 '팽임烹飪'이라 한다. 또 옛날에는 요리사들을 '화부伙夫' '주자廚子' '주역廚役' 등으로 불렀다. 근래에는 높임말로 '주사廚師'라 부른다. 명칭이 어찌되었건 과거 중국에서는 부엌에서 불을 때서 음식물을 삶고 익혔다는 것이다. 거기서 볶고 튀기는 조리 방식이 등장하며 요리에 일대 혁명이 일어난다. 이런 일은 기름이 있어 가능했다. 기름을 이용한 튀김 요리는 다음에서 보듯 '볶는다'는 의미의 '초炒(차오)'를 앞이나 뒤에 붙인다.

巴蜀小炒雞(닭볶음)

川味小炒肉(볶음고기)

家鄉小炒皇(새우, 오징어 등을 마늘쫑과 볶아내는 푸젠 요리)

家鄉小炒肉(고향의 맛 볶음고기)

客家小炒(객가客家는 주로 광둥 요리다. 광둥식 볶음)

梅櫻小炒皇(매실과 벚꽃의 향을 입힌 푸젠식 볶음)

田園素小炒(전원식 채소볶음. 미나리, 버섯 등으로 만든다)

小炒脆骨(연골 볶음)

小炒黑山羊(검은 산양 볶음)

小炒臘牛肉(후난 요리로 훈제 소고기 짠맛을 조절한 뒤 겨울 죽순 등을 넣고 볶는다)

중국 요리에서는 기름을 사용한 음식임을 보여주기 위해서는 '기름 유油'자를 식재료 앞에 둔다. 따라서 과유육過油肉이란 요리는 돼지고기 등을 기름에 살짝 튀긴 음식이다. 기름이 식재료를 슬쩍 지나쳐간過油 정도로 튀긴다는 의미를 내포하고 있다. 이렇듯 기름을 어느 정도로 어떻게 사용하느냐에 따라 요리는 재미있는 뉘앙스를 지닌 이름과 섬세한 식감의 차이를 가져온다. 가히 음식이 예술의 차원에 이르게 되는 것이다. '지나칠 과'를 붙인 과유過油를 '달릴 주'를 써서 주유走油라고도 하는데, 후자는 식재료가 기름 위를 쏜살같이 달리듯 금세 튀겨낸다는 뉘앙스를 지닌다. 과유 내지 주유에는 또 두 종류의 조리 방식이 있는데,

전형적인 과유육

'미끄러질 활'을 붙인 활유滑油와 '긁어 팔 포'를 쓴 포유跑油다. 중국인의 감각을 알아야 요리의 차이를 알고 각각의 독특한 미각을 즐길 수 있다. 그리고 진정한 중국 요리의 대가는 이런 절묘한 조리법의 차이에 통달한 예술가 내지 명인이라 할 만하다.

활유는 요리 재료를 조리 전 기름에 '살짝 튀기는 것小炒'을 말한다. 프랑스어로는 쏘테sauté 방식의 조리법이다. 이렇듯 고기를 기름에 슬쩍 튀기는 과유 또는 주유 방식은 소완의 아이디어라고 한다. 그리고 이런 새로운 조리법으로 인해 평범한 돼지고기가 방향과 기미와 풍미를 지닌 동육이라는 아름다운 음식이되어 널리 사랑받게 되었다. 사람들은 미식을 즐기는 본능을 가지고 태어났다. 창조적 조리법은 미식 본능에 부합해야 한다. 그래서 요리사는 늘 새로운 시도를 한다. 중국 요리가 발견한 소초小炒와 주유走油의 기술, 이것이 중국 요리를 세계적인 것으로 만드는 데 혁혁한 공로를 세웠다 해도 과언이 아니다.

예술가가 사랑한 음식

이탈리아 사람: "이 세상에는 이탈리아 요리와 다른 나라의 '양식'이 있다."

프랑스 사람: "음식이란 나와 이웃이 인생에서 가장 기념할 만한 일을 함께 즐기는 전통이다."

1912년 4월 15일 영국을 떠나 대서양을 항해하던 호화 여객선 타이태닉 호가 침몰했다. 그리고 100년이 지난 2012년, 영국 윌트셔주 경매에 타이태닉 호 일등 선실 승객의 식탁에 놓였던 10코스 저녁 정찬 메뉴판이 나왔다. 낙찰가는 4만6000파운드, 우리나라 돈으로 약 7000만 원이다. 누군가는 왜 그렇게 많은 돈을 주고 타이태닉 호의 메뉴판을 사들인 걸까? 단순한 호기심 때문일까? 그만큼 투자 가치가 있어서일까?

나는 음식을 인간의 욕망과 연결해 바라보는 사람이기에 다

타이태닉 호의 레스토랑

른 해석을 해본다. 초호화 유람선 일등 선실의 승객이 돼 그들과 함께 호사스럽거나 진귀한 음식을 먹는 존재이고 싶은 욕구를 채우고자 구입한 건 아닐까. 무리해서라도 명품 가방과 옷을 사서 입는 것과 유사한 심리다. 인간은 본디 불평등하게 태어나 불평등하게 살고 있다. 10코스 정찬을 아무나 먹을 수 있는 건 아니다. 값비싼 와인을 물처럼 마실 수 있는 사람이 있는가 하면 감자 한 알조차 제대로 먹기 힘든 사람도 있다. 이게 사회의 현실이다. 따라서 사람은 꿈을 꾼다. 욕망의 꿈을 꾼다. 나에게도 부자나 상류층 인사들이 먹는 음식을 매일 먹을 수 있는 날이 오기를 희망한다. 그래서 사람들은 어쩌다 큰맘 먹고 비싼 음식을 먹으러 가기도 한다. 우리가 먹는 음식에도 신분의 차이, 귀천이

바이에른주 오버아머가우의 풍광

있음을 스스로 인정하고 있는 셈이다.

타이태닉 일등 선실 메뉴판에 있는 요리 몇 가지를 보면 무슬린 소스(홀랜다이즈 소스에 생크림을 섞어 만든 소스)를 곁들인 연어, 메인 디시는 구운 오리와 송아지 등심, 디저트는 프랑스식 아이스크림이다. 채식주의자인 내게는 10코스 고품격 럭셔리 정찬이 별 의미가 없다. 단 한 가지 요리를 제외하고! 오늘 미식의 소재는 타이태닉 정찬 코스에도 들어 있는, 다름 아닌 아스파라거스다.

내게는 아스파라거스에 대한 몇 가지 기억이 있다. 알프스산맥 골짜기에 자리 잡은 그림 같은 마을 독일 바이에른주의 오버아머가우에서 맛보았던 요리, 그리고 독일에서 제일 부자 도시인 뮌헨의 명소 마리엔 광장에서 팔려고 진열해두었으나 바라보면서도 민망한 심정이었던 잘 생긴 흰 아스파라거스다.

뮌헨이란 이름은 '승려들에 의한 도시'라는 뜻의 고중세 고지 게르만어 뮈니켄*Munichen*에서 비롯되었다. 바바리아어로는 밍가*Minga*, 영어권에서는 뮤니크*Munich*라 부른다. 뮌헨을 차근차근 바라보기 위해서는 시내 중심가의 마리엔 광장을 찾아가면 좋다. 봄철이면 그곳에 많은 이의 시선과 마음을 빼앗는 멋진 식품이 등장한다. 싹*sprout* 또는 순*shoot*이라는 의미의 페르시아어에서 유입된 아스파라거스*asparagus*가 장본인이다. 아스파라거스는 봄철 채소다. 독일에서는 스파르겔*spargel*이라고 부르고 거대한 대륙 중국에서는 베이징 표준어로 루쑨蘆筍, 광둥어로 로우세운露筍이라고 부른다.

2017년 5월 초 베를린을 거쳐 방문한 뮌헨 마리엔 광장에서 남사스럽게 깎아 다듬어 진열해놓은 아스파라거스를 사는 남자의 심리가 나는 궁금했다. 흔히들 크고 단단하면서 물기가 있어야 품질 좋은 아스파라거스라고 말하는데, 그 근저에는 아스파라거스를 단지 몸에 좋은 음식으로 보는 게 아니라, 남성의 은밀한 욕망이라든지 그 이상의 것으로 여기는 문화가 있는 듯했다. 어떤 면에서 음식은 사람의 원초적 욕망을 담아놓는 그릇이기도 하다.

1776년 5월, 바이마르에 살던 괴테는 한 여인에게 편지를 쓴다. 일종의 연애편지인데, 흥미로운 것은 아스파라거스를 주제

식물학 책에 실린 아스파라거스의 일러스트. 비비추과의 여러해살이 풀이다. 붉게 익는 열매는 독성이 있어 먹지 않는다.

뮌헨의 명소 마리엔 광장에 가면 노점에서 흰 아스파라거스를 판다. 정력제로 알려져 있다. 그래서인지 깎아놓은 모습이 보기에 매우 민망하다. 2017년 기준 1킬로그램에 7.99유로라면 우리나라 돈으로 1만 원 정도. 재배농가가 늘어나 값이 많이 떨어졌다. (→)

담백하게 만든
아스파라거스 요리 (↘)

로 삼고 있다는 점이다. 왜 여인에게 보내는 연서에 아스파라거스를 등장시켰을까? 괴테는 그 이후로도 여러 차례 '아스파라거스 연서'를 쓴다.

"처음으로 정원의 온실에서 잤습니다. 그곳에서 처음으로 아스파라거스를 수확했습니다. 이 아스파라거스를 다른 것과 함께 섞지 말고 혼자만 드십시오. 그래야 아스파라거스에 대한 행복한 추억을 간직하게 될 테니까요. 제가 당신과 함께 이걸 먹는다면 최고로 맛이 있을 텐데. 오늘 점심때는 어떨지 말씀해주십시오. 제가 방문해도 좋을까요? 이곳은 여전히 조용합니다. 당신과 헤어진다는 것은 상상할 수도 없습니다. 아듀. G."

22년 후인 1798년 봄, 괴테가 잠시 바이마르 인근 도시 예나에 머물 때 바이마르에 있는 아내 크리스티아네 폰 불피우스에게 편지를 쓴다.

"몸의 영양 상태가 훨씬 좋아졌소. 트라비티우스 부인은 아스파라거스 요리를 아주 잘하고 가끔은 달걀 케이크도 만들어준다오. 실러의 집에서는 스테이크 요리를 해주네요. 당신이 보내준 소스가 샐러드의 맛을 더해줘 입맛을 되찾았소."

요한 볼프강 폰 괴테(1749~1832)는 유복한 가정에서 태어났다.

바이마르에서의 27세 괴테와 프랑크푸르트에 있는 괴테의 생가

1749년, 당시 신성로마제국의 자유제국도시였던 프랑크푸르트
가 고향이다. 왕실 고문관이던 아버지 요한 카스파르 괴테는 서
른여덟에 시장의 딸인 열일곱 카타리나 엘리자베트 텍스토르와
결혼했다. 괴테 하우스가 된 괴테의 생가는 아주 큰 집이라서 그
의 부모는 가정교사를 여럿 두고 아들에게 당시의 교양 언어였
던 라틴어, 그리스어, 히브리어, 프랑스어, 이탈리아어, 영어 교
육을 시킨 것은 물론 댄스, 승마, 펜싱 레슨을 받게 했다. 전형적
인 상류층 출신이다.

　괴테는 권력자의 총애를 받음으로써 또 다른 권력자가 된다.
스물다섯 살이 된 1774년 첫 소설 『젊은 베르테르의 슬픔』의 성
공으로 전 유럽에서 명성을 얻게 된 약관의 괴테는 이듬해인
1775년 11월 바이마르에 주거를 정한다. 그곳에서 그는 작센-바

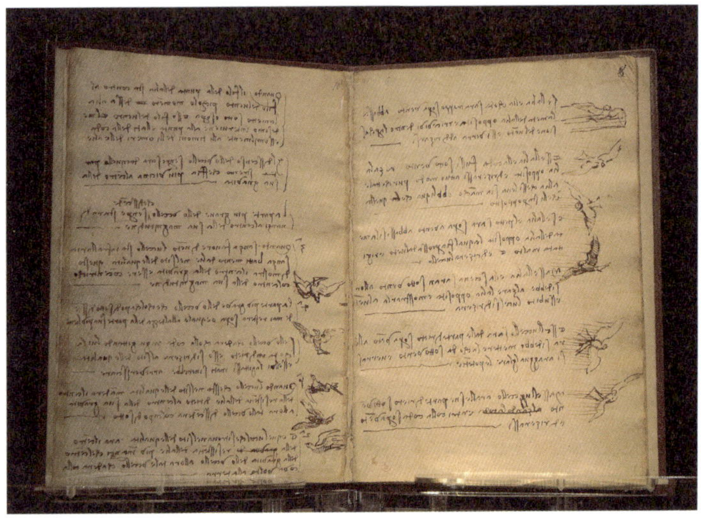

다빈치의 노트

이마르 공국의 군주였던 카를 아우구스트 대공에게 귀족 작위를 받는다. 그리고 바이마르에 머무는 최초의 10년 동안 그는 공국 추밀원 회원이 된다.

레오나르도 다빈치는 요리에 대해 쓴 짤막한 글들을 『코덱스 로마노프Codex Romanoff』라는 소책자에 모아두었다. 이 요리책에서 그는 아스파라거스를 언급했다.

"아스파라거스의 가는 줄기를 삶아 소금, 향유, 후추로 맛을 내면 아주 훌륭한 요리가 된다. 이 요리는 위장의 붓기와 속병을 고쳐주고, 어깨나 허벅지 통증을 없애주며 설사약으로도 효능이 있다."

아이러니하게도 문화는 권력의 호의에서 발아하고 생장한다.

대중의 일상적 삶은 대체로 먹을 것을 구하는 일로 점철되어 있다. 매일 같이 그날그날의 양식을 걱정하지 않아도 되는 유한계층의 관심과 열정, 취미가 문화 형성과 발전의 주요 변수로 작용한다. 음식을 즐기는 행위는 여유와 연관성이 있다. 여유는 일종의 혜택이고 혜택은 권력의 또 다른 이름이다.

사람은 먹어야 한다. 왜 그런지는 모르겠으나 먹어야 행복하다. 그래서 늘 먹는다. 먹지 않으면 침울하고 불행하다. 한번 먹기 시작하면 끝장을 본다. 이런 말에 해당하는 사람들이 역사 속에도 꽤 있다. 이름을 대면 '에이, 설마?' 하고 생각할 수도 있다. 프랑스 소설가 발자크는 대식가에 폭식가였다. 이탈리아 음악가 로시니는 전력을 다해 미식을 즐겼다. 그의 삶은 맛 기행으로 점철됐다고 해도 과언이 아니다. 세종대왕 이도李裪도 먹는 걸 사랑했다. 신라 태종 무열왕 김춘추 역시 무지막지하게 먹어댔다.

이렇듯 먹는 것에 지나치게 집착하는 사람이 많다. 평소 굶거나 집안 형편이 어렵지도 않은데 늘 게걸스럽게 먹거나, 먹는 양이 어마어마한 사람을 흔히 볼 수 있다. 교양 여부, 남녀와 노소의 차이는 식탐과 무관하다. 심리학자 특히 정신분석학자들 중에는 식탐의 원인을 유아 단계의 구강기 애착에서 찾는 경우가 있다. 그들의 견해는 당연히 일리가 있다. 그러나 세상에 '반드시'라는 건 없다. '절대로'라는 건 없다. 식탐이 어린 시절 정신적 외상인 트라우마나 가족역동 때문에 생겨났을 수 있으나 모든 식탐을 그렇게 해석할 수는 없다. 식탐의 원인을 제대로 파악하

송로버섯을 찾는 돼지

송로버섯 파스타

기 위해서는 개인의 기질이나 시대 상황, 개인이 속한 사회의 문화 배경을 들여다볼 필요가 있다. 문화가 사람을 만들고 나아가 시대를 형성하기 때문이다.

로시니는 천재 음악가였다. 동요나 클래식 소품도 아니고 십대 중반부터 오페라를 쓰기 시작했다. 그러다 서른일곱 되던 해인 1829년 마지막 오페라 「윌리엄 텔」을 끝으로 돌연 은퇴 선언을 한다. 로시니는 20여 년 동안 「세비야의 이발사」를 포함 총 37편의 오페라를 작곡했다. 활동 당시 베토벤보다 큰 인기를 누렸던 로시니, 그의 은퇴의 변은 이랬다.

"미식과 요리와 트러플(송로버섯)을 찾는 돼지 사육에 전념하렵니다."

이탈리아 사람들, 특히 토리노 일대의 주민들은 송로버섯을 채취할 때 돼지를 이용한다고 한다. 돼지가 버섯 냄새를 잘 맡는다는 것이다. 마약 탐지견이 있으니 버섯 탐사 돼지가 없으리란 법은 없다. 누군가는 로시니가 음식 때문에 음악을 그만두었다고 할 수 있지만, 단언컨대 음식이 없었다면 로시니의 음악도 없었을 것이다. 그는 이렇게 이야기했다.

"먹고 사랑하고 노래하고 소화시켜라. 사실 이 네 가지 요소가 인생이다. 샴페인을 따면 거품이 흘러넘치고 순식간에 사라진다. 인생이란 가벼운 내용의 희극적 오페라, 즉 부파의 4막과 같다."(오페라 부파Buffa는 이탈리아 스타일의 서민적 풍자가 담긴 희가극을 말한다.)

로시니는 오페라 소품의 제목을 음식 이름으로 짓기도 하고, 직접 와인을 담그기도 하고, 지인을 집으로 초대해 직접 요리를 만들어 대접하기도 했다. 또 이탈리아 전역과 세계 각국에서 요리 재료를 공수하기도 했는데, 그 목록을 보면 입이 다물어지지 않을 정도다. 아내 콜브란이 죽은 뒤, 1846년 펠리시에

로시니(1865)

와 재혼한 그가 볼로냐에 두 번째 신혼집을 마련한 이유가 볼로냐의 질 좋은 송로버섯 때문이라는 이야기가 있다. 볼로냐를 떠나 피렌체를 거쳐 1855년 파리에 정착한 이유도 파리의 맛있는 음식 때문이었다. 로시니의 음식 사랑에 대한 에피소드로 이런 이야기도 전해진다. 그는 평생 세 번 울었다고 하는데 심혈을 기울여 작곡한 「세비야의 이발사」 초연이 관객들의 난동으로 엉망이 됐을 때, 파가니니의 바이올린 연주를 듣고 감동했을 때, 센강으로 뱃놀이를 갔다가 송로버섯을 채운 칠면조 요리를 물에 빠뜨렸을 때다.

로마 최초의 황제 아우구스투스*Augustus*(기원전 63~기원후 14)는 세상 곳곳의 아스파라거스를 찾아 로마로 싣고 오는 이른바 '아스파라거스 함대'까지 보유하고 있었다. 진시황의 불로초에 대한 집착만큼이나 아스파라거스에 대한 사랑과 집착이 엿보이는 대목이다. 그는 "아스파라거스 요리 할 때보다 더 빠르게!"라는 민첩성을 강조하는 표현을 만들어내기도 했다.

어린 시절부터 병약했던 그는 위기가 닥칠 때마다 앓아누웠다. 청년 시기에는 결정적 순간을 회피하거나 달아나는 졸렬한 모습을 보였다. 그는 심약했다. 그에게 아그리파라는 의리남이 없었다면 로마 제국은 물론 지중해 세계의 판도가 완전히 달라졌을 것이다. 심약했기에 그는 더욱 더 남자다움을 원했을 것이다. 남성성으로 사람들의 마음을 사로잡고 타인을 지배하고 싶었을 것이다. 다행히 그는 총명하고 근면한데다 남다른 끈기가

있었다. 용맹해지기 위해 그
는 스스로를 단련하고 단련
했다. 로마를 유럽의 중심이
자 시민정치와 예술의 허브
도시로 만든 사람이 바로 우
유부단했던 소심남 아우구
스투스다.

루이 14세는 아스파라거
스를 '채소의 왕'이라고 공
포했다. 이집트의 네페르티
티 여왕은 '신들의 음식'이라
고 공언했다. 아스파라거스

베를린 신박물관의 네페르티티 여왕 흉상

가 절대 권력자들의 애정과 칭송의 대상이 된 이면에는 일종의
유감주술(원하는 바와 닮은 대상의 모습이나 행동을 따라 하면 소원이
이루어진다고 믿는 속신)과 아스파라거스의 효능에 대한 속설이
큰 역할을 했던 것으로 보인다.

영어 아스파라거스는 그리스어 '아스파라고스*ἀσπάραγος*'에서
유래되었는데 이 말은 또 새싹이나 잔가지를 의미하는 페르시아
어 '아스파라그'에서 비롯되었다. 숙취해소에 좋은 아스파라긴
산은 바로 아스파라거스에서 처음 발견되었기 때문에 붙여진 이
름이다.

인간이 다년생 식물인 아스파라거스를 먹기 시작한 것은

5000년 전부터다. 기원전 3000년경 이집트의 피라미드 프리즈*frieze*(방이나 건물 윗부분에 그림이나 조각으로 장식하는 것)에 제물로 묘사되어 있다. 2세기 그리스 의사인 갈레노스는 아스파라거스를 유익한 허브라고 하면서 최음 효과가 있는 식품이라는 말을 덧붙였다. 고대 로마의 쾌락주의자들은 알프스에서 나는 아스파라거스를 특상품으로 치고 대량으로 사들여 냉동 보관했다가 축제에 사용했다.

로마의 상류층이 아스파라거스에 열광한 까닭은 그것이 최음 효과가 있다고 믿었기 때문이다. 생김새 때문인지 이른 봄 흙 속에서 불쑥 솟아오르는 아스파라거스는 오랜 세월 동서양에서 강정제나 최음제로 통했다. 인도의 고대 성애 교본 『카마수트라』와 15~16세기에 쓰인 『아낭가 랑가*Ananga Ranga*』라는 성 교본에도 아스파라거스가 등장한다.

그렇기 때문에 한편에서는 '귀족의 채소'로 대접받는 아스파라거스가 중세의 수도원과 수녀원에서는 철저히 금지되었다. 그런데 1469년 프랑스의 수도원에서 아스파라거스가 재배되기 시작되었다는 것은 아이러니가 아닐 수 없다.

내가 아스파라거스라는 채소의 이름을 처음 접한 것은 대학 2학년 봄 학기 영문 강독 시간에 영국 작가 서머싯 몸의 단편소설 「오찬」을 읽었을 때다. 소설 내용은 이렇다.

입에 풀칠조차 하기 어려운 형편의 파리에 사는 신출내기 작가가 어느 날 팬이라는 중년 여인에게서 편지를 받는다. 마침 일

『아낭가 랑가』는 수없이 많은 판본이 존재한다.

이 있어 파리를 지나가는데 시간이 되면 잠깐 만났으면 좋겠다는 내용이었다. 이미 편지를 주고받으며 나이도 어리고 훌륭하신 작가라는 찬사를 한껏 누렸던 터라 작가는 차마 거절하지 못하고 레스토랑 아 르파예*Restaurant à Le Fayet*에서 만날 약속을 한다. 하필이면 여인이 약속 장소로 잡은 레스토랑 파예는 프랑스 상원의원들이 단골인 고급 식당이었다. 그리고 작가의 수중에는 한 달 생활비 80프랑뿐이었다. 당시 보통 점심값은 15프랑이면 충분했고, 앞으로 두 주간 커피를 사마시지 않으면 한 달을 그럭저럭 버틸 수 있을 거라는 계산을 한 뒤 마주앉았다.

"저는 점심에 아무 것도 먹지 않아요."

여인이 하는 말에 안도하는 순간 가슴 철렁한 말이 이어진다.

"저는 한 가지만 먹어요. 연어 같은 거라면 몰라도. 혹시 캐비어가 있을지 모르겠네."

"점심이란 건 그저 대화를 위해 한 입 먹는 정도라서, 그렇지만 혹시 큼직한 아스파라거스가 있다면 먹어볼 의향이 있어요."

이렇게 하나씩 주문이 더해지고 크고 부드럽고 맛이 깊은 아스파라거스까지 등장한다. 여인의 작전에 말려든 작가는 밥값을 지불하는 데 한 달 치 생활비를 모두 써야 했다. 상당히 화가 났을 테지만 시간이 작가를 대신해 복수해주었다. 몇 년 후 길에서 우연히 만난 여인은 엄청난 뚱보가 되어 있었다.

아스파라거스의 백미는 씹을 때 사각거리는 식감

아스파라거스는 칼로리가 낮고 비타민과 미네랄이 많다. 요리로 만드는 법은 간단해서 잘 다듬은 아스파라거스에 홀랜다이즈 소스나 무슬린 소스를 곁들여낸다. 홀랜다이즈 소스는 허브를 우린 화이트 와인과 달걀노른자, 버터, 레몬즙으로 만드는데 중탕으로 적절한 온도를 유지하며 거품기를 이용해 재료를 잘 섞어주는 것이 중요하다. 시간이 지나면 분리되기 때문에 한 번에 많이 만들어둘 수 없다. 그리고 여기에 휘핑크림 또는 생크림을 일대일로 섞으면 무슬린 소스다. 간단한 재료로 미식가의 입맛을 사로잡기에 충분한 실속 있는 특식이다. 이보다 더 쉽고 흔한 요리법은 버터를 녹여 살짝 굽는 방법이다. 아스파라거스의 매

베이컨을 곁들인 에그 베네딕트에 홀랜다이즈 소스를 끼얹고 파프리카 가루를 뿌린 요리

력은 입안에 넣고 씹을 때 사각거리는 식감이다. 이것이 아스파라거스의 백미이자 별미다.

아스파라거스는 가능하면 요리할 때 그 지역에서 나는 것을 구입해서 사용하는 게 좋다. 아스파라거스, 특히 흰 아스파라거스는 한 번 자르면 수분이 쉽게 사라진다. 마른 아스파라거스를 먹으면 마치 마른 나뭇가지를 씹는 느낌이다. 그러니 아스파라거스 요리에서 제일 중요한 일은 싱싱한 흰 아스파라거스를 구하는 일이다. 무엇보다 자른 부분이 말랐는지 아닌지 살펴본다. 끝부분을 부드럽게 눌러 짜면 품질 좋은 아스파라거스는 수액이 새나온다.

양질의 아스파라거스는 새눈이 똑바로 나고 색깔은 뽀얀 흰색이다. 보라색을 띠거나 구부러져 있으면 맛은 같아도 껍질 벗기기가 어렵고 자르기가 쉽지 않다. 독일 사람들은 보라색을 흠결이 있는 색이라 여겨 꺼리는 경향이 있다. 또 아스파라거스는 두툼하고 단단해야 좋다. 흰 아스파라거스는 겉에 섬유질, 어떤 때는 목질 섬유소가 많기 때문에 껍질을 벗겨야 한다. 새눈이 굵직할수록 껍질을 벗기기 쉽고 껍질을 벗긴 후에도 먹을 수 있는 부분이 많이 남는다. 미관과 촉감 측면에서도 굵고 단단한 놈이 좋다. 껍질을 벗긴 흰 아스파라거스는 알맞게 잘라서 조리를 한다. 조리법은 찜과 탕이 가장 흔한 방식이고, 초록 아스파라거스는 굽기가 적격이다. 구울 때는 헤이즐넛을 곁들인다.

값이 비싸기도 하지만 멋진 맛을 선사하는 식물인 만큼 저장에 각별히 신경을 써야 한다. 아스파라거스는 구입 후 하루나 이틀 이상 지나지 않도록 한다. 물기 있는 키친타월 같은 데 싸서 냉장고 야채 칸에 보관하면 좋다. 다룰 때도 조심해서 손상을 최소화해야 한다. 초록 아스파라거스에 비해 흰 아스파라거스는 유연하지 못해 쉽게 부러진다. 특히 머리 뒷부분이 그렇다. 스톡(육수)과 수프용으로도 쓰여 향긋한 냄새가 사라지기 전에 잘 보관해두는 게 좋다.

3

음식에 담긴 인간의 욕망

볼로냐에서 아침나철에 집 근처 카페나 바르*bar*에 나가면 인근에 사는 직장인, 학생, 주부, 노인이 자신의 단골집에서 브리오슈라는 이름의 빵과 함께 커피를 마시는 모습을 볼 수 있다. 개가 있는 사람은 꼭 개를 데리고 나온다. 에스프레소를 마시는 이가 있는가 하면, 우유 거품을 얹은 카푸치노를 즐기는 사람도 있다. 취향에 따라 빵 한 조각과 커피 한 잔으로 아침 식사를 한다. 나는 볼로냐에 머물 때 '바르500'에서 그런 일상을 목도하곤 했다.

구에라찌 거리와 산토 스테파노 거리가 만나는 사거리, 750여 년의 역사를 간직한 건물 1층에 파르마시아 약국이 있고, 길 맞은편에 과거를 떠오르게 하는 소박한 바르500이 있다. 주인은 50대 초반 마르코 씨인데 아르바이트 직원이 둘이나 있지만 언제나 직접 커피를 만든다. 맛있다. 단골이 많은 이유는 오직 친절과 맛이다.

86세의 노익장 알베르토 영감님은 하루에도 몇 번이나 이곳을 찾는 단골이다. 지정석에 자리 잡고 앉아 오가는 동네 사람들과 말을 섞거나 신문을 읽으며 정보를 얻는다. 여기서 아르바이트를 하는 드니스는 비벤차 출신으로 그림을 그리는 학생이다. 드니스와 알베르토 씨는 엄청난 나이 차이에도 불구하고 서로 친하다. 드니스가 예의 바르고 알베르토 씨가 무례하지 않기 때문이다. 모르는 게 없는 그가 파르마시아 약국의 약사 산탄드레아 씨 이름도 알려주었다. 산탄드레아라는 이름은 성 안드레아를 지칭한다.

나는 에스프레소를 즐겨 마시는데 설탕을 한 봉지 털어넣고

볼로냐엔 이런 식의 회랑 구조를 따라 바르들이 늘어서 있다.

콰드리라테로 구시가지 시장 거리 한복판에 있는 세계에서 가장 오래된 바 '오스테리아 델 솔레'가 있다. 사람들은 테이블에서 싸온 음식을 먹을 수도 있다. 에밀리야 로마냐 지방의 토종포도로 만든 술 피뇰레트를 작은 잔에 넘치게 담아준다. 내부와 외부 모습.　　　　(\)

잘 저어 마시면 커피의 쓴맛과 설탕의 단맛이 절묘한 대비로 멋진 앙상블을 이룬다. 에스프레소 커피를 원샷으로 마시고 탄산수를 입안에 머금고 입가심을 하면 기분이 상쾌해지고 삶의 의욕이 되살아나는 느낌이다.

사람들은 저마다 맛있게 먹고 마시는 법을 발전시킨다. 이탈리아인들은 보통 오전 11시 이후에는 카푸치노를 마시지 않아 이런 우스갯소리도 있다. "이탈리아에서는 11시 이후에 카푸치노를 마시면 비난은 안 하지만, 용서는 못한다." 아무 때나 카푸치노를 마시는 사람들과 자신들을 구별 짓는 자부심이다. 이렇게 개인의 법도가 여럿의 법도가 될 때 우리는 그것을 문화라고 이른다. 맛있게 먹는 것, 미식의 또 다른 이름이다.

'카펠레티 인 브로도'에 흠뻑 빠진 로시니

앞의 글에서 말했듯 로시니는 대단한 미식가였다. 자신의 유별난 별미 기호를 위해 필요한 식재료를 현지에서 직접 주문하는 정성과 맛있는 음식을 쫓아 거처를 옮겨 다닌 열정을 지닌 음식의 진정한 팬이었다. 미식의 달인이라고 말해도 좋을지 모르겠다. 그가 좋아했던 음식 중 모르타델라라는 볼로냐 특산 소시지가 있다. 유럽 중세사와 음식 문화사 권위자인 볼로냐대학 마시모 몬타나리 교수는 모르타델라가 이탈리아 자생이 아니라 독일에서 들어온 것이라고 말한다. 그럼 어떤가. 진위 여부와는 상관없이 이탈리아 사람들은 핑크색 모르타델라를 자신들 소산이라고 믿으며 즐겁게 먹고, 먹을 때마다 흐뭇한 표정을 짓는다.

로시니가 좋아한 음식 중 '카펠레티 인 브로도'라는 이름의 이탈리아 수프도 있다. 그는 누군가가 뺏어 먹을까봐 두려운 양 뜨거운 수프를 정신없이 들이켰다고 한다. 베르디 역시 이 수프를 좋아해서 '맛있는 수프'라는 의미의 '라 스퀴시타 미네스트라*la squisita minestra*'라고 부르며 친구나 손님에게 대접했다.

카펠레티 인 브로도는 사실 이탈리아 만둣국이다. 브로도는 '육수'라는 뜻이고, 카펠레티는 '작은 모자'라는 말로 주로 반죽할 때 채소를 사용하여 만드는 예쁜 빛깔의 작은 만두 모양 파스타다. 이 이탈리아 만둣국의 국물 맛을 낼 때 아스파라거스를 능가하는 재료가 없다. 로시니와 베르디의 미각을 사로잡은 것이 바로 아스파라거스 육수가 아니었을까 싶다.

요리는 먼저 질 좋은 재료를 구하는 일부터 시작이다. 볼로냐에서 열차로 한 시간 반 거리에 믿거나 말거나 줄리엣의 고향으로 알려진 베로나라는 도시가 있다. 그 북쪽에 발폴리첼라라는 작은 마을이 있는데 여기에서 마을 이름과 같은 명칭을 사용하는 알코올도수 14퍼센트의 고급 레드와인이 생산된다. 발폴리첼라의 올리브 오일 역시 유명하다. 다른 지역 올리브 오일보다 아름답게 반짝이는 황록색 빛깔과 섬세한 향, 레몬 잎새의 느낌과 함께 사향 냄새가 나는 뒷맛이 이곳 오일의 특징이다. 이런 질 좋은 올리브 오일에 향신료 로즈마리와 깨꽃 즉 샐비어(세이지라고도 부르는 꿀풀과에 속한 여러해살이풀로 지중해 원산이며, 향신

모르타델라. 마시모 몬타나리 교수는 모르타델라가 이탈리아 자생이 아니라 유럽연합의 리더 국가인 독일에서 들어온 것이라고 말한다.

카펠레티 인 브로도

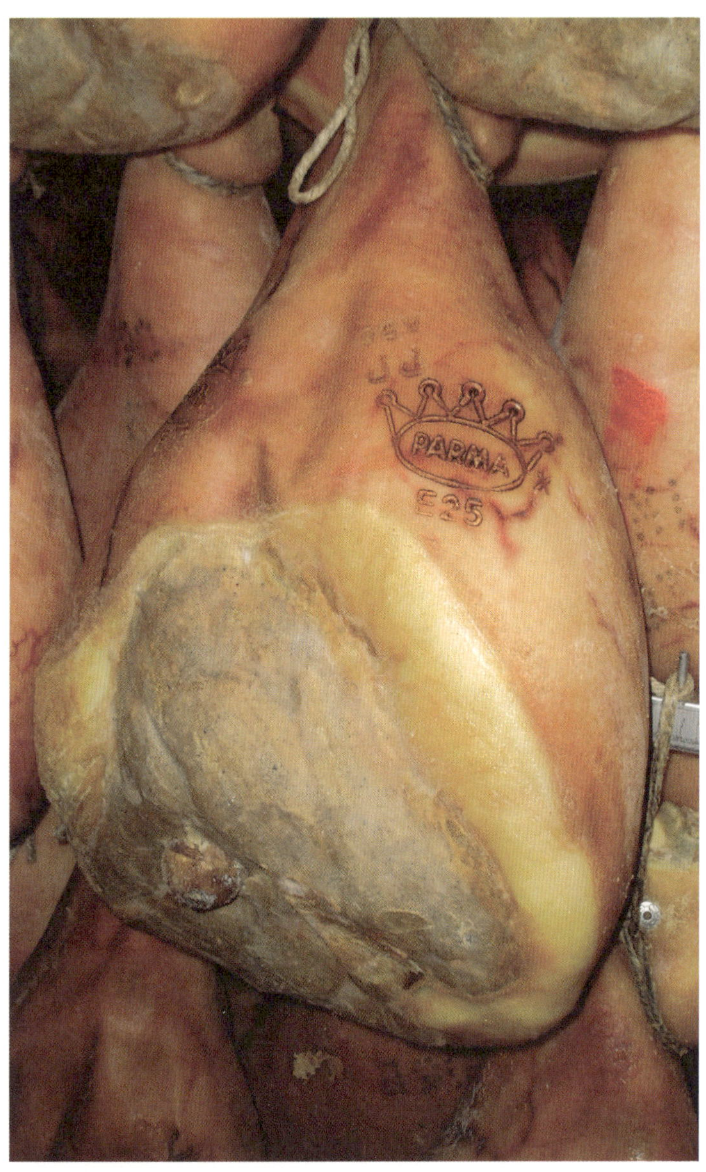

냉동 창고에서 숙성 중인 프로슈토. 프로슈토는 돼지 뒷다리를 소금에 절여 오랫동안 자연 숙성시킨 이탈리아 햄이다.

료·약초 또는 관상용으로 쓰임) 등을 혼합해 돼지 허리살과 송아지 고기 각각 500그램에 골고루 문질러 180도씨 오븐에서 40분 동안 구운 뒤 칼로 잘게 다진다. 그런 후 미리 다져둔 생햄 프로슈토 200그램과 모르타델라 200그램을 함께 섞은 뒤 '치즈의 황제'라 불리는 파르미지아노 레지아노(흔히 파마산이라고 부르는 치즈)나 그라나 파다노 치즈를 곱게 갈아 알맞게 섞어 소를 만든다. 다음으로는 달걀 2~3개를 볼에 깨뜨려 넣고 잘 풀어서 카펠레티 반죽을 만든다. 숙성시킨 반죽을 정사각형으로 잘라 소를 가운데에 올리고 세모로 접어 양쪽 끝부분을 서로 붙여주면 이탈리아식 미니 만두 카펠레티가 완성된다.

세상은 진정 맛있는 먹거리로 넘친다. 그리고 인간은 못 먹는 것이 없다. 오죽하면 하늘을 나는 비행기와 바다 속을 누비고 다니는 잠수함만 빼고 다 먹는다는 우스갯소리가 있을까. 물론 시간만 되면 그것들도 못 먹을 까닭이 없다고 중국인들은 말한다. 먹을 것에 대한 과도한 욕구, 이것이 말하는 바는 무엇일까? 욕망은 있으나 대상의 부재로 인한 대리 충족은 아닐까? 사실 음식 사랑이 단순한 즐거움을 넘어서 버릇癖이 되는 경우가 허다하다. 로시니도 그렇지만, 당나라 이후 중국 남성들을 사로잡은 전족에 대한 과도한 열정 내지 탐욕도 그런 관점에서 이해할 수 있다.

사람은 결코 고상한 인생을 살지 못한다. 톨스토이는 영원히 사는 길은 성장을 통해서 가능하고, 성장을 통해 영원히 사는 삶은 더 없는 행복, 지복至福이라고 말했다. 그러나 아름다운 음식의 유혹 앞에서 이 말은 귓전과 뇌리에서 멀어진다. 사람은 살기 위해 먹는가? 아니다, 대체로 먹기 위해 산다. 인간의 탐식은 본능이고, 그러므로 죄악이 아니며 오히려 진지하게 추구해야 마땅하다.

금련金蓮과 금련벽

원말 청초 학자인 도종의陶宗儀가 쓴 『도산신문道山新聞』을 보면 이런 이야기가 나온다. 중국의 혼란기인 5대 10국 시대 남당의 마지막 황제 이욱李煜에게는 요낭姚娘이라는 애첩이 있었는데 가냘프고 춤을 잘 추었다고 한다. 그는 높이 6척의 금으로 만든 연꽃 금련金蓮을 만들어 진귀한 보물로 장식하고 구슬로 치장한 뒤 그 안에 갖가지 색깔의 서련瑞蓮을 만들게 했다. 요랑은 흰 비단으로 발을 감싸고 발끝을 구부려 초승달 모양을 만든 후 비단 버선을 신고 연꽃 안에서 춤을 추었는데, 그 모습이 마치 구름 위에서 노니는 듯했다고 한다.

이렇게 시작된 여성의 전족纏足은 송나라에 이르러 더욱 유행했다. 송나라 말기부터 원나라에 이르러서는 여성의 발이 크면 수치로 여겼다. 여자가 전족을 하지 않고 귀를 뚫지 않으면 발 큰 선녀라는 뜻으로 대각선大脚仙 또는 반쪽 미인이라는 뜻의 반재미인半載美人이라고 조롱했다. 발이 큰 여성은 결혼조차 힘들었다.

전족은 점차 여성미를 나타내는 조건이 되었다. 남송 때는 노래하는 기녀에게 네 가지 장기를 요구했는데 노래 솜씨, 빼어난

가야금 연주 실력, 춤 솜씨, 예쁜 발이었다. 이처럼 전족은 낮에는 남자들에게 감상의 기쁨을 주고, 밤에는 노리개로 활용되었다.

옛날 중국 사람들은 '사詞'를 '시여詩余'라고 불렀다. 사詞란 원래 노래의 바탕이 되는 광범위한 의미의 시를 뜻한다. 노래 가사歌詞가 바로 그것이다. 민간 속곡俗曲이 수없이 생겨나다보니 노랫말인 '사'가 발전하게 됐다.

'보살만菩薩蠻'은 중국 당나라 때 서역에서 들어와 송나라 때 유행한 한시의 격식으로, 일정한 평측平仄 즉 음운의 높낮이를 가진 글자로 장단구를 만들고 각 구에 알맞은 글자를 채워 넣어 시를 짓는다. 이백의 「억진아憶秦娥」가 보살만의 시초라고 한다. 소동파의 「보살만·영족菩薩蠻·咏足」은 여성의 전족을 소재로 한 최초의 노랫말 즉 '사詞'다.

향 바르니 연꽃 걸음 아끼지 마세요

비단버선 물결 넘어 가버릴까 늘 근심하는데

춤추니 도는 바람만 보이고 종적은 간 곳조차 없네

살그머니 궁중 풍으로 얌전히 차려입고

두 발로 서고자 하지만 넘어지고 마네

가늘고 고와 아마도 어려울 것 같으니

손바닥 위에서나 보아야 할 것을

塗香莫惜蓮承步

長愁羅襪淩波去

只見舞回風, 都無行處蹤

偷穿宮樣穩, 並立雙趺困

纖妙說應難, 須從掌上看

_소동파, 「보살만·영족菩薩蠻·詠足」

　　보살만은 사패명詞牌名(곡조 이름)으로 많은 문인이 동일한 제목의 작품을 남겼다. 당나라 선종 때 오늘날의 미얀마 지역에 있던 여만국女蠻國에서 사신이 왔는데, 머리를 아름답게 늘어뜨린 채 금관을 쓰고 장식은 발끝까지 내려오는 차림이라, 그 모습을 본 중국인들이 보살을 닮았다 하여 보살만이라는 이름을 붙였다고 한다. 그 후 보살만은 미녀를 가리키는 속어로 쓰이게 됐다.

　　『성호사설星湖僿說』 제28권 시문문詩文門의 「보살만菩薩蠻」에 따르면 "보살만이란 것은 악樂의 곡조로서 이백의 시집에 보이는데, 그 사詞가 규원閨怨의 종류로 되었다. 우신행于愼行의 『곡산필주穀山筆麈』에, "위주威州·무주武州의 모든 오랑캐가 당나라 때는 각기 왕이라 칭했다. 여만국女蠻國은 그 선세가 백랑국白狼國이요 여자를 임금으로 삼았는데, 그 사람들은 상투를 높이 틀어 얹고 금관을 쓰고 영락纓絡이 온 몸을 덮었다. 그를 보살만이라 이른다. 보살 관음觀音이 여불女佛인 까닭이다. 당시의 악부樂府가 드디어 이 곡조를 만들어서 지금까지 전한다"고 했다. 또 "만蠻을 또한 만鬘이라고도 했으나, 생각건대 상투를 높이 틀어 얹고 영락을 덮는 제도가 당대에 중국에 흘러 들어와서 부녀의 성대한 꾸미

개가 되었기 때문에 이른 것이리라"고 했다. 이 글에서 규원^{閨怨}이란 여자가 뜻을 얻지 못하여 글로 그 원한을 푸는 것을 이르는데, 시인이 그 언사를 모의하여 정한을 나타내서 별도로 하나의 격^格이 된 것이다.

또 류렌쯔의 소설 『후궁견환전』 중 마지막 장면에 등장하는 온정균^{溫庭筠}이 지은 보살만도 있다.

보살만

작은 산은 첩첩이 금빛에 깜빡이고

구름 같은 귀밑머리 향긋한 흰 뺨을 지나네

나른하게 일어나 고운 눈썹 그리고

씻고 단장하는 것도 더디기만 하네

거울 앞뒤로 꽃을 비추니

꽃과 얼굴 서로 빛나네

새로 지은 수놓은 비단저고리엔

쌍쌍이 나는 금 자고새

小山重疊金明滅

鬢雲欲渡香腮雪

懶起畫娥眉, 弄粧梳洗遲

照花前後鏡, 花面交相映

新帖繡羅襦, 雙雙金鷓鴣

청나라 시대 소주蘇州 지역에서 유행하던 산가山歌 「전금련纏金蓮」 또한 남자가 여성의 작은 발 전족에 몰두하는 모습과 남자들의 농간에 놀아나는 줄도 모르고 여성이 자신의 삼촌금련三寸金蓮(세 치 길이의 전족)에 대해 의기양양해 하는 모습을 그리고 있다.

중국 남자들은 먹을 것이 넘쳐나는 연회에서도 여자의 세 치 신발을 술잔 삼아 술을 마시기도 했다. 그리고 이 비인간적인 작은 발 전족에 맞는 작은 신발을 금련배金蓮杯라고 했다. 금련은 여자의 예쁜 발을 형용하는 말로, 한련旱蓮이라고도 했다. 그리고 미인의 걸음걸이는 금련보金蓮步라고 했다.

명나라 때의 소설 『금병매金甁梅』 제6회에는 장안의 소문난 난봉꾼 서문경西門慶이 무대의 아내이자 호랑이를 맨손으로 때려잡았다는 무송의 형수 반금련潘金蓮을 유혹해 첩으로 삼은 뒤 그녀의 세 치 금련 신발을 벗겨 술을 따라 마시며 노는 대목이 나온다. 이와 같은 변태행위의 밑바탕에는 무엇이 자리 잡고 있을까? 소설 제목 '금병매'는 여주인공 반금련, 이병아, 방춘매의 이름에서 한 글자씩 따서 붙인 이름이다.

청대 방현方絢의 시 「관월사貫月査」는 여인의 앙증맞은 작은 금련 신발을 쟁반 위에 올려놓고 한 자 다섯 치 정도의 거리 밖에서 손님들이 젓가락으로 팥이나 연밥 등을 던져넣는 놀이를 묘사하고 있다. 만일 집어넣지 못하면 벌주를 마셔야 한다. 말은 벌주지만 숨은 의도는 신발에 밴 여인의 체취를 맡기 위함이다. 방현의 또 다른 시 「채련선采蓮船」은 세 치 발을 한 여인과의 사랑을 동경하는 남자들이 아예 도자기로 세 치 전족 모양 술잔을 만들어두고 여인이 그리울 때 그것으로 남다른 감회와 함께 술을 마신다는 내용을 담고 있다.(김명석, 『역사 속 중국의 성문화』)

이런 전족에 대한 집착 혹은 이상 행위를 당시는 금련벽金蓮癖이라는 이름으로 불렀다. 우리는 어떤 일에 치우친 사람을 '편벽하다'고 말하는데, 여기서의 편은 '치우치다'는 의미이고, 벽은 '후미지다'는 뜻이다. 따라서 편벽은 '어떤 일에 지나치게 치우침'이라는 부정적 뉘앙스를 지닌다.

그런데 박제가는 말하기를 "벽癖이 없으면 그 사람은 버림받은 자다. 벽癖이란 글자는 (파자하면) 질병과 치우침으로 구성되어 '편벽된 병을 앓는다'는 의미가 된다. 벽이 편벽된 병을 뜻하지만, 고독하게 새로운 것을 개척하고 전문 기예를 익히는 것은 오직 벽을 가진 사람만이 가능하다"고 했다.

명대의 문인 장대張岱도 박제가와 비슷한 말을 했다. "벽이 없는 사람과는 사귀지 말라. 깊은 정이 없기 때문이다. 흠이 없는 사람과는 사귀지 말라. 진실한 기운이 없기 때문이다." 일리가 있다. 다만 '흠이 없는 자'보다는 '흠을 인정하지 않는 자'와는 사귀지 않겠다고 고쳐 말하는 게 나을 듯하다.

「향련품조香蓮品藻」라는 글을 쓴 방현은 여성의 작은 발 즉 전족을 칭찬받아 마땅한 것, 영예롭게 사랑받는 것, 싫어하는 것, 굴욕적인 것 등 58개 항목으로 나누고 있다. 그런데 이렇듯 전족에 심취하는 것은 아무래도 정상적이라고 보기 어렵다. 다분히 변태적인 이상심리는 여성이 아니더라도 혐오감을 느끼기에 충분하다.

이런 비정상적 취미를 금련벽 또는 연벽이라고 불렀다. 중요한 것은 금련벽을 가진 남성의 욕구를 충족시켜줄 수 있는 부류는 대부분 부유한 상류층 여성들이었다는 점이다. 하류층 여성들은 살기에 바빠 발가락을 억지로 비틀어 천으로 동여매고 관리하는 게 불편을 넘어 불가능에 가까웠다. 전족에 빠지는 금련벽의 남성들 역시 경제적으로 여유가 있는 상류층에 속한 인사들이었다.

아이러니인 것은 사회적으로 금련벽이 유행하자 여성의 의식 변화가 생겨났다는 점이다. 민간 여성이나 구중심처 궁궐의 여인 모두 전족을 여성에 대한 억압과 굴욕이라 여기지 않고, 시류를 틈타 전족을 이용해 남성들의 사랑을 획득하려는 적극적인 모습을 보이기 시작했다. 작고 뒤틀린 기형의 발을 자신의 브랜드 가치를 높여줄 수 있는 소중한 보물로 인식하기에 이른 것이다. 암암리에 고귀한 신분의 상징으로 여겨졌던 까닭에 전족은 신분 상승의 대기표이기도 했다.

방현 이외에 또 이입옹李立翁이라는 전족 전문가가 있다. 그에 따르면, 전족을 하는 가장 큰 목적은 남자들의 성적 기호 혹은 취향을 만족시키고 애무하기 위한 것이다. 당시 한족 남자들은 전족이 자신들의 시각, 후각, 촉각, 청각을 자극한다고 보고 이 네 가지 감각으로 전족 감상의 포인트를 정했다.

감상 포인트는 모양, 질, 자세, 신神 네 가지로 나뉜다:

첫째, 모양의 아름다움은 섬纖(가늘다), 수瘦(여윈), 만彎(굽다), 예銳(날카롭다), 평平(평평하다), 원圓(둥글다), 직直(곧다), 단短(짧다), 착窄(좁다), 박薄(얇다), 교翹(엄지발가락이 갈퀴 모양으로 되어 있어 위로 펼 수 있는 모양), 칭稱(저울, 발가락의 비례가 균형 잡힌 것)으로 평가한다.

둘째, 질의 아름다움은 경輕(가볍다), 결潔(깨끗하다), 백白(희다), 윤潤(빛나다), 온溫(따뜻하다), 연軟(부드럽다) 등으로서 판단한다.

셋째, 자세의 아름다움은 교嬌(맵시 있다), 교巧(공교롭다), 염艶(곱다), 미媚(풍치가 좋다, 아양을 부리다), 온穩(평온하다) 등으로 파악한다.

넷째, 신神의 아름다움은 유幽(그윽하다), 한閑(한가하다, 조용하다), 아雅(우아하다), 수秀(빼어나다), 운韻(소리의 울림)에서 찾는다.(『역사 속 중국의 성문화』)

얽어맬 전纏을 쓰는 전족은 얽어매고 포장하는 뜻을 담은 글자들과 조합한 과각裹脚(쌀·꾸러미 과, 보자기 같은 것으로 싸다, 얽다의 뜻), 전소각纏小脚, 과소각裹小脚, 찰각紮脚(감을 찰, 廣東)으로도 불렸다. 헝겊으로 하루 종일 칭칭 동여맨 발은 기형이 되었다. 남자들의 악취미에 발까지 맞춰 전족은 성의 상징이 되었다. 남자가 여자의 발을 만지는 것은 교접의 예비 행위로 간주되었다.

전족은 네다섯 살에 시작한다. 8월 24일 길일을 택해 헝겊으로 발을 동여맸다. 이때 엄지발가락을 제외한 나머지 네 발가락을 발바닥 쪽으로 접어 흰 띠로 꽉 잡아맨다. 그리고 끝이 뾰족한 신발을 신는데 낮에는 집안사람들이 그것을 잡고 다니고 밤에는 흰색 천을 실로 칭칭 감아 풀어지지 않도록 했다.

남성들의 불순한 욕망은 아름다운 전족을 위한 음식도 창조했다. 어린아이가 전족을 한 다음 날 쭝쯔粽子를 먹도록 한 것이다. 쭝쯔는 찹쌀에 대추 따위를 넣어서 댓잎이나 갈잎으로 감싸서 쪄 먹는 음식이다. 그런데 쭝쯔는 전족한 발의 모습과 닮았다. 쭝쯔를 먹는 풍습은 예쁘고 앙증맞고 매력적인 세 치 전족이 어서 만들어지기를 바라는 남성들의 단순하고도 검은 욕망을 반영하고 있다.

쭝쯔. 오른쪽이 전족과 닮은 남방 스타일이고 왼쪽이 북방 스타일이다.

최후의 만찬 1
인간과 신의 하나 됨, 성체 성사

"인간인 이상 '마지막 식사'를 해야 할 순간이 찾아오게 마련이다.
그 이후의 일은 아무도 모른다."_정자

"그리고 잔을 들어 감사의 기도를 올리신 다음 '자, 이 잔을 받아 나
누어 마셔라. 잘 들어라. 이제부터 하느님 나라가 올 때까지는 포
도로 빚은 것을 나는 결코 마시지 않겠다' 하시고는, 또 빵을 들어
감사 기도를 올리신 다음 그것을 떼어 제자들에게 주며 '이것은 너
희를 위하여 내어주는 내 몸이다. 나를 기념하여 이 예식을 행하여
라'라고 말씀하셨다. 음식을 나눈 뒤에 또 그와 같이 잔을 들어 '이
것은 내 피로 맺는 새로운 계약의 잔이다. 나는 너희를 위하여 이
피를 흘리는 것이다' 하셨다."(루카 복음서 22장 17~20절, 공동번역
성서)

피렌체 근교 빈치 마을에서 사생아로 태어난 레오나르도 다

피렌체 근교 빈치 마을에서 태어난 레오나르도가 그린 「최후의 만찬」. 여기에는 '물고기'가 그려져 있다.

빈치의 명작 「최후의 만찬」을 보기 위해 밀라노에 갔다. 정확하게는 '은혜로운 성모 마리아'라는 뜻의 산타 마리아 델라 그라치에 성당 식당 벽에 예수와 열두 제자가 함께하는 마지막 식사 자리를 묘사한 '최후의 만찬'이 그려져 있다.

사실 오래전부터 나는 두 가지 큰 의문이 있었다. 하나는 '식탁에 앉아 있는 예수 오른쪽(화가의 시선에서는 왼쪽) 자리에 있는 젊은 여인 또는 남자가 누구인가?' 또 하나는 '지상에서의 마지막 음식이 정말 물고기 요리인가? 그렇다면 거기에는 까닭이 있지 않을까?' 하는 의문이었다.

인문의 눈으로 만찬 엿보기

「최후의 만찬」을 이해하기 위해서는 인문학적 상상력이 필요하다. 이는 근거 없는 상상이나 환상이 아닌 객관적 사실에 바탕을 두고 그 이상을 꿰뚫어보는 지적 통찰력이다. 인문학은 사람의 삶에 관한 것이다. 사람의 삶을 향한 단순한 관찰 이상의 시선, 인문학적 시력을 길러주는 역할을 한다. 인문학적 시력으로 우리는 무엇을 바라볼까? 존재하는, 눈높이에 위치한 대상만 바라보아서는 안 된다. 더 높고 멀리 있는 존재, 지금은 보이지 않는 무언가를 바라봐야 한다. 그런 시선을 가질 때, 그런 눈 맞춤이 가능할 때 그리하여 보이지 않는 것을 볼 때 우리는 인문학적 시선을 바탕에 둔 인문학적 통찰력을 갖췄다고 말할 수 있다. 이런 인문학적 통찰력을 발휘할 때 비로소 사람의 삶도 한층 개선

카르팡트라 석비Carpentras Stele는 최초로 고대 아람어라고 확인된 고대 비문이다. 원래는 1704년에 발견되었으나 1821년이 되어서야 아람어로 확인되었다.

되거나 행복해진다.

이런 관점에서, 인문학적 통찰력으로 예수의 삶과 「최후의 만찬」을 바라보자. 늙은 요셉과 어린 마리아를 부모로 하여 태어난 나사렛 출신의 예수는 아람어의 갈릴리 방언을 구사했다. 언어는 사람의 사고에 영향을 미친다. 그래서 라틴어 사용자와 아람어 사용자는 사고와 인식 능력에 차이를 보일 수밖에 없다. 그리고 예수는 종족적으로는, 달리 말해 사회문화적으로는 유대인이었다. 모세처럼 시리아 광야 즉 사막에 들어가 고행도 했다. 잃어버린 6년간의 행방불명 시기도 있다. 긴 세월 어디에 가서 무엇을 했던 것일까? 분명한 것은 홀연히 나타나 하나님의 아들로서 구원사업을 시작한 청년 예수가 봉착한 것이 넘을 수 없는 구습과 기득권 세력이다. 정의를 부르짖었지만, 정의란 항상 힘 가진 자에 의해 자의적으로 규정되고 집행되는 것이다. 당시의 권력은 로마와 유대교 랍비에게 있었다. 사랑을 설파했지만, 사람들은 자신만을 사랑하기에 여념이 없었다. 그는 죽을 수밖에 없었다. 열렬했던 추종 세력 특히 제자 일부는 비겁하게도 자신을 외면했고, 또 누구는 돈을 받고 자신을 팔아넘겼다.

시리아의 수도인 다마스쿠스*Damascus*(우리나라 구약성경에는 다마섹으로 표기)를 둘러보고 동북 방향으로 56킬로미터 떨어진 곳, 해발 1500미터 산기슭에 위치한 말룰라라는 마을을 방문했다. 말룰라*Maaloula* 주민들은 아람어를 쓰는데 마을 이름 역시 '입구'라는 뜻의 아람어 'maëlã'에서 왔다. 주민들의 종교는 시리아 정교회이며 여기 마르 사르키스*Deir Mar Sarkis*라는 가톨릭 수도원과 마르 타클라*Deir Mar Thecla*라는 이름의 그리스 정교회 수도원이 있다.

현재 서부 신아람어*Western Neo-Aramaic*를 사용하는 마을이 세 곳 있는데, 말룰라 마을과 인근의 주바딘*Jubb'adin*과 알 사르카*Al-*

마르 사르키스 가톨릭 수도원

Sarkha(혹은 알바카흐*Al-Bakhah*) 마을이 그들이다. 이곳은 인류언어학 연구에 매우 중요한 곳이다. 예수 생존 당시 중동의 공용어가 아람어였고, 예수도 서부 아람어 방언, 보다 구체적으로 말하면 유다 팔레스틴 아람어의 갈릴리 방언을 사용했다는 것이 아람어 학자들의 일치된 견해다. 그렇다고 나사렛 출신의 예수가 말하던 아람어가 오늘날 시리아 마을에 남아 있는 아람어와 동일하다고는 말할 수 없다. 2000년 세월 동안 크고 작은 변화가 수도 없이 계속되었을 것이기 때문이다.

낯선 곳을 여행하다보면 언어학적 지식이 참 소중하다는 사실을 깨닫곤 한다. 말룰라 마을에 있는 마르 사르키스 수도원은 성 세르기우스와 성 바쿠스를 기리는 곳이다. 이들은 시리아인

병사로 로마군단에 속한 채 전투에 나가 혁혁한 공을 세웠다. 그러나 로마 황제가 로마의 신을 섬기며 충성심을 보이라 명하자 이를 거부하여 모진 고문을 당하고 결국 처형되었다. 수도원 명칭 마르 사르키스에서 사르키스*Sarkis*는 세르기우스*Sergius*의 아시리아식 이름이며, 이름 앞에 붙은 마르*Mar*는 성인*saint*을 뜻하는 고대 아람어다. 이름이 수도원의 역사를 짐작할 수 있는 단서가 된다. 이 수도원에 아주 오래된 성화가 있는데, 그것이 바로 내가 최초로 주목한 「최후의 만찬」이다.

세례 요한, 살로메, 그리고 끝없는 정욕

내가 오랫동안 몸담고 있는 대학은 재단이 중간에 바뀌어 현재 가톨릭 재단 소속이다. 이와 함께 달라진 풍경 중의 하나가 이따금 성직복을 입은 수녀와 신부가 교정을 오가는 모습이다. 가톨릭 성직자인 신부神父들은 그리스도의 신부新婦로서 미사를 집전하고 성체성사를 거행한다. 세례와 더불어 가톨릭 일곱 성사(세례·견진·성체·고백·병자·신품·혼인 성사) 중 하나인 성체성사는 내게 무엇보다 신비롭다. 성체성사는 최후의 만찬 때 빵과 포도주로 살과 피를 나눈 행위를 따르며 예수의 희생과 부활을 기억하고 기념하는 의식이다. 가톨릭 의식에서 세례는 영세라고 번역해 쓰는데, 이는 육신의 더러움을 씻어내는 것이 아니라 영혼의 죄를 씻는다는 의미를 강조하는 것으로 보인다. 그런 의미에서 나는 세례 요한이 마음에 든다.

"회개하라. 그분이 오실 것이다." 연일 이렇게 외치며 요단강에서 세례를 행하던 세례자 요한은 모욕감에 원한을 품은 살로메의 소원 때문에 목이 잘렸다. 그리고 잘린 목은 쟁반에 담겨져 살로메 모녀와 의붓아버지 헤롯 (안티파스)왕 앞에 놓여 조롱거리가 되었다.

황당하기 이를 데 없는 이 일의 사연은 이렇다. 유대 왕 헤롯 1세가 죽자 아들들이 영토를 나눠 통치했고, 그중 헤롯 안티파스는 갈릴리 지역을 다스리는 분봉왕이 되었다. 헤롯은 이복동생 빌립의 아내 헤로디아와 눈이 맞아 20년 넘게 함께 산 아내(나바테안 왕 아레타스의 딸)를 버린다. 세례 요한은 헤롯이 형제의 아내를 가로채고 악행을 벌인 일을 여러 차례 책망했다. 요한을 의인이라 여기고 두려워했던 헤롯은 얼마동안은 그의 책망을 감수했으나, 좋은 말도 자꾸 들으면 싫증이 나는 판에 반복되는 비난을 견디지 못한 헤롯과 헤로디아는 요한을 감옥에 가뒀다.

헤로디아의 딸 살로메는 신념에 찬 데다 잘 생기기까지 한 요한을 보고 반해서 추파를 던졌으나 거절당한 일이 있었다. 자존심이 상한 살로메는 이 사실을 어머니 헤로디아에게 털어놓았다. 그리고 의붓아버지이자 분봉왕 헤롯의 생일날 그 앞에서 춤을 추어 매혹된 왕이 상으로 소원을 들어주겠다고 하자 세례자 요한의 목을 선물로 달라고 말한다. 요한은 그렇게 죽음을 맞는다. 유대의 역사학자 플라비우스 요세푸스의 『유대 고대사』에 기록된 내용이다. 물론 성경에도 이 이야기가 나온다.

"헤롯이 자기 생일에 대신들, 천부장들, 갈릴리의 귀인들과 더불어 잔치를 열었다. 헤로디아의 딸 살로메가 친히 들어와 춤을 추어 헤롯과 그와 함께 앉은 사람들을 기쁘게 했다. 왕이 기분이 좋아져서 그 딸에게 무엇이든지 원하는 것을 구하라고 했다. 살로메가 어머니에게 가서 물어본 후, 왕에게 급히 들어가 세례 요한의 머리를 소반에 얹어 곧 그녀에게 주기를 구했다. 헤롯이 심히 근심했으나 자기가 맹세한 것과 잔치에 앉은 자들로 인하여 청을 거절할 수 없었다. 왕이 곧 시위병 하나를 보내어 요한의 머리를 가져오라 명령하니 그 사람이 나가 옥에서 요한을 목을 베어 그 머리를 소반에 얹어다가 딸에게 주었다. 살로메는 그것을 헤로디아에게 주었다."(마가복음 6장 17~28절)

살로메는 요부에 변덕스런 사이코패스였다. 그의 어머니 헤로디아는 어떤 여자였을까? 헤로디아 내면의 무엇이 그를 뒤틀린 존재로 만들었을까? 헤로디아는 자신에 대한 비난을 견디지 못하고 오히려 원한을 품는 여자였다. 옳고 그름은 중요하지 않았다. 자신이 어떤 행동을 하든 다른 이들은 침묵해야 했다. 헤로디아가 남편을 버리고 그의 이복형인 헤롯과 결혼한 까닭은 무엇이었을까? 진정한 사랑을 추구해서일까? 그보다는 사랑의 공허함 또는 부재를 비틀린 욕망으로 채우려 한 것으로 보인다. "음부와 유명은 만족함이 없고 사람의 눈도 만족함이 없느니라."(잠언 27장 20절) 결국 헤로디아는 끝없는 권력욕과 정욕에 눈이 멀어 인륜과 도덕을 파괴하는 악의 화신이 되었다.

페레 가르시아가 그린 「헤롯왕의 연회」 중 부분

페레 가르시아*Pere García de Benavarri*라는 화가가 이 일을 두고 「헤롯왕의 연회*Banquet d'Herodes*」(1470)라는 그림을 그렸다. 이 그림은 현재 스페인 바르셀로나에 있는 국립카탈루냐미술관에 페레 세라*Pere Serra*의 「성모 제단화*Altarpiece of the Virgin*」와 나란히 걸려 있다.

종교와 음식, 그 사이에 싹튼 욕망

성체성사는 신과 인간의 친교, 낮은 곳의 인간이 높은 곳의 신과 하나 되는 거룩한 의식이다. 그런데 가톨릭 신도로 떡과 포도주를 받아먹는 종교 행위의 근저에는 인간의 어떤 욕망이 들어 있는 것일까? 혹 불순한 욕망이 숨어 있는 것은 아닐까? 이를테면 예수와 같은 영생이나 그의 죽음으로 위대한 속죄가 이뤄져, 다른 말로 하면 대속代贖이 행해져, 더 이상 죽지 않아도 좋은 불멸의 삶을 꿈꾸는 것은 아닐까?

오랜 시간에 걸쳐 사제, 수도사들은 자신들의 권력을 강화하는 방법을 고안해냈다. 예배 의식을 강화하는 것이다. 최대한 거룩하게, 복잡하게, 정교하게 만들어 의식의 집전자로서 자신들의 위상을 높인다. 의식이 거룩하면 거룩할수록 신도들은 성스런 법복을 입고, 거룩한 음성으로 신을 찬미하는 사제들을 우러러보게 된다. 그들 앞에서 자신들이 죄인이며 한없이 비천한 존재이며, 이에 반해 사제들은 감히 범접할 수 없는 신적 권능을 지닌 신의 대리인임을 인정한다. 사제들이 고귀한 신분을 유지하는 방법은 대단히 절묘하다.

"내 탓이오, 내 탓이오, 내 큰 탓입니다Mea Culpa, Mea Culpa, Mea
Maxima Culpa……"

사제들의 선창에 따라 진솔하게 고백하는 회개의 떨리는 목
소리. 평신도들은 이렇게 지배된다. 그러하다. 신과 관련된 일에
평민, 평신도는 모르는 비밀이 늘 존재한다. 지배 집단, 힘을 가
진 세력에 의해 결정되고 움직이는 세상의 법칙 같은 비밀 코드
가 사제관 속에, 교황청 내부에 존재한다. 그러나 이런 논의는 원
치 않는 해석을 낳을 수 있다.

앞서 말했듯 피렌체 인근 빈치 마을에서 사생아로 태어나 '사
자처럼 용맹스런 남자'라는 뜻의 이름 레오나르도Leonardo로 불
린 다 빈치의 명화 「최후의 만찬」과 관련해서 내가 궁금한 건 두
가지다. 하나는 예수 오른쪽 혹은 왼편에 앉아 있는 젊은 남자
또는 여자가 누구일까 하는 점이고, 또 하나는 만찬 테이블에 오
른 음식이 어떤 것들인가 하는 점이다. 그러나 사실 이 두 가지
질문은 간단한 것이 아니라서 긴 설명을 필요로 한다. 예를 들어
이런 것이다. 자우메 휴거트Jaume Huget(1412~1492)가 1470년에
그린 「최후의 만찬」 테이블 중앙에는 정체를 알 수 없는 짐승 요
리가 올라가 있다. 이 짐승은 무엇이며 이것이 상징하는 바는 또
무엇인가?

「최후의 만찬」은 여러 화가의 그림 소재가 됐다. 그중 자우메 휴거트의 작품에는 '정체불명의 짐승 요리'가 접시에 담겨 있다.

레오나르도의 그림 속 물고기 요리는 나름대로 이해가 된다. 기독교가 박해를 받던 시절 교인들은 카타콤베 같은 지하 무덤에서 만나 비밀 예배를 드렸다. 그리고 신분 확인을 위해 물고기 상징을 이용했다. '오병이어의 기적'이 보여주듯 물고기는 당시 사람들에게 친근한 요리였다. 그렇다고 매일 먹을 수 있는 건 아니었을 것이다. 식단에 오르는 물고기와 기독교는 어떤 관련이 있는 것일까? 교인들은 그리스어로 물고기를 뜻하는 IXΘYΣ(이크튀스)라는 말로서 자신이 기독교도임을 밝혔다. 흔히 '익투스'라고 발음하는 IXΘYΣ(이크튀스)는 그리스어로 '물고기'라는 뜻의 말인데, 이 말은 결국 독생자인 '예수(I) 그리스도(X) 하느님(Θ)의 아들(Y) 구세주(Σ)'를 상징하는 것이다.

기독교는 죄를 강조하는 종교다. 인간은 원죄를 안고 태어난 존재다. 죄인인 인간을 구원하기 위해 성령이 육신이 되어 이 땅에 왔다가 대속으로 십자가에 못 박혀 돌아가셨다. 그리하여 제자들과의 마지막 저녁 식사를 하고 난 다음 날, 예수가 골고다 언덕에서 십자가에 못 박혀 돌아가신 금요일은 회개의 의미로 금식일이 됐다. 육류는 먹을 수 없었다. 대신 물고기는 허용됐다. 중세에 이르자 1년의 절반 이상이 금식일이 됐다. 금할수록 당기는 것이 인간의 식욕. 사람들은 물고기에 몰입했다. 가히 폭발적인 물고기 수요가 촉발됐다. 이 일이 음식사에 있어 혁명적인 일이 벌어지게 된 계기가 된다. 시작은 미미하나 끝은 창대하다.

신의 시계는 '금식'을 낳고 금식은
물고기 요리를 선물했다

최후의 만찬 2
참을 수 없는 씹는 즐거움

"와인은 물로 인해 결합된 햇빛이다."_갈릴레오 갈릴레이

기독교인들에게 와인은 예수의 성혈을 상징하는 술이다. 예수께서 아끼는 열두 제자와 함께한 마지막 식사 자리에서 와인 잔을 들어 자신의 피와 동일시했기에 와인은 사실 엄숙하게 마셔야 맞다. 앞의 글에서 나는 세계 곳곳에서 목격한 다양한 「최후의 만찬」 그림들을 살피면서 만찬 식탁에 오른 정체불명의 짐승 요리가 정확히 무엇인지 알아보려 한다고 말했다. 또 예수 옆자리를 차지하고 앉은 젊은 여성 혹은 남성이 누구인지도 살펴볼 것이라고 기세 좋게 말했다. 사실 「최후의 만찬」을 그린 화가들은 일일이 숫자를 헤아릴 수 없을 만큼 많다.

그 중 한 사람인 도메니코 기를란다요라는 르네상스 화가도 「최후의 만찬」(1480)을 그렸다. 그의 그림에는 중앙에 유다가 허

미켈란젤로의 스승인 도메니코 기를란다요가 그린 「최후의 만찬」

리를 곧추 세우고 허벅지에 손을 얹은 채 도전적인 자세로 앉아 있고 맞은편에 예수가 있다. 젊은 사도 요한은 예수의 가슴에 기대어 잠든 모습이다. 다른 사도들은 먹는 일에 별 관심이 없어 보인다. 예기치 않은 사태가 초래된 데 대해 책임 소재를 따지는 듯도 보이고, 예수가 요한을 지나치게 가까이 하는 데 대한 불만을 토로하는 듯도 싶다. 어떤 이야기가 숨어 있을까?

기를란다요가 미술사에 불멸의 이름을 남기게 된 이유는 바로 르네상스 시대 3대 예술가 중 한 사람인 미켈란젤로의 스승이기 때문이다. 미켈란젤로는 1488년 열세 살 나이에 기를란다요의 문하에 들어갔다. 그리고 이듬해 피렌체의 실질적 지배자인 로렌초 데메디치가 기를란다요에게 산 마르코 수도원에 프레스코화를 그려야 하니 수제자 두 명을 보내라고 하자 미켈란젤로와 그보다 여섯 살 더 많은 프란체스코 그라나치를 보낸다. 그때부터 두 사람은 평생의 벗으로 시스티나 성당 천장화 작업 등 작품 활동을 함께 했다.

앞의 그림에서 보듯 피렌체의 산 마르코 수도원에 그려진 그의 작품 「최후의 만찬」은 배신자 가롯 유다가 식탁의 중앙에 등을 보이고 앉아 맞은편의 예수와 다른 일행들을 바라보고 있는 모습을 묘사한 구도인데, 화가의 의도 내지 관심은 만찬의 종교적 메시지보다 벽에 붙은 꽃병, 새가 나는 수도원의 뜰과 같은 있는 그대로의 현실의 아름다움을 세밀하게 표현하는 것, 즉 심미성의 묘사에 있다고 평론가들은 말한다. 이는 다른 말로 하면 빵보다 새소리나 아름다운 꽃과 같은 심미적 대상에 그림의 가치를 둔다는 것인가? 그러나 차후 별도로 살펴보겠지만, 식욕을 능가하는 가치는 찾아보기 어렵다.

와인 원조국 조지아의 아주 오래된 '술항아리'

와인의 원조국은 독립 전에는 그루지야라고 불리던 나라 조지아다. 현지인들은 사카르트벨로*Sakartvelo*라고 한다. 카스피해와 흑해 사이, 북으로 코카서스산맥, 남으로 아르메니아, 아제르바이잔과 국경을 접하고 있는 지역이다. 이 나라에서 기원전 6000년 무렵의 술항아리가 발견됐다. 우리나라 사람들이 김장

항아리를 땅에 묻어 발효를 늦추고 맛을 내듯이 그루지야인 선조들은 포도즙을 크베브리라는 흙항아리에 담아 땅에 묻어 숙성했다. 신의 음료라기보다 인간 자신을 위한 음료였다. 포도가 많이 나는 곳이라 인간의 지혜가 와인 문화를 발전시킨 결과였다. 다른 나라에서도 제각각 술을 만들어 마셨다. 그리고 께름칙한 마음을 편하게 하려고 신의 제단에 먼저 술을 올리는 술수를 고안해내기도 했다. 그런다고 술이 줄거나 변질되지는 않았고, 신에게 바쳤던 술은 영험하다는 의미까지 더해졌다.

그리스인들이 디오니소스*Dionysus*라고 부른 술의 신을 로마인들은 속성은 그대로 두고 명칭만 바쿠스*Bacchus*로 바꿨다. 남들이 보면 얼핏 다른 신으로 오인할 수 있는 일이다. 알맹이는 그

바쿠스 신전의 열주와 장식

대로 두고 이름만 바꿔 마치 신제품인 듯 소비자들을 현혹하는 마케팅이자, 엄격히 보면 일종의 사기 행위다. 지중해를 끼고 번영과 후퇴의 국운을 겪고 있는 레바논의 도시 비블로스에 가면 바쿠스 신전이 있다. 고대인들은 그곳에서 바쿠스의 이름으로 주연酒宴과 환락을 즐겼다.

신을 섬긴다는 건 결국 인간을 위한 일이다. 신을 팔아 인간의 원초적 욕망을 채우는 것이다. 신은 인간을 창조했고, 인간은 그런 위대한 신을 창조했다. 신이 주는 선물의 수혜자는 인간이고, 그중에서도 사제들이었다. 사제들은 신의 대리인이라는 명분을 내세워 세속 권력과 공동 사업을 했다. 구원사업이 그것이다. 성과 속을 대표 내지 대리하는 특권 계층은 주고받기에 능했다. 사제는 황제로 대표되는 세속의 권력층에게 대중을 통치하고 징벌할 권한을 양도했다. 특권층이 된 소수의 지배 집단은 신의 사제들에게 공경을 다하고 죄악의 근원인 재물을 바치기로 맹세했다. 누이 좋고 매부 좋은 윈윈 게임의 결정판이다.

신도들을 거룩한 주님의 집에 불러 모으기 위해서는 부활절 미사와 같은 뜻깊은 의식이 필요했다. 성찬 의례의 대미는 주님이신 예수 그리스도의 피를 마시는 것이다. 거룩하고 영광스런 이 의식은 신이 사제들에게 허락한 몇 안 되는 특혜 중 하나다. 일반인들이 와인을 마시는 것은 삼가야 할 일이지만, 사제는 신의 이름으로, 신이 허락한, 예수님의 피를 상징하는 포도주를 맘껏 마실 수 있었다.

성당과 수도원에 포도주가 떨어지는 일은 없어야 했다. 가장 확실한 방법은 수도원 주변을 포도밭으로 만드는 것이다. 포도밭 경작은 농노나 평신도의 몫이었다. 거기서 산출되는 포도로 술을 만들면 세금도 면제받았다. 시비 걸 사람도 없었다. 주님과의 소통을 위한 성찬 의례용 포도주는 이렇게 만들어졌다. 신도들은 이 거룩한 술을 마시지 않는다. 신부와 사제가 주님에게 고하기 위해, 감사를 드리기 위해 한 모금씩 술을 음미한다. 술은 충분하다. 그리고 의식이 아니더라도 사제는 술이 필요했다.

불면의 밤에, 고기를 먹을 때, 비가 오거나 바람이 불 때, 술 마시기 좋은 날은 너무도 많다. 독신인 성직자들은 술이 필요했고 술은 친구가 되어주었다. 취기는 현실을 잊게 한다. 본능적 존재로서의 외로움이 현실이라면 술은 외로움을 달래주는 애인이었다. 그러나 기실 성직자라 할지라도 감추거나 밀쳐둔 욕망이 있게 마련이다. 술이라는 음료는 인간이 숨기고 있는 슬프고 간절한 욕망을 해소해준다

신의 세계, 그리고 '금식'의 탄생

기독교를 떠나서 서양 중세를 논할 수 없다. 물론 르네상스를 지나, 근세를 거쳐 현재도 그렇긴 하다. 기독교 중심의 학문 세계인 스콜라주의에 매몰돼 철학, 미학 등은 말할 것도 없고 자연과학, 인문과학을 위시한 학문의 모든 영역이 기독교의 지배를 받던 시기를 우리는 중세 암흑기라고 한다. 신이 만든 폭력적인 어

둠에서 벗어나 인간에게 관심을 갖게 된 사람들은 인간과 인간을 둘러싼 문제를 중세 이전의 시각에서 바라보려 했다. 이를 일러 인본주의 또는 르네상스*Renaissance*라고 한다. 고전주의 시대 희랍과 로마의 사고방식을 쫓아 인간을 신에게서 해방시키는 문예대혁명은 '새로운*re-* 인간의 탄생*naissance*'을 초래했다.

재탄생한 인간은 다른 세상을 보려했다. 다른 사람을 보고자 했다. 필요한 물자 확보라는 절실한 생존 상황의 결과이기도 하지만, 가혹한 신의 손길에서 풀려난 신인류는 여전히 가난했으나 자유로워진 영혼을 신에게 되팔 의향이 전혀 없었다. 차라리 배를 타고 거친 바다를 건너 항해하는 모험을 택했다. 서양 입장에서 '지리상의 발견'이라는 예상치 못한 쾌거를 이룬 이 시기를 서양학자들은 자랑스럽게 '대항해 시대'라고 부른다. 이렇게 유럽은 번성에 이른다. 신을 버리지는 못해도 그 통제에서 벗어나 능동적으로 삶을 개척하며 많은 것이 달라진다. 문제는 자신을 억눌렀던 신을 앞세워 자신들의 이기심과 공격성을 정당화한 데 있다. 신의 이름으로 타자를 억압하는 힘의 논리가 지배한 시기, 공존공생이 아닌 서구인들의 악행이 벌어진 시기를 역사학자들은 제국주의 시대라 부른다. 신은 또 한 번 인간의 필요악이 됐다. 스스로 만든 삶의 윤리와 도덕, 행동 강령, 규범 등을 정당화하려면 신이 필요했다. 같은 교인들끼리 동일한 구세주에게 자신의 편이 돼달라고 기도하며 전쟁을 했다. 인간과 신은 결국 재타협한다. 과거의 영광에는 못 미치지만 여전히 높은 위상을 유지하게 된 신은 안도의 한숨을 내쉬었다.

신앙심을 담보 받은 교회는 대중들을 통어하는 효율적 방법으로 엄숙한 예배 의식과 적절한 금기를 찾아냈다. 예수 탄생과 고난, 죽음을 기리는 경건한 의식을 고안했고, 거기에 어울리는 금기로 의식의 의미를 강화했다. 이를테면 예수 최후의 날은 더없이 경건해야 했다. 열두 제자와 지상에서의 마지막 식사를 기리고 애도하는 일은 숙연하고 희생도 필요했다. 최상의 방법은 말 없는 기도, 금식을 통한 감사와 참회였다.

식욕은 근본적인 본능이다. 본능을 억제하는 일은 힘들고 부자연스럽다. 그러니 금식으로 하는 회개와 참회는 깊은 신앙심의 증좌 역할을 하여 신이 보기에 참으로 어여쁘고 착한 일이 된다. 그래서 사람들은 하루를 금식한다. 단식이 아니라 금식이라는 점이 중요하다. 단식은 고통스러우나 금식은 견딜만하다. 여기서의 금식이란 생으로 굶는 것이 아니라 평소 맛있게 먹던 음식을 잠시 금하는 것이다. 핏물이 흐르는 육류는 맛있기는 하나 예수의 죽음을 떠올리게 하고 어쩐지 께름칙하다. 그러므로 특별한 제일이나 축일에는 맛있는 음식이라도 본능을 억제하고 피해야 바람직한 처신 같다. 그렇다고 안 먹자니 허전하다.

마침내 사람들은 대체 음식을 찾아냈다. 살해의 이미지를 떠올리는 육류 대신 물고기를 먹으며 주 예수와 하나 되는 기쁨을 누리고, 비로소 신앙인의 의무를 다한 듯 느낀다. 속죄의 날, 사람들은 이렇게 속죄하고 마음의 안식을 얻는다. 서양인들이 채

피터 브뤼헐의 「사순절과 카니발의 싸움」(1559). 욕망의 분출(카니발)과 절제(사순절)를 하나의 화면에 대비시켰다. 한쪽에서는 기름진 고기와 술을 즐기는 축제가 벌어지고, 반대편(교회 쪽)에서는 비쩍 마른 여인으로 의인화된 '사순절'이 금식을 상징하는 물고기 두 마리를 들고 나아간다.

식을 한다면서 물고기 먹는 건 아무렇지도 않게 생각하는 데는 이런 배경이 있다. 물고기는 먹는 채식주의자를 페스코 베저테리언*pesco-vegetarian* 혹은 페스코테리언*pescatarian*이라고 한다. 사람 사는 건 이만큼 소소하다.

율법과 본능의 타협안 '물고기 섭취'

먹는 즐거움으로 사는 대부분의 사람들이 하루건너 꼴로 금식일을 챙긴다면 어떤 일이 생길까? 중세를 거쳐 근세로 넘어오면서 유럽의 금식일은 계속 늘어나 일 년 중 절반이 넘는 200일

이상이 됐다. 육고기를 먹을 수 없었으니 사람들은 물고기에 관심을 기울였다. 씹는 즐거움을 포기할 수 없어서다. 금식은 스스로 한 선택이 아니라 규율에 따른 불가피한 일이었다. 하지 말라는 일은 더 하고 싶고 하라는 일은 하기 싫은 원초적 본능에 따라 인간은 끝끝내 씹고자 했다. 송곳니와 어금니가 있는 인간은 씹어야 마땅하다는 논리를 내세웠다.

물고기 섭취는 양자의 타협이었다. 교회 입장에서는 육고기만 아니면 됐다. 속인에게는 물고기 살이 육고기만은 못해도 씹는 재미가 있었다. 금식일에 육류 섭취 금지는 인간의 욕망 절제로 이어지기는커녕 오히려 먹는 일, 씹고 뜯는 재미에 더 몰입하게 만들었다. 잠든 욕망을 일으켜 세웠다. 금지하니 오히려 더 간절해졌고, 결국 물고기 요리를 발전시켰다. 그 결과 강에서 잡는 민물고기만으로는 생선 수요를 충당할 수 없었다. 문제가 있으면 해결책도 있다. 유럽인들은 위험을 무릅쓰고 바다로 눈을 돌렸다. 연안어업에서 벗어나 원양어업에 뛰어들었다. 북해는 물 반 청어 반의 보고였다. 청어는 주요한 교역품이 됐다. 산업구조가 바뀌고, 가난했던 식탁은 물고기의 등장으로 아름다워졌다. 뜻하지 않게 물고기가 어제의 빈국을 오늘의 부국으로 만들었다.

중세시대에는 네덜란드 총인구가 150만 명에 불과했다. 천연자원도 부족하고 '(the) Netherlands(낮은 땅)'라는 이름처럼 땅이 해수면보다 낮아 국토가 바닷물에 자주 잠기는 바람에 다른 유럽 국가들보다 가난했다. 네덜란드가 어느 날 갑자기 부

네덜란드의 풍속화가 헨드릭 마르텐스 소르흐의 「생선 시장」. 생선 비늘의 은빛 광택과 젖은 바닥의 질감을 사실적으로 그려냈다. 흥정하는 상인과 손님, 뒤쪽의 항구에서 생선을 내리는 모습 등이 보인다.

자 나라가 된 것은 북해에 널린 청어 때문이었다. 한때 네덜란드는 전체 인구의 5분의 1이 청어잡이에 종사했다. 더치 헤링*Dutch Herring*이라 불리는 네덜란드 청어는 단백질 함유량이 약 20퍼센트로 필수 아미노산이 많이 함유돼 있다. 다만 쉽게 썩어서 문제였다. 여기서 음식 혁명이 싹트기 시작했다. 이동과 보관이라는 난제를 타파한 이는 네덜란드의 어부 빌렘 벤켈소어다. 그는 청어를 장기 보관할 수 있는 획기적인 방법을 고안해냈다. 갓 잡은 청어의 머리와 내장을 제거하고 소금에 절여 통에 보관하는 통절임 염장법이다. 이로 인해 청어를 1년이나 보관하는 일이 가능해졌다.

염장 청어 수르스트뢰밍. '시큼한 청어'라는 뜻으로 스웨덴어 '수르sur(시큼하다)'와 '스트뢰밍 strömming(청어)'의 합성어.

세월이 지나면서 사람들은 색다른 맛을 추구했다. 화이트 와인, 식초, 각종 채소, 소금 등을 함께 넣고 소스를 끓인다. 여기에 머리를 자르고 내장을 제거한 청어를 넣어 일주일 정도 재웠다가 꺼내 양파, 피클 등을 곁들여 먹는다. 눈물샘을 자극하고 코를 톡 찌르는 청어의 삭은 맛이 사람을 흥분시킨다고 한다. 얇게 썰어 야채와 함께 샐러드로 먹기도 하고, 샌드위치처럼 빵 사이에 청어를 끼워 넣어 먹기도 한다.

인간의 식성은 지독한 면이 있다. 역겨운 냄새를 감지한 후각이 뇌에 신호를 보낸다. 거부하라고. 혐오스런 냄새의 원천을 몸에 들이지 말라고 얼굴 근육을 빌려 오만상을 쓴다. 스칸디나비아를 찾은 이방인은 생소한 악취만으로도 질식할 만하다. '이 고

약한 물건이 뭐지?' 그러나 스웨덴 사람들은 성인은 물론 아이도 입맛을 다신다. '천국의 맛을 포기하다니······'. 이들의 후각과 미각은 오랜 시간에 걸쳐 발효 청어에 길들여졌다. 발트해에서 잡은 청어에 소금을 쳐 약 두 달간 발효시킨 염장 청어 수르스트뢰밍*surströmming*은 스웨덴 사람은 물론 이웃나라 덴마크 사람도 찬사를 아끼지 않는다. 그러기까지 얼마나 입안을 헹구고, 눈물을 쏟았을까?

네덜란드를 살찌운 '더치 헤링', 그 호불호의 미각

네덜란드는 5월부터 6월까지가 청어의 계절이라 청어잡이 배들로 해안이 가득 찬다. 5월에 처음으로 잡은 청어는 군주에게 바치는 관습이 있었다. 이때 여러 지역에서 청어 축제가 열리는데 그중 스헤베닝언에서 열리는 청어축제가 가장 유명하다. 처음으로 청어잡이를 나가는 깃발의 날*vlaggetjesdag*을 기념해 청어 경매를 열며 사람들은 고통스런 맛의 염장 청어를 마음껏 즐긴다.

맛을 즐기는 일은 익숙해지는 데서 시작된다. 우리나라 전라도 해안지역의 특산 홍어삼합도 낯선 이에게는 고통스런 맛이지만, 익숙해진 이들에게는 최고의 맛이다. 청국장은 또 어떤가? 톡 쏘는 냄새에 익숙하지 않은 이들은 곁에 있는 것조차 부담스러워 자리를 피하지만, 누군가에게는 늘 그리운 고향 냄새 가득한 음식으로 뚝배기가 보글보글 끓을 때부터 군침을 흘리고 코를 벌름거린다. 맛이란 이런 것이라 생각한다. 맛있는 사람에게는 맛있고, 맛없는 사람에게는 맛없고, 익숙해지면 맛있고, 처음 대하면 맛이 없거나 역겹고. 맛의 스펙트럼은 싫다와 좋다 사이에 존재하는 무수한 간격이다.

미식을 얘기할 때 짠맛을 빼놓을 수 없다. 맛의 진수는 짠맛이라고 해도 과언이 아니다. 짠맛은 염분에서 비롯된다. 식품은 염분이 있어야 맛이 있다. 또한 염분은 식품의 부패를 막고 오래 보관이 가능하게 한다. 이런 사실을 알아챈 그 누군가는 진짜 위대한 사람이다. 생선이 중요한 그리고 끊을 수 없는 먹거리로 등장한 상황에서 소금이 없었더라면 부패하기 쉬운 청어와 같은 물고기의 장기 보관은 불가능했을 것이다. 소금과 염장법은 음식혁명을 초래했다.

미식의 신천지 1
새로운 맛에 눈 뜬 서구

내가 대학 강의를 처음 시작한 1979년 음력 3월 초닷새 날 있었던 일이다. 지금은 없어진 중앙청 건물(과거 조선총독부) 옆, 청와대로 올라가는 삼청동 길가에 시중 사찰 법련사가 있다. 정확하게는 '조계종 서울총림 법련사'다. 한때는 요정이었던 그곳에서 매달 음력 초닷새 오후 2시에 월례강좌가 열리곤 했다. 음력 3월이었으니 양력으로는 4월 첫째 주쯤이었을 것이다. 그날은 법정 스님의 강의가 있었다. 강의는 실내에서 진행했고, 나는 툇마루에 앉아 그분 말씀을 목소리만으로 경청했다. 그 자리에서 칼릴 지브란을 처음 알게 됐다. 스님은 지브란의 시집 『예언자』 중 「베풂에 관하여」라는 부분을 놓고 불교 육바라밀의 으뜸인 단*dan*(布施)과 견주어 지브란의 생각을 전하고 계셨다. 45년 전일이다.

먹을 것이 귀한 시절이 있었다. 지금은 '먹방'이라 해서 방송사

마다 음식 관련 프로그램을 경쟁하듯 제작 방영하고 있지만, 그래서 보릿고개니 꿀꿀이죽이니 하는 말이 구시대 언어처럼 들리고 실제로 그렇기도 하지만, 불과 30년 전까지만 해도 우리나라에는 끼니 걱정을 하는 사람이 제법 많았다. 솔직히 일제 강점에서 해방되고 한국전쟁을 거치고 참다운 민주공화국이 들어서기까지 우리나라는 가난했다. 세계 최빈국에 속해서 유엔의 원조를 받아야 했다.

쌀은 언감생심, 보리쌀도 아끼고 아껴야 했고, 식재료인 밀가루조차 귀했다. 바닷가 사람들에게 그나마 넉넉한 건 물고기뿐이었다. 식량이 될 수 있는 인근 산천의 초근목피도 한정이 있었다. 하루 세끼, 매일매일을 물고기만 먹고 살 수도 없었다. 그렇다고 굶을 수는 없었다. 물론 현실은 굶기를 밥 먹듯 했다. 물고기 비린내가 지긋지긋했던 바닷가 사람들은 궁리했다. 꽁치를 삶아 뼈는 발라내고 살을 조심스레 뭉쳤다. 유사 수제비국을 끓이기 위함이다. 물을 끓이고는 거기 고추장을 풀었다. 그리고 수제비처럼 뭉친 꽁치 살을 조심스레 넣었다. 마침내 '나이롱(가짜라는 의미) 수제비국'은 비린내가 확 없어지고 먹을 만했다. 영동지방의 장칼국수는 이런 과정을 거쳐 탄생했다. 요즘도 과거 가난했던 시절의 음식이 막무가내로 그리운 사람들은 단골 칼국수집에 생선을 들고 가서는 장을 푼 국수에 통째로 넣고 끓여달라고 부탁을 하는 경우가 있다.

입맛은 묘한 것이다. 없이 살 때는 고개를 돌리던 비린내가 살만하니 그리운 냄새가 된다. 예로부터 가난한 자가 먹는 음식은 생존용이고 부자가 맛보는 음식은 별식이었다. 지금은 대부분 음식 부자가 됐다. 생존을 위해서가 아니라 미식을 위해 수저를 든다. 그리고 맛이 없으면 이내 숟가락을 내려놓는다. 음식이 음식다워야 한다며 저마다 미식가가 됐다. 맛없는 음식을 먹다가 우연히 혀를 녹일 정도로 맛있는 음식을 발견한다면, 또는 맛있게 먹을 수 있는 방법을 알게 되면 어떨까? 사람들은 돈을 들여서라도, 수고를 더 하더라도 맛있게 먹으려 할 것이다.

속고 속이고, 불순한 건배

그 전에 건배에 대해 약간의 언급이 필요하다. 왜 우리는 서로 술잔을 채우고 건배를 할까? 우정의 이름으로, 연인 간에는 사랑을 위하여, 또는 회사의 발전을 기원하며 건배를 한다. 꼴 보기 싫은 상사의 건강과 행복을 웃는 얼굴로 비는 간교한 건배도 있다. 건배는 사실 형식이다. 내용의 진정성은 아무 문제가 되지 않는다. 대부분의 사람은 의례적으로 건배를 한다. 왜 사람들은 이런 마음에도 없는 행동을 할까?

주인과 손님 사이에, 상사와 부하가, 우연히 만난 낯선 사람들이 각자 혹은 서로 술을 따르고 건배를 하는 이유는 술에 독이 들지 않았음을 보이기 위해서라고 한다. 고대 실크로드에 있던 카라반세라이*caravanserai*(隊商宿所)는 사막과 초원, 그리고 산악을 넘나들며 교역을 하는 각국의 상인들이 모여드는 곳이었다.

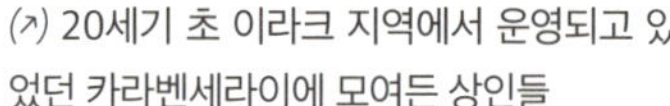

(↗) 20세기 초 이라크 지역에서 운영되고 있었던 카라벤세라이에 모여든 상인들

허물어지고 폐허에 가까워진 12세기의 카라반세라이

유럽에서는 호스피탈*hospital*이 그런 곳이었고, 이것이 후일 호텔*hotel*의 기원이 됐다. 여행자에게 단지 숙식만 필요한 것이 아니다. 심신의 피로를 덜고 아픔을 치유해줄 요양 시설도 있어야 한다. 그래서 파리의 오텔 디유*Hotel-Dieu*와 같은 지명 속의 'hotel'은 중세 이후 병원이었던 곳이다. 'hotel'은 'hostel'에 해당하는 고대 불어 'ostel'이 후일 'hotel'로 변모해 영어 어휘 속에 들어온 것이다.

숙소를 찾아든 상인들의 허리춤에는 전대가, 낙타나 말 등에는 귀한 물자가 자리 잡고 있었다. 그리고 호시탐탐 이걸 노리는 도둑들이 어디에나 있었다. 불한당들은 한번 눈독을 들이면 사람의 목숨 따윈 아랑곳하지 않았다. 이런 상황에서 마음 놓고 술을 마실 수 없다. 술잔을 받아 든 사람은 불안했다. 이 잔이 이번 생의 마지막 술잔은 아닐까? 그렇다면 너도 마셔라. 이렇게 함

에두아르 폰 그뤼츠너의 작품. 건배하는 세 사람의 표정과 빵의 바삭한 질감까지 잘 느껴진다.

께 술잔을 채우고 친절한 듯 교활한 미소를 띤 사내들은 속으로는 자신의 무사를 빌며, 겉으로는 상대의 건강과 같은 전혀 마음에도 없는 말을 건넨 뒤 잔을 비웠다. 이때까지 사내들은 죽음의 공포로 몸을 떤다. 얼굴은 웃고 있어도 마음은 사색이 됐다.

실제로 고대 그리스에서는 라이벌을 없애거나 이혼하지 않고 배우자를 제거하려 술에 독을 타는 일이 흔했다고 한다. 그런즉 파티에 초대된 사람들은 영광을 말하면서도 전혀 기쁘지 않았다. 사정을 너도 알고 나도 아는 까닭에 주인은 술잔을 들고 악의나 살의가 없음을 전하는 건배사와 함께 술을 먼저 마셨다. 그래도 손님들은 미심쩍어 술을 마시는 척하거나 마셔도 홀짝홀짝

한 모금씩 마셔 안전을 도모했다.

인간이 인간을 믿지 못하는 불신의 징표였던 건배는 삶의 질이 개선되고, 다시 말해 남을 해하지 않고서도 먹고사는 일이 해결됨에 따라 새로운 양상을 맞았다. 우정을 확인하고 친목을 도모하는 증거로 건배를 활용하기에 이르렀다. 비록 처음 보는 사람일지라도 옆자리의 사람에게, 또는 파티장의 멋진 여성을 향해 멀리서 잔을 치켜들어 건배를 청하는 선의가 더 이상 낯설지 않다. 결혼 피로연이나 크리스마스 파티, 파트너를 동반하는 고교나 대학교의 댄스파티 프롬*prom*에서는 별의별 건배 제의가 샴페인 거품처럼 풍성하다.

일가친척이 많은 결혼식 피로연장에서 시부모, 장인 장모의 건배 제의에 이어 조부모, 당숙, 사돈의 팔촌까지 진심어린 덕담을 곁들인 건배 의식을 거치고 나면 하객은 물론 신랑 신부는 눈을 떠도 뜬 게 아니고 말을 해도 하는 게 아닌 지경에 이른다. 맛이 가는 지경, 필름이 끊기는 혼절 직전의 상태다.

그런데 건배를 제안할 때 영어권에서는 "Cheers!"라고도 하지만 "Let's toast"라는 말도 쓴다. 도대체 무슨 일인가? '토스트*toast*'는 본래 '(불에) 굽다*burn*'는 말인데 라틴어 'torrere'에서 왔다. 활자화된 최초의 토스트는 1430년으로 거슬러 올라가 오일 쏘삐즈*oyle soppys*라는 요리 레시피에서 찾아볼 수 있다. 오일 쏘삐즈는 냄비에 김빠진 맥주 1갤론과 오일 1파인트를 넣고 끓여 풍미가 살아 있는 양파 스튜다. 당시 사람들은 오일 쏘삐즈 같은 스튜나 수프에 화덕에서 구운 빵을 담그거나 적셔 먹은 것으로 보인다.

1400년대와 1500년대에는 음료에 풍미를 더하는 용도로 토스트를 사용한 후 버리거나 먹었다. 1600년대에도 토스트는 여전히 '음료에 집어넣는 것'이었다. 셰익스피어는 1616년에 지은 『윈저의 즐거운 아낙네들』에 나오는 팔스타프의 입을 빌려 토스트에 대해 이렇게 말한다. "가서 사케(또는 셰리주) 1쿼트만 가져다주시게. 토스트를 넣어서." 사케*Sacke*라는 술은 16~17세기 영국인들이 좋아한 수입 백포도주 색*Sack* 대신 마시던 카나리아 군도산 백포도주를 말하는데, 맛이 떨어지고 빛깔도 아름답지 못했던 듯하다.

토스트로 와인에 맛을 더하는 풍습이 사라질 무렵 영국의 식사 모임에서는 테이블에 앉은 사람 모두가 누군가의 건강을 위해 건배하고, 다음 사람으로 옮겨가며 한 명씩 건강을 기원하면서 건배하고 마시는 관행이 생겼다. 이때 건배의 대상이 된 사람은 보통 한 숙녀였는데, 그 숙녀를 '좌중의 토스트*the Common Toast of Every Publick Table*'라 불렀다.

사람의 마음 따라 언어의 용도나 의미가 달라지는 법이다. 1700년대가 되면 어떤 사람이 성적 매력이 있다는 점을 알리는 일종의 제스처로 'toast'가 사용됐다. 토스트와 향초가 술맛을 더해주듯, 아리따운 숙녀의 존재가 모임에 참석한 사람들에게 기쁨을 선사한다는 의미로 그녀를 '좌중의 토스트'라 불렀다. 온 마을 사람, 대개 남자들이 함께하고 싶은 매력 넘치는 여성은 'The Toast of the Town'이라고 불렀다. 이런 일련의 과정 속에서 토스트가 '축배를 받는 사람, 평판이 자자한 미인'을 뜻하고, 'drink a toast to Mary'는 '메리에게 축배를 들다'라는 말이 되었다.

새로운 자극에 눈 뜬 미각, 향신료에 매혹되다

종교적 금기와는 별도로 물고기는 늘 식량이 부족했던 인류를 굶주림에서 어느 정도 벗어나게 했다. 물고기는 고마운 양식이며 돈벌이까지 가능하게 해줬다. 물고기로 배를 채운 사람들, 물고기 때문에 부유하게 된 나라는 행복했을까? 일시 그랬을 것이다. 인간의 욕망이란 본디 그렇다. 욕망은 충족을 모른다. 잠시의 만족은 있을지언정 이내 물리고는 새로운 자극, 더 강력한 쾌락을 추구한다. 그래서 인간은 고생을 사서한다. 욕망의 지배를 받는 미각. 어쩐지 처연한 느낌이다. 일찍이 맛본 적이 없는 동방의 향신료를 처음 접한 서구인의 감격을 생각해보자.

중세를 마감하고 근세의 시작을 알리는 '대항해 시대'라는 멋진 명칭은 서구 중심의 결과론적 분석일 뿐 냉정하게 말해 결핍에서 비롯된 사즉생死卽生의 결과물일 뿐이다. "끝이 좋으면 모든 게 좋다"라는 결과 중심적 사고방식을 탈피해 시대 상황을 바라보면, 당시 유럽을 경제 관점에서 볼 때 자급자족은 한계에 봉착했고, 따라서 생활 유지와 생존을 위해 필요한 물자를 반드시 조달해야 하는 상황에 직면했다. 유감스럽게도 지중해 무역은 베네치아, 제노바 등 이탈리아 도시국가들이 독점하고 있었다. 아라비아의 사라센은 항시 위협적이었다. 살기 위한 선택은 대서양을 건너거나 사라센의 위협을 피해 아프리카를 우회하는 멀고도 험한 노정이었다. 다행히 이런 출구 전략이 성공해 무역로를 확보하며 막대한 부를 창출했고, 유럽은 유사 이래 최고의 번영을 누렸다. 이를 두고 서양은 자랑스레 '대항해 시대'라 부르며 자신들의 진취성을 뽐내고 자만을 드러낸다. 그러나 어떤 일이고 처음은 어려운 법이다.

15세기 말 리스본 항구를 떠난 포르투갈 선박들이 그랬다. 죽음을 각오하고 가족들과 작별한 뒤의 항해길. 아프리카 서해안을 돌아 희망봉을 바라보며 아라비아해와 인도양을 가로질러 긴 항해 끝에 마침내 인도아대륙 서남해안의 항구도시에 당도했다. 서구의 이방인들은 낯선 땅의 기후와 풍토, 이국적 풍물과 암갈색 피부의 인도인들을 만나 당혹스러우면서도 기뻤을 것이다. 당시도 현재도 그곳 주민들 대다수는 드라비다족이다. 오랜 항해로 피로에 지친 외래인들은 무엇보다 배가 고팠다. 먹고 쉬고 싶었다.

인도인은 음식을 손으로 먹었다. 유럽인 역시 손으로 음식을 먹어 안심했다. 사실 음식은 손으로 먹는 게 제일 맛있고 쉽다. 그래서 예나 지금이나 아랍인, 아프리카인들도 손으로 음식을 먹는다. 나름의 규율이 있어 식사에는 여전히 오른손을 쓴다. 인도인들이 쟁반에 노란 쌀밥을 담아 오른손 엄지와 검지, 중지를 이용해 죽 같은 황갈색 액체에 버무려 맛있게 식사를 즐기는 모습을 본 이방인들은 일찍이 맛본 적 없는 동방 음식의 정체가 궁금했다.

마살라 차이

현지인은 독특한 향과 맛의 비결이 '마살라*masala*'에 있다고 했다. '향신료*spices*'를 일컫는 인도말이다. 마살라는 기호에 따라 얼마든지 다채로운 배합이 가능한 향신료의 종합 세트로 온갖 요리에 이용한다. 차에도 마살라 차이*Masala chai*가 있다. 인도에서는 화덕인 탄두르에 구운 담백하고 따끈 고소한 난이나 차파티, 또는 기름에 튀긴 로티, 아팜 등을 뜯어 이 마살라 차이에 적셔 먹는다. 그 모습이 마냥 신기했던 유럽인들은 본국에 돌아가 이들의 차 풍습을 본따 고상하고 우아한 차 문화를 발전시켰다. 와인이나 에일 맥주를 마시며 여기에 토스트를 적셔 먹는 영국인의 풍습은 인도의 찻집 차이하네*chaykhane* 안팎에서 기름에 튀긴 과자를 오도독 씹어 먹으며 밀크티 차이를 홀짝거리는 인도인들의 오랜 생활상과 겹쳐진다.

바스코 다 가마와 후추 전쟁

인도가 원산지인 후추는 전 세계에서 매년 약 13만 톤가량 생산된다. 이는 모든 향신료의 총 생산량 4분의 1에 해당하는 양이라고 하니, 가히 '향신료의 왕'이라 불릴 만하다. 과거에는 실물 화폐로 쓰일 정도로 인기 품목이라 '검은 금'이라 불렸다. 우리나라에서도 조선조까지만 하더라도 연회석상에서 주연상에 후추가 오르면 기녀들이 서로 쟁탈전을 벌일 정도였다고 한다.

후추는 한자로는 '호초胡椒(호초, 산초나무 초)'라고 쓰고 후추라고 읽는다. 중국인들의 한자음을 우리도 그대로 받아들인 것이다. 중국인들은 또 후추를 '헤이촨黑川'이라고도 부르며 향료와 조미료로 사용한다. 호초胡椒의 호胡는 이 식품이 중국이 아닌 다른 지역으로부터의 수입품임을 말해준다. 원래 '호'는 북방과 서방의 유목민족을 지칭했으나 후일에는 중앙아시아의 소그드족을 가리키기도 하고 때로는 토번吐蕃(티베트)을 말하기도 했다. 오아시스에 성곽을 쌓고 정주하는 거국居國과 물과 목초를 따라 유목 생활을 하는 행국行國으로 구별되는 서역제국西域諸國을 구성하는 다양한 종족도 호에 해당한다.

그런 외국에서 유입된 물산에는 '호'를 붙여 국산품과 구별했다. 따라서 호두, 호밀, 호빵, 호병(=호떡), 호박 등은 내륙아시아가 원산지가 아님을 이름만으로도 알 수 있다. 호리병 모양의 악기 호로생胡蘆笙, 고구려 시대의 춤 호선무胡旋舞도 서역의 문물임을 짐작할 수 있다. 마찬가지로 우리나라에서는 서구와 관련이

후추나무 잎새와 후추 알갱이들

있는 물품이나 사람 앞에 '양洋'을 붙여 이름을 짓는다. 양파, 양장, 양복, 양말, 양화점, 양주, 양산, 양담배, 양배추, 양잿물, 양아치, 양놈, 양공주 등이다.

중국산은 '당唐'자를 붙여 당면, 당근, 당삼채 등으로 지칭했다. 지명 당진唐津에서의 당 역시 그러하다. 그러나 사실 당근唐根의 원산지는 아프가니스탄이 속한 히말라야, 힌두쿠시산맥 일대다. 그래서 원나라 때 아프가니스탄에서 이 식물을 들여온 중국인들은 호라복胡蘿蔔이라 부르고, 다시 중국을 거쳐 들여온 우리는 당근이라고 부른다. 미나리과 당근속의 당근의 꽃말은 '죽음도 아깝지 않으리'라고 한다.

포르투갈의 탐험가 바스코 다 가마가 여러 역경을 딛고 인도까지 향하게 만든 것이 바로 후추라는 향신료다. 바스코는 투자자들을 설득해 인도 항해에 필요한 자금을 끌어모았다. 1497년 7월 8일 네 척의 배에 선원 170명을 인솔하고 리스본을 떠난 바스코는 10여 개월 만인 1498년 5월 20일에 남인도 말라바르 지방 코지코드(영어 표기는 Calicut) 부근 해안에 상륙한다. 그리고 소정의 무역 거래를 마치고 3개월 10일 만인 8월 29일 귀로에 오른다.

그러나 인도양 횡단 중 몬순과 마주치며 선원의 절반이 목숨을 잃고 살아남은 선원들도 괴혈병에 시달렸다. 그 때문에 두 척의 배가 바스코가 탄 상 가브리엘 호보다 먼저 본국에 돌아오고, 바스코는 9월에야 험한 여정을 마치고 포르투갈에 닻을 내린다.

대부분의 화물 역시 소실됐다. 그럼에도 남은 물품이 투자자들이 출자한 액수의 3000배가 넘는 수익을 낳는다. 이러니 무역선이 연달아 인도를 향해 출항한 상황을 이해하고도 남는다.

바스코 다 가마도 2년 반 뒤인 1502년 20척의 군함을 이끌고 인도를 향해 출항한다. 목적은 코지코드에 남아 있던 포르투갈인들이 살해당한 일을 보복하기 위해서였다. 실제로 그와 포르투갈 병사들은 코지코드 토후가 이끄는 인도군과 전투를 벌인다. 마지막 3차 인도행은 1524년 인도 총독으로 임명받아 부임지로 가는 길이었다. 그러나 고아에서 말라리아에 걸려 크리스마스이브인 12월 24일 코친에서 죽음을 맞이한다. 유럽에서 인도까지 항해한 최초의 인물, 인도 항로를 최초로 개척한 이 항해자 덕분에 포르투갈은 해상제국이 될 수 있었다. 바스코가 인도와의 교역으로 상업적 이익을 낳도록 한 효자상품이 무엇이었을까? 바로 후추다. 그렇다면 후추가 무엇이기에 서구인의 미각을 사로잡았을까? 왜 후추 알갱이 하나가 황금과 맞먹는 가치를 지니게 됐을까?

인도 부총독으로 있던 노년의 바스코 다 가마. 1560년 무렵의 모습.

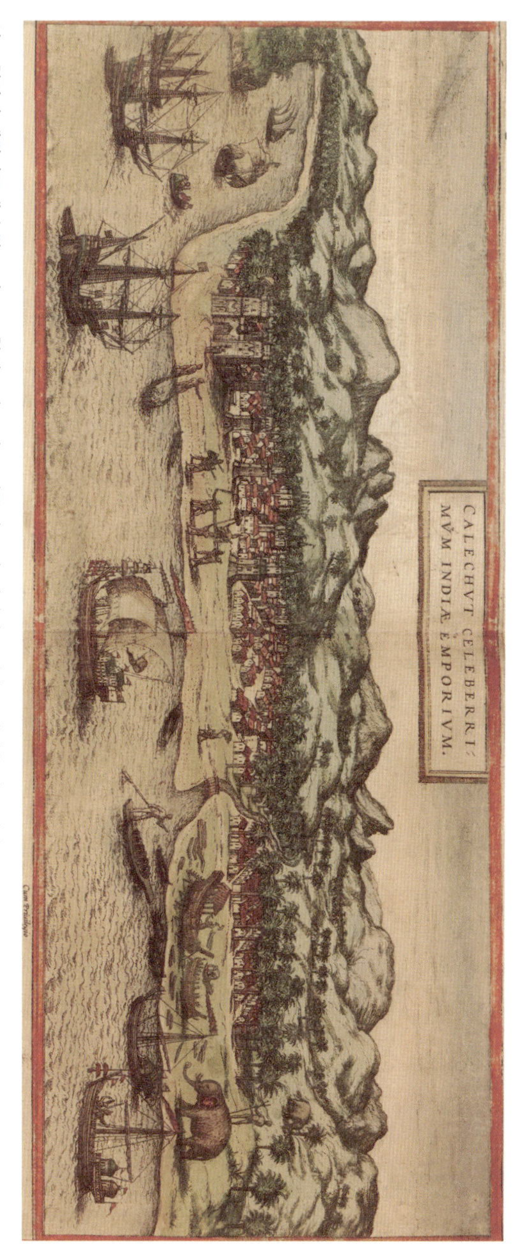

인도 최남단 캐럴리주에 속한 코지코드. 향신료의 도시, 조각품의 도시, 진리의 도시라는 별명을 갖고 있다.

네덜란드는 어째서 몰루카제도에
'정향나무 숲'을 만들었을까?

미식의 신천지 2
향신료와 서구 식민주의

불, 소금 그리고 후추

사람들은 왜 후추라는 향신료에 매료될까? 특유의 알싸한 맛, 재채기를 유발하는 독특한 향 때문이다. 후추는 소화 작용을 돕고 신경계를 자극한다. 살균과 살충 작용도 해 맛을 돋우거나 음식을 보존하는 데 널리 사용하며 한때 치료용으로도 쓰였다. 서양 사람들이 후추에 열광하고, 금값을 주고라도 구입한 이유는 음식에 후추를 쳐서 먹었을 때 느끼는 개운함 내지 시원함 때문이다. 불이 인간의 음식 문화에 혁명적 변화를 야기했고, 소금이 또 다른 음식 혁명을 일으켰듯, 후추도 음식의 역사에 심대한 영향을 끼쳤다. 후추가 아니었다면 미식을 이야기하는 일은 불가능했을 것이다. 밍밍한 수프에 더해진 몇 알의 후추가 사람의 입맛을 확 바꿔버린다는 사실을 우리는 안다.

후추의 원산지는 인도 서남부 말라바르 해안지역이다. 당연히

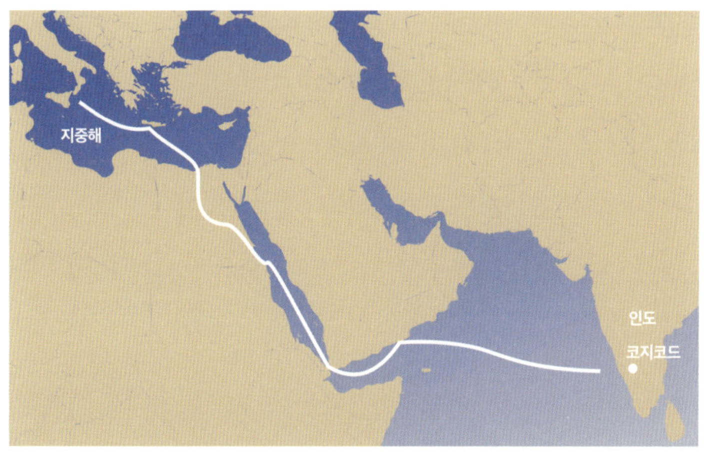

인도로부터의 향신료 무역은 프톨레마이오스 왕조와 로마 제국의 관심을 끌었다. 지중해에서 인도로 가는 해상 루트.

유럽인들은 그런 사실을 몰랐고 후추의 존재조차 몰랐을 수 있다. 그러나 상인은 돈을 벌기 위해서는 맹물도 불사약으로 만드는 사람들이다. 돈이 있는 곳은 어디라도 간다. 페니키아, 카르타고, 애굽(이집트), 희랍, 로마, 페르시아, 유대, 인도, 소그드, 아랍, 중국 상인들은 거리에 관계없이 이익을 쫓아 동과 서를 넘나들었다. 노예 매매가 제일 수지맞는 장사였고, 그다음이 비단 거래였다.

돈은 힘을 가지고 있다. 장사꾼들에게는 돈이 있었고, 그들은 갈수록 부자가 됐다. 왕과 교회 그리고 귀족은 군인들 월급에, 궁궐과 성당 신개축에 필요한 막대한 비용을 상인에게 의존할 수밖에 없었다. 한편으론 웃는 얼굴을 보이고 다른 한편으론 그들을 경멸했다. 돈이 필요할 때 저자세를 취하다보니 자존심 상하고 상인 집단이 못마땅했다. 서양 중세에서 인간의 유형 속에 상인이나 고리대금업자를 포함시키지 않은 이유가 질시와 원망 때문이었는지도 모른다. 당시 기독교적 관점에서 기도하거나(성직자), 싸우거나(기사), 땅을 파는 자(농부)만이 인간 분류에 속했다. 돈을 만지는 사람은 사람의 범주에 들어가지 않았다. 셰익스피어의 작품 『베니스의 상인』에서 주인공인 유대인 고리대금업자 샤일록은 냉혈한으로 그려진다. 그 이유도 내가 가지지 못한 것을 가지고 있는 자를 질투하기 때문일 수 있다. 사실 인간의 수준은 그 정도밖에 안 된다. 히틀러의 유대인 학살 이면에도 돈을 가진 유대인들에 대한 백인들의 오래된 증오와 질투가 자리 잡고 있었는지 모른다.

어느 시점에 누군가에 의해 유럽 사람들이 후추 맛을 알게 됐는지는 아무도 모른다. 그러나 그것이 문제의 발단이었다. 후추가 유럽인 다수에게는 음식에 풍미를 더하고, 소수에게는 엄청난 부를 가져다주는 하늘의 선물이 되었다. 그러나 인도를 위시한 향신료 산지는 식민지 수탈이라는 엄청난 비극을 겪어야 했다. 유럽인들이 처음부터 폭력을 행사하고 수탈을 하려던 건 아니었다. 그저 필요한 물자, 돈이 되는 주요 물품을 직접 교역하려 했을 뿐이다. 유럽에서 큰돈이 되는 비단, 향신료 등 이른바 사치품에 해당하는 상품의 가격은 아시아 지역의 가격과 비교하면 천문학적으로 비쌌다. 상인들의 노림수는 바로 이 격차를 이용한 이익의 극대화였고, 험한 해로를 따라 동방으로 향하게 한

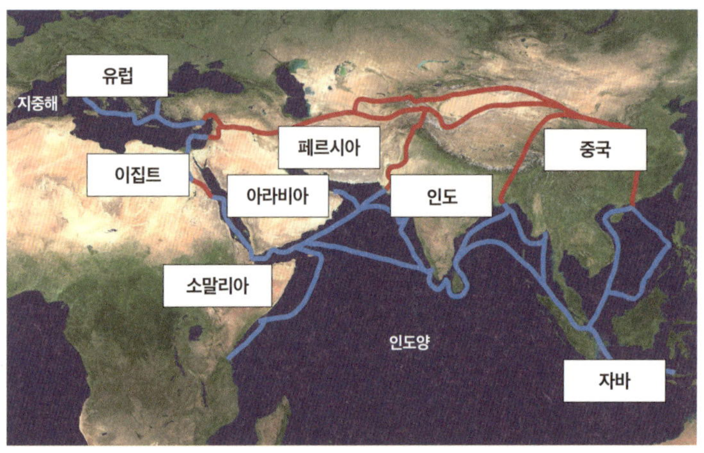

스파이스 루트. 실크로드(적색)와 향신료 무역길(파란색). 이 경제적 황금길이 오스만 제국에 의해 가로막혀 있었다.

원동력이 됐다. 그러나 인도, 페르시아, 중국 등 동방의 거대 제국은 물론 섬나라 일본조차 유럽과의 거래에 관심이 없었다. 그리고 인도 땅에는 일찌감치 무슬림들이 진출해 상권을 쥐고 있었다. 아라비아에서 일본에 이르는 지역에서 유럽의 상인들은 19세기 말까지도 별로 환영받지 못했다. 연안 무역에서 유럽 상인들이 배척당하자, 유럽 국가들은 망설임 없이 바다와 내륙지역에 해군을 투입했다. 도덕적으로는 비난받을 일이지만, 국가 이기주의 앞에서는 이보다 더한 일들도 벌어진다.

유럽인들은 아시아인들의 바다를 장악하고 연안지역과 그 주변에 근거지를 마련했다. 그런데 해적들이 유럽인들의 무역 이익을 빼앗아가기 시작했다. 연안 항구도시의 관리들은 이를 묵인하거나 뒤에서 후원하기까지 했다. 마치 육지의 해적처럼 물

색없이 굴었다. 아시아 항구에서 자행된 지역 관리나 군인들의 저열한 교역 방해와 폭력이 심해지자 외지인들의 인내도 극에 달했다. 유럽 상인들은 본국에 도움을 청했다. 그 결과는 역사가 말하고 있다. 유럽 국가의 군대가 아시아의 통치자들을 제압하고 자국의 상인들에게 유리한 교역 조건을 제시했다.

동아시아는 물론 중남미의 해양 무역로는 '대항해 시대'라고 부르는 빈곤 탈출을 위한 유럽인들의 활로 모색이 초래한 뜻밖의 결과였다. 포르투갈이 성공하자, 스페인이 가만히 있을 리 없었다. 네덜란드, 벨기에, 프랑스, 영국 등도 돈 되는 해외 사업에 국운을 걸었다. 이렇게 '스파이스 루트*Spice Route*'라는 향신료 길이 열리기 시작한다. 포르투갈 무역선은 아시아 지역을 오가면서 조차지租借地인 마카오에도 들렀다. 거기서 비단, 도자기, 사향, 금 등을 구입한 뒤 나가사키로 향해 그곳에서 배에 싣고 간 상품을 팔고 은, 칠기, 병풍, 기모노, 칼, 금 등을 구했다. 귀로에 올라 다시 마카오에 들러서는 은을 주고 비단, 사향, 도자기, 진주 등을 구입했다. 이 과정에서 일본은 조총을 손에 넣었다. 사쓰마의 다네가섬 해안에 표류한 포르투갈 선원이 건네준 것이다. 그래서 다네가시마 뎃포(종자도총) 또는 뎃포鐵砲라고 불렀다.

그러고 보니 우리가 흔히 쓰는 무뎃뽀[무대뽀]니, 무뎃뽀 정신이니 하는 말 속의 '무뎃뽀'가 '철포'를 뜻하는 일본말 '뎃포'에 '없다'는 의미의 한자어 '無'가 합쳐진 것이라는 주장이 있다. 그러나 사실 일본어 '無鐵砲'는 한자가 가진 본래의 뜻에 관계없이 음

이나 훈음을 이용해 낱말을 표기하는 아테지あて字, 宛て字로 원래 ‘무뎃포’라는 단어가 있었는데 이 발음에 해당하는 한자를 찾아 ‘無鐵砲’라고 표기한 것이기 때문에 ‘철포가 없다’는 한자의 의미와는 전혀 상관이 없다는 주장이 보다 설득력이 있어 보인다.

우리나라 사람들은 고추를 고초苦草, 苦椒라고 했다. 매운 식물이라서다. 만초蠻椒, 남만초南蠻椒, 번초蕃椒, 왜초倭椒, 랄가辣茄, 당초唐椒, 번초番草 등으로도 불렸다. 맛은 대표적으로 오미가 있으나 매운 건 맛이 아니다. 입안을 얼얼하게 하고 혀를 아프게 하는 통증으로 몸에 열을 올려 땀으로 배출시켜 육신을 시원하게 해준다.

고추가 우리나라에 들어온 시기는 임진왜란 무렵이라고 한다. 그 내력이 재미있다. 왜군이 조선 사람에게 지독하게 매운 고추를 먹여 조선인의 종자를 끊으려고 들여왔으나 조선의 백성은 죽기는커녕 오히려 고추를 즐기게 됐다는 것이다. 마치 우리나라를 강제로 합병한 일본이 메밀이 설사瀉하게 하는 식품이라 한국인을 말라 죽게 하려는 속셈에서 메밀을 가꾸도록 했지만 현명한 이 땅의 백성이 메밀을 무와 함께 먹는 지혜를 발휘해 대가 끊기지 않고 잘 살고 있다는 얘기와 흡사하게 들린다.

우리와는 달리 일본의 문헌에는 고추가 임진왜란 때 조선에서 일본으로 전해졌다고 기록돼 있다. 가이바라 에켄貝原益軒의 『화보花譜』나 『대화본초大和本草』 등에 “옛날에 고추가 일본에는 없었고, 히데요시 공이 조선을 정벌할 때, 그 나라에서 종자를 가져

왔기 때문에 일반적으로 고려호초高麗胡椒라고 말한다"라고 기록한 것이 대표적이다.

고추는 매워야 제격이다. 맵지 않은 고추는 고추가 아니다. 한국인에게는 작은 고추가 맵다. 청양 고추도 맵다. 그러나 세상은 넓고 매운 고추도 많다. 이 세상에서 가장 매운 고추는 인도 고추 부트 졸로키아다. 그 다음이 방글라데시의 도싯 나가, 인도의 나가 졸로키아, 4위는 멕시코산 아바네로, 그리고 태국산 프리키누, 멕시코의 타바스코, 그 다음이 한국산 청양 고추, 그리고 멕시코산 할라피뇨다. 과연 얼마나 매울까 생각만 해도 겨드랑이와 이마에 땀방울이 맺힌다. 원기가 떨어지고 기력이 쇠해지면 식은땀이 난다는데…….

여담이지만, 먹으면 힘이 난다는 뽀빠이의 식품 시금치를 중국에서는 '파릉초波稜草'라고 한다. 어디서 들어온 식용식물일까? 파릉초에서 파릉은 페르시아를 뜻하는 'Farsi'의 음차어다. 따라서 정답은 페르시아다.

몰루카 제도의 정향나무 숲

포르투갈이 후추 무역에 몰두해 있을 때 네덜란드가 포르투갈을 겁박해 몰루카 제도를 접수한다(1605). 그리고 원시의 정글을 밀어버린 뒤 그 자리에 정향나무 숲을 조성한다. 인도네시아 현지인의 값싼 노동력을 이용한 식민지 정부의 플랜테이션 *plantation*(재배농장) 사업을 개시한 것이다. 같은 맥락에서 영국은 인도 북부 히말라야 산자락에 위치한 아삼주와 인도양의 섬 나라 스리랑카에 차를 재배하게 했다. 차를 접한 뒤 그 맛과 향에 매료됐기 때문이다. 기후 조건상 차나무를 키울 수 없는 영국은 본국에 필요한 차를 확보하려 동인도회사를 움직여 식민지에 차 재배 농장을 조성했다. 영국의 차 문화 형성과 발전은 이런 식민지 농업 경영이 있어 가능했다.

그런데 네덜란드는 왜 광대한 밀림을 없애고 정향나무를 심었을까? 정향은 고대부터 사랑의 묘약으로 알려지기도 했지만, 육고기의 누린내와 잡내를 잡아주는 효능이 빼어난 향신료이기 때문이다. 또한 정향은 향기 치료제로도 인기가 높다. 기원전 3세기 후한後漢 응소應劭의 『한관의漢官儀』에 따르면, 당시 관리들이 황제를 알현할 때 불쾌한 입 냄새를 없애기 위해 정향을 입안에 머금고 있었다고 한다. 생김새 때문에 '계설향鷄舌香'이라고도 불렀다.

탄자니아 화폐에 그려진 정향나무. 정향나무의 학명은 *Eugenia caryophyllata*다.

정향나무는 미의 여신 비너스의 신목神木이라는 목백일홍과 같은 도금양桃金孃과에 속하는 상록 교목(큰키나무)으로 인도네시아가 원산지다. 말린 꽃봉오리 모양이 못을 닮았다고 정향丁香이라는 이름이 붙었다. 영어 명칭 클로브*clove*는 못을 뜻하는 불어 클루*clou*에서 유래했다.

중세 아라비아에서는 정향을 복용하면 불로장생하고 머리가 희지 않는다고 생각했다. 서기 176년에 이집트에 정향이 들어오고 나서 몇 백 년 뒤에는 지중해 전 지역에 그 존재와 효능이 알려진다. 유럽 대륙에는 8세기경 도입되며, 몰루카제도를 강점한 포르투갈이 먼저 정향 무역을 독점했다. 꽃이 피기 직전에 봉오리를 따서 말린 그대로 쓰거나 또는 가루로 만들어 쓰는데, 달콤하면서도 매콤한 맛이 특징이다. 중국요리 오향장육에 정향이 빠질 수 없다. 서양에서는 고기 요리나 피클, 소스를 만들 때 사용한다.

정향 때문에 몰루카는 '향료 군도*the Spice Islands*'라는 별명을 얻었다. 1605년 포르투갈로부터 몰루카제도를 빼앗은 네덜란드인들은 귀한 정향 가격을 더 올리기 위해 몰루카 일대에서만 정향을 독점 생산케 했다. 오늘날은 아프리카 탄자니아의 잔지바르섬과 펨바섬이 세계 최대 생산지다.

정향은 향기가 좋을 뿐 아니라 부패 방지와 살균력이 뛰어나다. 우리나라 『동의보감』에 그 효능이 나와 있으며 귀한 약재로 취급한다. 정향은 "비위가 허하고 배가 차고 아프며 게우거나 설사하고 입맛이 없을 때, 딸꾹질, 소화 장애, 무릎과 허리가 시리고 아픈 데, 회충증 등에 쓴다"고 했으니 향신료를 뛰어넘어 가히 집안에 반드시 갖춰야 할 상비약이라고 할 만하다.

교훈으로 삼을 역설 한 가지. 인도네시아는 정향나무의 원산지임에도 현재 정향의 최대 수입국이다. 이런 모순에는 물론 그럴 만한 이유가 있다. 19세기 후반 인도네시아에서 담배와 정향을 혼합한 '크레텍'이라는 이름의 정향담배를 최초로 생산했는데, 갈수록 많은 사람이 크레텍을 피우며 수요가 엄청나서 정향의 역수입 현상이 나타났다. 담배 이름을 '크레텍*kretek*'이라고 붙인 까닭은 담배를 피울 때 나는 특유의 바삭바삭하는 소리 때문이라고 한다. 이쯤에서 중국이 보유한 막대한 은을 끌어내기 위해 중국 하층민들에게 아편을 공급한 영국인들의 못된 행태가 떠오르는 건 왜일까?

아사餓死와 식인食人의 경계

사람이 견디는 데 한계가 있는 게 많다. 달리 말해, 살다보면 인간의 능력으로 어쩔 수 없는 일이 너무도 많다. "매 앞에 장사 없다" "먹을 것 앞에 장사 없다" "세월 앞에 장사 없다"라는 말이 있듯 신체적 폭력, 음식의 유혹, 가는 세월 어느 것에도 저항하기가 사실상 불가능하다. 이 중에서도 가장 초라한 것은 맛있는 음식의 유혹 앞에서 갈등하고 번민하는 인간의 애처로운 모습이다. 이까짓 대단찮은 음식의 유혹 앞에 내가 무릎을 끓어야 하나? 인간으로서의 자존심을 걸고 잠시 버티다가 우리는 말한다. "인생 뭐 별 거 있어? 맛있는 건 먹어줘야 해. 다이어트? 내일부터 새로 시작하자. 먹는 건 좋은 일이야. 사람이 등 따습고 배불러야 행복한 거지. 지금 이걸 안 먹으면 언제 다시 먹을 기회가 있으리라는 보장도 없고……." 이렇게 사람은 자신의 식욕을 정당화한다. 그러므로 일반인은 '단식 광대'를 절대 이해 못한다. 이슬람의 라마단 금식은 지극히 부자연스러운 일이다. 왜 사람은 하루도 거르지 않고 매일 세 끼 식사를 하면서도 먹는 일에 몰두하는 것일까? 식욕, 성욕, 수면욕이라는 인간의 3대 욕구 가운데 식욕이 다른 둘을 압도하는 데는 까닭이 있지 않을까?

『예언자』에서 칼릴 지브란은 말했다. “순례자를 따라가는 개는 음식을 먹다 남으면 버려두거나 다른 개에게 줄 생각을 않고 얼마 후면 흔적조차 찾기 어려운 모래땅에 묻어둔다. 나중에 먹어야 한다는 것은 지나치게 신중한 개의 생각이다”라고. 그렇듯 인간도 식탐을 변명한다. 잘 먹어야 건강하고 그래야 잘 사니까. 내일도 먹으리라는 보장이 없으니까. 과연 그럴까? 잘 먹는다는 것이 무엇일까? 소식이나 채식은 잘 먹는 것과는 거리가 먼 것일까? 실제로 이 둘이 장수와 건강의 비결임은 많은 임상실험 결과가 말해주고 있다.

그러므로 지금 많이 먹는 것이 내일 혹시 굶을지도 모른다는 염려나 두려움 때문이라면, 그는 지나치게 순진한 사람이다. 설사 그런 일이 생긴다 해도 영속적인 일이 아닐뿐더러, 한두 끼 굶는다고 건강에 이상이 생기거나 병에 걸려 눕지 않는다. 오히려 과축적된 영양소를 적절히 사용해 몸 상태가 좋아진다.

과거 중국에서는 상품을 거래하거나 거래에 앞서 교섭을 하려는 지방 상인들의 숙소로 객잔客殘이라는 이름을 내건 여관이 있었다. 이곳에 머물 때 손님은 조심에 조심을 해야 했다. 그러나 언제나 어리숙하고 순진한 나그네가 있게 마련이다. 주인장의 호의에 감읍하며 건네진 술잔을 입에 대는 순간 그의 명은 다

할 수 있다. 오직 자신만을 생각하는 객잔의 인간 말종들은 독주로 과객의 목숨을 끊고 기뻐하며 죽은 이의 품을 뒤져 돈과 귀중품을 털고 보따리 속 재물을 갈취한다. 그러나 그게 끝이 아니다. 시신을 식재료로 사용하기 위한 비밀 작업이 남아 있다. 인간 잔혹사는 언제 어디에나 있다.

식인의 추억

영화 「한니발」에서 미식가이자 연쇄살인범인 주인공 한니발 렉터는 복수를 위해 사람 뇌를 꺼내 먹는다. 희생자가 놀라서 죽으면 안 되니까 살려둔 채로. 이 희생자는 마취 상태에서 두 눈 멀쩡히 뜨고 자신의 뇌 일부가 프라이팬 위에서 알맞게 익어가는 광경을 응시한다. 잔혹함의 최고봉으로 꼽힐 만하다. 인간은 본디 이런 존재일까? 콜린 윌슨의 『잔혹』은 다양한 살인의 사례를 보여준다. 다니엘 디포의 소설 『로빈슨 크루소』에도 식인 장면이 길게 묘사돼 있다.

『삼국지』에도 무척 기괴하고 놀라운 대목이 나온다. 유비가 여포에게 패해 허도에 있는 조조에게 몸을 의탁하러 가던 중 어느 작은 마을에서 하룻밤을 묵는다. 유비 일행이 머문 집 주인인 가난한 사냥꾼 유안은 평소 유비를 존경해 일행을 극진히 대접하고자 했지만 유감스럽게도 식량과 돈이 다 떨어지고 없었다. 이때 떠올린 유안의 발상이 놀랍고도 끔찍하다. 그는 아내는 또 얻을 수 있으나 귀한 손님 유비를 굶겨서 보낼 수는 없다고 생각하고 죄 없는 아내를 죽여 요리를 만들어 대접한다. 유비는 배가 고프던 차라 밥상에 올린 고기를 맛있게 먹고 무슨 고기냐고 물었다. 유안은 주저하다가 이리고기狼肉라고 말했다. 유비 일행이 새벽에 길을 떠나려고 하는데 한 여인이 부엌에 죽어 있고 팔과 다리 살이 떨어져나간 것을 보고는 놀라서 유안에게 물으니 귀인에게 대접할 것이 없어 아내를 죽여서 살을 삶아 대접했다고 대답했다. 유비는 고마운 한편으로는 죽은 여인이 측은하기 그지없었지만 길을 떠나지 않을 수 없었다. 나중에 유비가 조조를 만나 이 이야기를 전하자 조조가 돈 백 냥을 손건에게 건네면서 말했다.

"과연 의기남아義氣男兒요. 돈 백 냥을 줄 테니 유안이 새 아내를 맞게 하시오."

옛날 이야기지만 참으로 참혹스럽다.

사람이 사람을 먹는다! 그것도 취미로. 이 말을 사람들은 선뜻 믿으려 하지 않는다. 오히려 사람으로서 그게 가당키나 한 일이냐고 반문을 한다. 그러나 사람은 믿을 게 못 된다. "사람으로서, 인간의 탈을 쓰고 어떻게 그런 일을 할 수 있느냐?" 하는 그런 일을 하는 게 사람이다. 인간 잔혹사의 측면에서 인간이 못할 일이 없다.

1984년 교황 요한 바오로 2세가 파푸아 뉴기니를 방문하기로 예정됐을 때, 교황청에서는 내심 그 나라의 식인 풍습 때문에 교황의 방문을 꺼리는 분위기였다. 눈치를 챈 현지 신문의 칼럼 제목이 이랬다. "Dont' be afraid, sir. We won't eat you." 이 기사를 본 교황이 파푸아 뉴기니에 갔을까, 안 갔을까? 교황은 실제 방문했고 환영 인파에게 "나는 먹기에 질기다"라는 농담을 던졌다고 한다.

대부분의 사람은 고대 일부 지역 사람들이 제사 의식에서, 또는 복수나 생존을 위해 인육을 먹었던 것으로 이해한다. 그러나 식인 풍습은 거의 전 세계에 유행하던 풍습 중 하나다. 그리스의 역사가 헤로도토스는 『역사』에서 '세상 끝' 아시아에 식인종이 살고 있다고 기록했다.

한편 그리스 신화에 따르면, 오르페우스는 인간에게 식인을 금지시키고 농사짓는 법과 문자를 가르쳤다고 한다. 호메로스는 『오디세이아』에서 사람을 잡아먹는 거인족을 피해 달아나는 장면을 묘사했다. 『구약성경』에서 하느님은 순종하지 않는 인간들에게 그들이 서로를 잡아먹게 되리라고 경고한다. 구약 열왕기 하 6장 24절에서 29절을 보면 사마리아가 시리아의 군대에 포위돼 식량을 구할 수 없는 지경에 이르자 자식들을 잡아먹는다는 내용이 있다.

"이 일이 있은 후에 시리아의 벤하닷왕이 그의 모든 군대를 모아 올라와서 사마리아를 포위하니라. 그때 사마리아에는 큰 기근이 들었는데 보라, 그들이 성읍을 계속 포위했으므로 나귀 머리 하나가 은 80닢에 또 비둘기 똥 사분의 일 캅이 은 5닢에 팔렸더라. 이스라엘 왕이 성벽 위로 지나갈 때에 한 여인이 왕을 향해 부르짖으며 말하기를 "오 내 주 왕이여, 도우소서" 하자, 왕이 말하기를 "주께서 너를 돕지 않으시는데 내가 어찌 너를 돕겠느냐? 타작마당에서 돕겠느냐, 포도즙틀에서 돕겠느냐?" 하고. 또 왕이 그녀에게 말하기를 "너를 괴롭히는 것이 무엇이냐?" 하니 그녀가 대답하기를 "이 여인이 내게 말하기를 '네 아들을 내놓아라. 오늘은 우리가 그를 먹고 내일은 내 아들을 먹으리라' 하기에, 우리가 내 아들을 삶아 먹고 다음 날 내가 그녀에게 말하기를 '네 아들을 내놓으라. 우리가 그를 먹으리라' 하니 그녀가 자기 아들을 숨겼나이다" 하더라." (열왕기 하 6장 24~29절)

요즘 우리나라에서는 축제를 말할 때 페스티벌이라는 단어만 쓰고 있는데, 1970년대에는 카니발이라는 용어도 사용했던 기억이 난다. 물론 그때는 양자의 차이를 모르고 그냥 축제의 뜻으로만 사용했었다. 페스티벌*festival*은 라틴어에서 유래한 고대 불어가 14세기 후반 영어에 유입된 단어로 요즘처럼 영화제*film festival*나 예술제*art festival* 등에 쓰이는 것이 아니라 원래는 종교적 축일에 사용했다. 그래서 중세 영어에서 'festival dai'는 '종교적 휴일'을 의미했다. '페스티벌*festival*'은 형용사였고 명사로는 '피스트*feast*'를 쓰는데, 부활절이나 성탄일 같은 종교적 축일도 뜻하지만 세속적으로는 진수성찬의 의미를 담고 있었다. 축제에서는 제례 이후 축연 내지 향연이 벌어지고 그런 잔치에는 정성

루벤스의 「자식을 삼키는 사투르누스」(1636). 이 그림은 고야에게 영감을 줘 같은 주제의 「자식을 잡아먹는 사투르누스」(1821~1823)로 등장한다.

으로 마련한 맛있는 음식이 푸짐하게 준비되기 때문이다. 최근
에는 영어 피스트*feast* 대신 이탈리아어 페스타*festa*, 또는 스페인
어 피에스타*fiesta*를 선호하는 경우도 보인다.

카니발*carnival*은 현재 유럽과 남미 등에서 매년 1~2월경에 열
리는 대중 축제이지만 본래는 주현절主顯節(1월 6일)부터 사순절
전날인 '참회의 화요일'까지 열리는 다양한 축하 행사를 뜻한다.
카니발이 축제가 된 것은 이 기간이 지나면 절제와 금욕의 시간
인 사순절이 시작되기 때문이다. 한마디로 사순절 시작 전에 마
음껏 먹고 마시고 신명나게 놀아보자는 것이다. 이탈리아 최대
축제이자 브라질 리우 삼바 카니발, 프랑스 니스 카니발과 함께
세계 3대 카니발로 꼽히는 베네치아 카니발*Carnevale di Venezia*은
가면과 더불어 그 독특한 의상 때문에 가면 축제라고 불린다. 화
려한 가면과 옷을 차려입고 베네치아 곳곳을 누비거나 성 마르
코 광장으로 모여든 베네치아 시민과 관광객의 모습은 그 자체
로 구경거리다.

'식인食人'을 뜻하는 카니발리즘*cannibalism*이라는 용어는 과
거 식인 풍습이 있던 서인도제도의 카리브인들*the Caribs*을 가
리키는 스페인어 Caníbales나 '야만인*savage*'을 뜻하는 스페인
어 canibal 또는 caribal에서 비롯됐다. 16세기경 서인도 제도
를 발견했던 스페인 사람들은 서인도 제도의 카리브인*Carib*들
이 인육을 먹는다고 믿었다. 또 한편으로는 앞서 언급했던 사
순절 이전에 즐기는 사육제謝肉祭를 뜻하는 카니발에서 비롯

잔니Zanni는 코미디 공연에서 조연 역할을 맡는데 가죽으로 만든 반가면을 쓰고, 낮은 이마와 불룩한 눈썹, 끝이 뒤로 휘어진 긴 코를 지닌 모습으로 등장한다.

(↗) 베네치아 사육제 참가자

된 것으로 보기도 한다. 그러나 carnival의 어원은 중세 라틴어 carnelevarium('고기'를 뜻하는 carn-과 '가져가다, 없애다'라는 뜻의 'levare'가 합쳐진 것)이다. 식인이라는 의미의 또 다른 어휘 'anthropophagy'는 '사람'을 뜻하는 'anthropo'와 '먹다'라는 뜻의 'phagy'의 합성어다.

굶느냐 사느냐를 놓고 선택을 논한다는 건 애당초 말도 되지 않는다. 역사가 보여주듯, 그리고 개인의 경험이 입증하듯, 아사지경餓死之境에 처할 때 인간에게 주어진 지상명제는 "나는 살아야 한다"였다. 식인은 풍습이라고 말할 수 없다. 굶어죽지 않으려는 인간의 마지막 선택이 식인일 뿐이다. 그렇다고 그런 행위가 정당화될 수는 없다. 그럼에도 "나는 굶어죽을지언정 식인은 하지 않을 것이다"라고 결심하겠지만 과연 그렇게 될지는 두고 봐야 알 일이다.

피에트로 롱기의 「코뿔소」 그림 속 뒤쪽에 서 있는 두 여인 중 한 명이 검은 벨벳으로 만든 타원형의 모레타moretta 가면을 쓰고 있다. 16~17세기 베니스 여인들 사이에 이 가면이 인기를 끌었는데, 착용자는 말을 해서는 안 된다는 불문율이 있었다고 한다. 그래서 이 가면은 '침묵의 가면the mute mask'이라고도 불렸다. 모레타는 이탈리아 서북부 피에몬트주 쿠네오성에 위치한 인구 4000여 명 정도의 소읍이다. 동북쪽의 토리노와는 35킬로미터가량 떨어져 있다.

『자치통감강목資治通鑑綱目』 2권에서 보듯 "관중기인상식關中饑人相食(관중지방에 기근이 들어서 사람들이 서로 잡아먹었다)" 류의 기사는 중국 측 사서에 널려 있다 해도 지나친 말이 아니다. 관중지방은 오늘날의 시안西安을 중심으로 한 산시성 일대를 가리킨다. 아래에서 보듯 당나라 시인 두보의 시도 당시 전란으로 인한 가슴 아픈 정경을 그리고 있고, 『후한서後漢書』「풍이전馮異傳」에 따르면, 지금으로서는 도저히 상상할 수 없는 상황이 연일 벌어지고 있다. "이때 백성이 굶주림에 시달려 사람들이 서로 잡아먹고 황금 1근을 콩 5되와 바꾸었다時百姓飢餓, 人相食, 黃金一斤易豆五升." '인상식人相食'이라니 먹을 것이 얼마나 없기에 사람이 서로 잡아먹는가? 그러나 이런 일이 특별히 중국에서만 발생한 것이 아니라 사람 사는 곳 어디에서나 빈번하게 혹은 간헐적으로 벌어졌다는 데 인간의 무참한 비극사가 존재한다. 그런 지경에 억만 근의 황금이 있으면 어쩔 것인가? 한 톨의 콩이 생사를 가르는 엄중한 상황에. 고대인들이 얼마나 고된 삶을 살았는지(뿐만 아니라 오늘날의 세상에서도), 굶기를 밥 먹듯이 하는 사람들은 그게 일상사이고 숙명이었다. 그래서 인간 삶은 애처롭다.

인간으로 굶어죽을 것인가 야수로 살아남을 것인가?

두보의 시 「춘망春望」이 전하는 봄날의 기다림은 영원처럼 길다. 마흔여섯 되던 해 아내를 보러 가던 중 '안사의 난'을 당해 반군에 잡혀 장안에 연금되어 있을 때 지은 시다.

나라는 망했어도 산하는 여전하고

도성에 봄이 오니 초목이 우거진다

난세에 마음 아파 꽃을 봐도 눈물이요

이별이 한스러워 새소리에도 놀란다

봉화는 석 달째 연이어 피어오르고

집에서 보내온 소식은 천만금보다 귀하도다

흰 머리는 긁을수록 짧아지니

아예 비녀조차 꽂을 수가 없구나

인간의 역사는 끊임없는 전쟁의 역사다. 전쟁은 약탈을 위한 것이다. 약탈의 대상은 영토일 수 있고, 식량이나 가축이기도 하고, 여자였던 적도 있다. 원한을 갚기 위한 침공조차 끝내 약탈물을 수중에 넣었다. 영웅이니 대왕이니 칭송받는 전쟁의 화신들은 '전쟁을 위한 전쟁'을 했다. 같은 하늘 아래 두 명의 영웅은 있을 수 없다. 알렉산드로스, 한니발, 나폴레옹, 한무제, 진시황, 아틸라, 칭기즈칸, 다리우스 이들 모두가 천하의 지배자가 되고 싶었던 과욕의 비인간들이다. 힘의 과시. 그들은 그걸 즐겼다. 그런 면에서 싸움은 도락이었다. 싸울 때는 죽이는 일에 몰두하고, 싸움이 끝나고 나서는 사는 일에 열중했다. 승자는 이겼음을 축하하며 먹고 마시고, 패자는 굴욕을 삼키고 내일은 이기기 위해 고배를 들었다.

보복전쟁을 겪으며 후환을 남겨서는 안 된다는 사실을 전쟁

광들은 알았다. 그래서 철저히 파괴하고 재기의 싹을 남겨두지 않았다. 때문에 전쟁은 잔인할 수밖에 없었다. 패장의 수급을 챙기는 것으로도 모자라 처참하게 혹은 영광스럽게 죽은 사자의 두개골로 술잔을 만들어 기념주를 마셨다. 자신을 따르는 무리에 대한 과시이자, 약탈해온(사로잡은) 노예들에 대한 위협이었다. 노예들은 뜻밖의 불행에 쉽게 적응하지 못했고, 그들은 저마다의 방식으로 저항을 시도한다.

572년 비잔티움 제국과 페르시아가 맞붙었다. 시작은 이렇다. 비잔티움 황제 유스티누스 2세는 사산조 페르시아에 공물을 바치는 일로 진즉부터 자존심이 상했다. 약속한 공물을 바치지 않는 언더독을 그대로 둔다는 건 오버독 페르시아의 체면을 손상시키는 일이었다. 오래 참았던 전쟁의 욕구는 아르메니아의 개종이 빌미가 되어 폭발한다. 인내와 타협, 양보 등의 미덕은 전쟁욕에 사로잡힌 두 사내의 자존심 대결에서 털끝만큼도 찾아볼 수 없었다. 이 전쟁은 20년을 끌었다. 전쟁의 폐해를 고스란히 뒤집어쓴 민중은 이루 말할 수 없는 고통을 겪었다. 당장 허기를 면하는 일이 급선무였다. 굶어죽지 않으려고 사람들은 처절하게 고난에 저항했다. 더욱이 전쟁 포로들은 치욕과 분노로 몸을 떨면서도 먹을 것 앞에서 양심과 인간성마저 잃었다.

호위 무사 코미타투스와
그들의 음식, 의리

"차카르chakar는 본성이 용맹하고 사납다. 그들은 죽어서 집에 돌아오길 원한다. 전장에서의 어떠한 적도 그들을 상대할 수 없다."
(현장 삼장의 『서역기』)

역사란 알 수 없는 것이다. 아니, 알 수 없는 건 인간사다. 오늘날 사회주의, 공산주의를 존재하게 한 카를 마르크스는 독일에서 태어났다. 스스로는 태어나는지도 모르고, 왜 태어나야 하는지도 모른 채 태어났겠지만, 1818년 5월 5일, 우리나라 어린이날에 지구라는 행성에 모습을 드러냈다. 물론 그 당시 우리나라는 조선이라는 왕조국가여서 어린이날 따위는 존재하지 않았다. 우리와 반대편에도 독일이라는 나라는 없었다. 프러시아 제국이 유럽의 맹주 역할을 하고 있던 시절, 프러시아 라인란트(라인강 하류)의 트리어라는 작은 도시에서 마르크스가 태어났다.

마르크스 출생은 역사의 한 장을 차지했다. 의도도, 짐작도 못했겠지만 그의 사상과 책은 인류 역사에 심대한 영향을 끼쳤다. 물론 엥겔스가 없었다면 사정은 달라졌을 것이다. 마르크스가 식구를 돌보지 않고 내버려두다시피 했다(방치했다라는 표현이 더 냉정하게 들릴까?)는 점은 비난 받아 마땅하다. 그럼에도 그는 역사의 물결을 바꿔놓았다. 러시아를 붉게 물들였고, 붉은 혁명의 이름으로 동유럽과 중앙유라시아, 거대한 제국 중국을 인민이 평등한 나라로 뒤바꾸려 했다. 그러나 애당초 '불가능한 가능성'이었다.

혁명가가 되려면 주변에 보좌 세력이 있어야 한다. 마르크스는 행동하는 인물은 아니었다. 레닌은 행동파였다. 볼셰비키 혁명을 주도한 저력은 어디에서 나왔을까? 그는 마르크스의 사상을 기반으로 민중을 앞세워 지상 마지막 제국주의 왕조인 로마노프 왕조를 무너뜨리고 사회주의공화국인 소비에트 연방을 탄생시켰다. 역사상 보기 드문 무혈혁명이었다. 레닌의 성공은 민중의 지지와 러시아 사회민주노동당이 분열해 생긴 좌파 세력 볼셰비키 때문이다. 이성계도, 왕건도, 주몽도, 칭기즈칸도 다 지지세력 내지 보좌 집단이 필요했고, 실제로 그랬다.

사클라이, 투멘 그리고 주몽

"사클라이Saklai 북쪽에서 어떤 왕자가 신비롭게 태어났다. 그의 아버지는 태양신이었고 그의 어머니는 강의 신의 딸이었지만, 그 나라의 왕은 아이를 빼앗아 맹수들에게 갖다 버렸다. 그러나 야생 돼지와 말과 새들이 따뜻하게 해주었고, 그래서 아이는 죽지 않았다. 아이를 죽일 수 없었기 때문에 왕은 아이의 어머니에게 아이를 길러도 좋다고 허락했다. 아이가 커서 어른이 되자 왕은 그에게 왕의 말을 관리하라고 했다. 그는 활을 아주 잘 쏘았기 때문에 투멘Tümen이라는 이름을 얻었다.

왕자들은 왕에게 경고했다. 투멘이 너무 위험하며, 왕국을 전복시킬지도 모른다고. 왕자들은 투멘을 죽일 계획을 세웠지만, 투멘의 어머니는 때마침 투멘에게 위험을 알렸고, 투멘은 남쪽으로 도망쳤다. 건널 수 없는 강에 맞닥뜨리자 투멘은 자신의 활로 강물을 내리치며 소리쳤다.

"나는 태양의 아들이며 강의 신의 손자다. 적들이 나를 뒤쫓고 있다. 어떻게 하면 강을 건널 수 있겠는가?" 그러자 악어와 자라들이 물 위로 떠올라 다리를 만들어주었다. 투멘이 강을 건넌 뒤 다리는 사라졌고, 투멘의 적들은 더 이상 투멘을 추격할 수 없었다.

투멘은 수도 오르투Ortu를 건설하고 새로운 왕국을 세웠다. 그의 영토는 네 부분으로 나뉘어졌는데, 네 방향에는 각각 지배자Ka가 하나씩 있었다." (크리스토퍼 벡위드, 『중앙유라시아 세계사: 프랑스에서 고구려까지』, 이강한·류형식 옮김, 소와당, 2014, 55~57쪽)

이 글을 읽고 궁금했다. '사클라이'가 어디지? 유목민 사회에서 흔히 찾아볼 수 있는 이름의 소유자 '투멘'은 누구지? 사클라이'는 『후한서』에 나오는 '색리索離'라는 나라의 여러 표기 중 하나로, 이 외에도 『논형論衡』에는 '탁리橐離'라고 적고, 『삼국지』 주석 중 배인裵駰의 주석에 인용된 『위략魏略』에는 '고리高離'로 표기했다. 정론은 아니나 '橐(탁)'과 '索(색)'은 모두 '藁(고)'의 오기로 고리국이 정확한 나라 이름이라는 의견이 통설이다. 위치는 만주 쑹화강 북쪽으로 비정한다.

따라서 투멘은 고구려를 세운 주몽朱蒙을 가리킨다. 그런데 이 글에서 정작 중요한 부분이 빠졌다. 주몽이 목숨을 부지하고자 도망 나올 때 그의 곁을 지켜준 의리의 사나이들이 있었다. 오이烏伊, 마리摩離, 협보陜父라는 이름의 세 남자다. 이들은 주몽과 어떤 관계였을까? 주군 곁에서 목숨 바쳐 그를 지키는 협객일까? 명칭은 뭐라 해도 좋다. 중요한 사실은 이런 관계가 동서를 막론하고 곳곳에 존재했다는 점이다.

인간은 얼마나 복잡하게 살고 있으며, 얼마나 교묘하게 혹은 교활하게 목숨을 유지하는가. 삶의 투쟁은 줄타기처럼 아슬아슬하고, 줄에서 떨어지지 않고 살아남으려는 인간의 욕망은 처절하다. 언제고 버려야 할 그 욕망에 사로잡혀 오늘도 인간은 어리석게, 복잡하게, 치사하게 산다. 단순함을 인간은 그다지 좋아하지 않는다.

극단적으로 말해 인간은 잘못을 범하고도 시치미를 떼고, 극악무도한 죄를 짓고도 책임을 전가하고, 죽지 않으려고 거짓을 말하고, 죽는 게 싫어 악다구니를 한다. 그냥 죽으면 되는데, 때론 무모한 발악을 한다. 태생부터 인간은 잘못을 인정하고 겸허하게 죗값을 치르려는 단순한 선택에 익숙하지 않다. 변명과 합리화에 능하다. 그 대신 삶의 구조를 복잡하게 만든다. 고래로 인간이 사는 세상의 진리는 '힘이 곧 정의*Might is right*'라고 할 수 있다.

대중에게 단식의 의미를 전한 승려가 숨어서 먹는다. 금욕의 덕성을 강론한 승려가 안전한 사실私室에서 여인을 품에 안는다. 몰래 먹는 음식은 스릴이 있어 좋고, 금지된 꽃을 소유하는 일은 정복의 기쁨을 주기에 어여쁘다. 정상의 식사, 떳떳한 관계는 밋밋하다. 힘을 가진 자들은 이렇게 자기 좋은 대로, 하고 싶은 대로, 멋대로 했다. 힘이 자유를 마련해준다. 그래서 사람들 특히 남

바랑족 근위대. 바랑고이족은 9세기에서 10세기에 동남쪽으로 이주해 지금의 러시아, 우크라이나 일대에 정착한 바이킹족의 일파다. 주로 상업, 용병 등으로 활약했는데, 비잔티움 제국에서 용맹스러운 용병 그리고 제국 황제의 근위대로 활약했다.

자들은 힘을 동경한다. 니체는 이를 '권력을 향한 의지'라고 했다.

권력자는 고민이 컸다. 자신의 신변을 지켜줄 사람이 필요했다. 어중이떠중이 모르는 사람들은 믿을 수 없었다. 고향 사람들이 나왔다. 스칸디나비아 추운지방에서 순록을 따라 따뜻한 남쪽 지방으로 내려온 바랑고이족이 오늘날 우크라이나의 수도인 키이우(키예프) 쯤에 자리를 잡고 나라를 세웠다. 키예프 공국이다. 비잔티움 제국과는 협력 관계를 유지했다. 988년 이 두 나라 지배자 사이에 이뤄진 거래로 역사의 흐름이 바뀐다.

로마시대의 정예 집단과 비잔티움 제국의 '바랑족 근위대'

비잔티움 제국의 황제는 바실리우스, 키예프 공국의 군주는 블라디미르. 정치 군사적으로 위기에 몰린 비잔티움 황제가 키예프의 지배자에게 군사 원조를 청한다. 당시 블라디미르는 근위대원이 너무 많아 급료를 제대로 주지 못할 형편이었다. 핑계김에 블라디미르는 자신의 호위대 20만 명을 바실리우스에게 보낸다. 통 큰 결단으로 보이나 속사정은 돈이었다. 감격한 바실리우스는 감사의 표시로 자신의 여동생 앤을 블라디미르와 결혼시키기로 한다. 물론 앤은 반대했다. 그러나 나라를 위해 어쩔 수 없이 키예프를 향해 떠난다. 이때 결혼 행렬이 장관이었던 모양이다. 문명세계를 대표하는 비잔티움 제국의 황녀를 배우자로 맞이하는 키예프 루스*Kiev Rus* 블라디미르의 가슴은 감동과 놀람으로 가득 찼다. 이 일을 계기로 그는 기독교로 개종했다. 그리고 백성도 따라서 기독교인이 되라는 칙령을 반포한다. 세상은 이렇게 돌아간다. 다수의 백성은 어떤 결정권도 없고, 소수의 지배 집단이 국가의 명운을 가른다.

공화정 시대 로마의 군사지휘관을 수행하는 정예 집단을 '코미타투스comitatus'라고 불렀다. 언어에 따라 이들을 부르는 이름이 달랐다. 10~14세기 비잔티움 제국 황제의 개인 경호팀 '타그마 톤 바랑곤Tágma tōn Varángōn'이 그중 하나로 '바랑족 근위대'라는 뜻이다. 이들 엘리트 황실 지킴이들의 운명 역시 누구나와 다를 바 없이 욕망에 휘둘렸다.

입회와 함께 엘리트 황실 근위병이라는 신분을 얻으면 아주 고액의 급료를 받았다. 그런데 부유한 집안 남자들만 입회가 가능했던 것으로 미뤄 금으로 지불하는 고액의 사례가 근위대에 들어가는 문턱을 높였을 것으로 본다.

적진을 몰래 급습할 때 지휘관이 수행할 사람들이 필요하다고 말하면 민회에서 코미타투스가 구성되었다. 코미타투스의 구성원은 대개 생활이 부유한 전사였고 스스로 그 일을 하겠다고 나섰다. 당시 지도자와 코미테스('동료'라는 뜻)라 불린 부하 사이의 관계는 단지 습격을 벌이는 동안에만 유지되었다. 그러다가 후일 이 관계는 영구적인 것으로 바뀌었다.

지도자는 코미타투스를 먹여 살렸고, 따라서 전쟁 때뿐만 아니라 평화 시에도 이들을 자기 주위에 묶어둘 수 있었다. 또한 무기와 말을 제공했으며 전리품도 함께 나눴다. 그렇게 해서 다

러시아 천년기념비에 묘사된 블라디미르 1세의 조각상

른 전사들로부터 제지를 전혀 받지 않는 군사 집단으로 성장할
수 있었다. 코미타투스 소속 전사는 지도자를 위해 기꺼이 목숨
을 내놓고 싸웠으며 지도자보다 더 오래 사는 일은 치욕이었다.
이들은 비겁하게 사느니 명예롭게 죽기를 선택했다.

일본인을 생각할 때 내가 제일 이해하기 힘든 문화가 할복이
다. 우리에게는 임진왜란을 일으킨 민족적 원수 도요토미 히데
요시가 죽었을 때 그의 부인과 측근 사무라이들이 취한 행동은
말로 설명하기 힘들다. 한편 인도에서는 남편이 죽으면 아내가
슬픔을 견디지 못하고 따라 죽는 행위가 미덕이다. 불타고 있는
시신을 둘러싼 애도의 무리들은 망자의 아내가 불길 속으로 뛰
어드는 순간을 기다린다. 여인은 그런 기대를 잘 알기에 두렵다.
망설이지 않을 사람이 누가 있겠는가? 왜 따라 죽어야 하는지 납
득하지도 못하고, 설사 이유를 이해했다 해도 사람이 스스로 목
숨을 던지기는 절대 쉽지 않다. 누군가 실수를 가장해 울먹이며
머뭇거리는 여인을 불길 속으로 밀친다. 놀랄 새도 없이 여인은
가문의 명예를 지킨 열녀가 된다. 그러나 뜻하지 않게 죽어가는
여인에게 열녀는 의미가 없다. 사티*sati*(순장)라는 고약한 풍습은
여자에게만 절개를 요구하는 악독한 풍습이다. 이런 잔혹상을
문화라는 이름으로 말할 수도 없다.

'의리'를 위해 암살을 가한 5인의 자객

사마천의 『사기』「자객열전刺客列傳」에는 의리 때문에 암살을
감행한 테러리스트 다섯 명 이야기가 나온다. 조말, 섭정, 예양,
전제, 형가라는 협객 중에서 예양의 신의가 무엇보다 가슴을 울
린다. 예양은 진나라 사람이다. 일찍이 범씨와 중행씨를 섬겼으
나, 인정을 받지 못하자 이들을 떠나 지백이라는 대인을 섬겼다.

지백은 예양을 존경하고 또 사랑하며 예우했다. 그러던 중 지백이 조양자를 치게 됐다. 조양자는 한씨, 위씨와 공모해 지백과 그 자손들을 다 죽이고 재물과 땅을 삼등분해 취했다. 무슨 까닭인지 조양자는 지백을 죽인 뒤 그의 두개골에 옻칠을 하여 술잔으로 만들어 썼다. 예양은 산속으로 도망하여 이렇게 말했다고 전한다.

"아아, 선비는 자기를 알아주는 사람을 위하여 죽는다고 한다. 지백은 나를 알아주었으니 나는 반드시 그의 원수를 갚고 죽을 것이다. 그리하여 비록 죽더라도 지백에게 보답할 수 있다면 내 혼백은 부끄럽지 않을 것이다."

이름까지 바꾼 지백은 원수를 갚을 기회만 노렸으나 허사로 끝나고 결국 조양자 손에 죽음을 맞이한다. 호위무사 지백의 자세가 대단히 아름답다. 예양을 죽이기에 앞서 조양자가 말했다.

"그대는 일찍이 범씨와 중행씨를 섬기지 않았는가? 지백이 그들을 전부 멸망시켰는데도 그대는 범씨와 중행씨를 위하여 원수를 갚기는커녕 도리어 신하의 예를 취하여 지백의 신하가 되었다. 그 지백도 이미 죽었다. 그대는 어찌하여 지백을 위해서는 원수 갚기를 이다지 깊게 하는가?"

예양이 답했다.

"분명 범씨와 중행씨를 섬겼습니다. 그러나 범씨와 중행씨 모두 나를 여러 사람 중 한 사람으로 대우했습니다. 그러므로 나도 평범한 사람에 대한 예로써 그들을 대했습니다. 그런데 지백은 나를 국사國士로 대우했습니다. 그러므로 나도 국사로서 그에게 보답하려 합니다.”

호위무사escort warrior는 일찍이 유목민 사회에 존재했던 혈맹 조직원이다. 자신들이 섬기는 주군을 향한 호위무사의 충심과 헌신은 일개 범부로서는 이해하기도 따라 하기도 어렵다. 전쟁이 벌어지면 주군을 밀착 보호하는 존재인 호위무사들은 평상시엔 경계병 노릇을 하기도 했다. 칸khan 개인을 보위함은 물론 식솔들의 안위까지 살폈다.

『대당서역기大唐西域記』 1권의 ‘삽말건국颯秣建國’은 ‘자갈赭羯(chakar)’이라는 이름의 호위무사 집단을 소개한다. 과거에는 서역에 속했던 삽말건국은 오늘날의 중앙아시아 우즈베키스탄 사마르칸트다. 『역대호족왕조지민족정책歷代胡族王朝之民族政策』에서 유학조劉學銚는 자갈이라는 특이한 이름의 집단이 월지인이라는 견해를 피력하고 있다. 그 근거로 『수서隋書』 83권 「강국전康國傳」의 ‘그 나라 사람들은 모두 눈이 깊고 코가 높으며 수염이 무성하다其人皆深目高鼻多鬚髯’라는 구절을 들고 있다. 자갈의 체질적 특징이 진나라 때 갈인과 서로 같은데, 이는 강국康國 즉 오늘날의 사마르칸트가 흉노의 위력에 복속된 후 ‘갈인을 사로잡아 전사로 만들었기虜其人爲戰士’ 때문이라는 것이다.

충성과 복종의 음식

인간은 본디 쾌락을 추구하는 동물이다. 인간을 '호모 루덴스 *Homo Ludens*' 즉 놀이하는 존재로 규정하는 이유도 인간의 모든 행위가 쾌락을 지향한다는 인식을 밑바탕에 두었다고 나는 믿는다. 식도락이라는 말이 있듯 인간에게 음식 섭취는 이제 더 이상 단순히 살기 위한 행위가 아니다. 맛이라는 즐거움에 빠진 이후 음식을 향한 욕구 또는 욕망은 갈수록 강화됐다. 아무리 먹어도 배부르지 않는 걸신처럼 자꾸만 음식에 손이 가고, 그러면서도 허기는 채워지지 않았다. 그래서 사람들은 오늘도 먹고 또 먹는다.

진지한 열정으로 음식을 대하는 사람들이 있다는 사실을 생각하게 된 건 나폴리를 다시 찾았을 때였다. 전에는 세계 3대 미항의 하나라는 영예로운 이름을 지닐 만큼 빼어난 외모를 자랑하던 나폴리! 그러나 가꾸지 않고 방치해 추레해진 사람처럼 나폴리는 초라해져 있었다. 그리스인들이 반해서 새로운 식민도시로 만든 때가 기원전 2000년경이다. '신도시'라는 뜻의 Nea Polis로 불리다가 오늘의 이름 나폴리*Napoli*가 됐다. 영어로는 Naples다. 재화가 넘쳐 그 어디도 부럽지 않던 영광의 도시. 그 빛나는 과거가 지금 이곳 사람들의 기억 속에는 없는가보다. 무엇보다 유감스러운 점은 오래전부터 '쓰레기 도시'라는 악명이 붙었으나 개선의 기미가 보이지 않는다는 사실이다. 더 이상 나폴리항은 아름답지 않다. 그럼에도 사람들은 여전히 쾌활하고 맛있는 음식에 정열을 다하는 모습이다. 사람 사는 세상에 무엇이 달라지고 무엇이 변함없는 것일까.

다채로운 식감을 즐기는 식도락가에게는 두툼한 도우에 해산물 듬뿍 올린 피자 나폴레타나가 입에 맞을 것이다. 토마토와 모차렐라 치즈로 만드는 건 다른 동네와 큰 차이가 없지만, 나폴리 피자만의 특징은 토마토는 반드시 산 마르자노 토마토여야 하고, 모차렐라는 캄파냐 물소 젖으로 만든 치즈를 쓴다는 점이다. 나폴리 피자는 유네스코 무형문화유산 목록에 올라 있다. 나폴리 사람들은 예로부터 고집스레 전통을 고수하며 맛있게 먹는 법을 알았다. 남녀 구별 없이 비노 네로*Vino Nero*를 즐겨 마시는 게 그렇다. 레드 와인을 이탈리아 사람들은 검은 와인이라고 부른다. 남들은 고개 절레절레 저을 절인 멸치 앤초비도 각별히 좋아한다. 나폴리 사람이라면 손바닥만 한 앤초비를 인상 찡그리지 않고 한입에 먹을 수 있어야 한다.

나폴리 사람들은 먹고 마시고 노는 걸 좋아한다. 노래하고 춤추기를 즐긴다. 이탈리아 다른 지방과는 다른 문화를 갖고 있다. 이를테면 바다 건너 시칠리아와도 판이하다. 로마인들이 자랑스럽게 '마레 노스트룸(Mare Nostrum: '우리의 바다'라는 뜻)'이라고 부르던 지중해를 사이에 두었지만 거리상으로는 가까운 지역임에도 불구하고, 열정과 냉정만큼 이 두 지역은 다르다. 사람 속내야 비슷하겠지만 감정을 드러내고 사느냐 아니냐에 따라 사는 모습, 그게 모여 만들어진 문화가 지역 간 차이를 보이는 건 당연한 일이다.

시칠리아는 외세의 침입이 잦은 곳이었다. 7세기부터 11세기 말까지는 사라센 아랍의 지배를 받았고, 그 뒤 1194년까지는 노르만의 통치하에 이색적인 문화를 받아들여야 했다. 노르만계 오트빌 왕가의 뒤를 이어 독일계 호엔슈타우펜 왕가, 프랑스의 앙주 왕가, 스페인의 아라곤 왕가 등이 잇달아 시칠리아섬의 주인 노릇을 한 끝에 잠시이기는 하지만 오스트리아의 직접 통치를 거쳐 18세기에 이르러 나폴리의 직접 통치를 받게 된다. 그 사이(13~19세기) 나폴리는 프랑스 앙주 왕가, 스페인 아라곤 왕가, 프랑스 부르봉 왕가, 보나파르트 왕가 등의 지배를 받으며 시칠리아와는 다른 별도의 왕국으로 발전했다. 이런 역사 과정이 두 지역의 문화 차이를 초래한 중요한 원인 중의 하나가 됐다.

예나 지금이나 인간은 태어날 때부터 신분이 결정지어진다. 황금수저와 흙수저로 갈린다. 물론 살아가면서 운명이 바뀌어

마스야프 성채. 시리아 암살단의 본거지였던 곳이다.

부귀와 권세를 누리는 경우와 그 반대의 경우도 있다. 목동이던 안토니오 지슬리에리는 14세에 도미니코 수도회에 입회해 미카엘이라는 수도자 이름을 받고 볼로냐 수도원을 거쳐 도덕적으로 해이해진 교회 개혁에 열정을 다했다. 46세 되던 1550년에는 강제로 로마로 추방당하기도 했던 그가 선임 교황 비오 4세의 선종 이후 19일간 지속된 콘클라베에서 새로운 교황으로 선출되고 마침내 1566년 1월 7일 62번째 생일을 맞이해 비오 5세로 즉위한다.

교황이 되고 보니 전담 요리사가 생겼다. 비오 5세의 개인 요리사였던 바르톨미오 스카피는 1570년 『오페라*Opera*』라는 책을 썼다. 이 책에는 무려 천 가지 이상의 요리법이 나오는데, 나폴리 스타일의 피자 요리법도 있다. 스카피의 기록에 따르면 당시 이탈리아에는 토마토가 존재하지 않았으므로 피자가 지금과 같은 맛이 아니라 달거나 짭짜름한 맛이었다. 옥수수나 칠면조 역시 그때는 없었으므로 과거 나폴리의 음식 문화는 지금과 상당히 다를 수밖에 없었다. 나폴리 피자도 시간과 환경의 변화에 순응하며 오늘의 맛으로 재탄생했다. 이렇듯 르네상스(재생再生)는 도처에 있다.

쾌락에 약한 존재, 남성

'암살자'라는 의미의 영어 단어 'assassin'이 마약으로 분류되는 '하시시hashishi'에서 비롯됐다는 사실을 아는가? '하시시'는 대마 또는 대마초라고 하는 식물의 영어 이름이다. 이 말의 뿌리는 'grass'라는 뜻의 아랍어다. 이 말이 영어 어휘에 포함되었다는 건 사람이 가고 문화가 옮겨갔다는 의미다. 하나의 현상으로서 문화는 이렇듯 사방으로 전파된다. 원산지에만 존재하는 문화는 가치가 없다.

사람들은 아주 오래전부터 하시시를 복용했다. 지금은 모로코가 하시시의 주요 공급지이지만, 그 전에는 북인도가 생산지로 유명했다. 한편 이집트에서는 '아씨스assis'라는 이름으로 대마 잎을 가루나 진액으로 만들어 피우고 복용했다. 터키도, 페르시아도 그랬고, 중국은 양귀비 진액인 아편 때문에 나라가 망할 뻔했다.

30년 전 여름 히말라야 산중의 나라 네팔에 갔을 때다. 수도인 카트만두에서 멀지 않은 도시 파탄을 찾아 노천시장을 어슬렁거리고 있었다. 새파란 젊은 친구 몇이 말을 걸며 들러붙었다. "하시시?" 당시 30대 초반으로 비교적 순진했던 나는 그 말뜻을 몰랐다. 단지 네팔리(Nepali, 네팔사람)의 말투에서 뭔가 은밀함을 감지했을 뿐이다. 그게 뭐냐고 묻지 않자 그네들은 톤을 더 낮춰 소곤대는 어조로 동일한 말을 반복했다. "치~입"이라는 말도 덧붙였다. 장사꾼들은 집요한 면이 있으면서도 지갑 열 손님과 그렇지 않은 사람을 금세 알아챈다. 몇 발짝 따라오던 이들이 이내 다른 외국인에게로 급히 발걸음을 옮겼다.

하시시 즉 대마초는 우리나라에서는 재배와 복용이 금지된 식물이라 '대마' 하면 연상되는 것이 '대마초 연예인' '대마사범' '대마초 불법 재배'와 같은 상서롭지 못한 표현들이다. 서양에서는 마리화나라고 부르며 좀 더 용인하는 분위기다. 그래서 미국 대통령이 젊은 시절 친구들과 어울려 몇 차례 마리화나를 피웠다는 고백은 치기 어린 젊은이의 용서 가능한 행동쯤으로 이해하고 넘어가는 것 아니겠는가? 문화가 다르면 사회적 인식이나 적용되는 법률이 다르다. 네덜란드의 수도 암스테르담에는 커피숍이 마리화나 피우는 곳이다. 우리로서는 상상하기도 어려운 일이다.

충성과 맞바꾼 쾌락 '하시시'

사람들은 왜 아편이나 하시시 같은 마약류에 끌릴까? 과거에는 목숨 내놓고 싸우는 전쟁에 임할 때 마약으로 나약해지는 마음을 잊고 장수의 용맹함과 패기를 끌어올렸다. 오늘날 아프리카에서는 독재 정부에 항거한다는 반군들이 어린아이들을 잡아다가 마약을 먹여 두려움과 수치심을 잊고 잔인한 행동을 서슴없이 하게 만든다. 이렇듯 마약에 취하면 인간의 탈을 쓴 잔혹한 군인이나 테러리스트가 만들어진다. IS라는 이슬람 테러 단체 또한 모병과 성전을 위해 마약을 이용한다. 토마스 칼라일이 말한 소영웅주의에 사로잡힌 순진하지만 무모한 젊은이들이 마약의 늪에 빠지면 신의 이름으로 용병이 되고 사람을 죽이거나 잔혹 게임을 즐긴다.

오늘날에는 일부 운동선수들이 마약의 힘을 빌려 기록을 갱신하고, 연예인들이 피로를 극복한다며 수치심을 잊는다. 중앙 유라시아 초원의 스키타이 유목민 중에는 마약쟁이 스키타이라는 이름을 가진 부족도 있었다. 페르시아인들이 하우마 드링킹 사카*Hauma-drinking Saka*라고 불렀던 이들은 늘 하우마*hauma* 혹은 소마*soma*라고 불리는 환각 음료를 마셨다. 그리고 전투나 약탈에 나서 겁 없이 싸웠다.

20년 전쯤 상당히 흥미로운 영화를 보았다. 근육질 남자 배우 실베스터 스탤론과 끈적끈적한 라틴계 배우 안토니오 반데라스가 주연한 암살자 영화 「어쌔신*Assassins*」이다. 지적인 분위기의 줄리안 무어도 출연해 멋진 주인공 스탤론을 사랑하는 일렉트라 역을 맡았는데 흥행에는 성공하지 못했다.

'암살자' '자객'이라는 뜻의 영어 단어 'assassin'은 11~13세기

십자군 시대에 기독교도를 암살하고 폭행한 이스마일리파 이슬람교도 암살단의 아랍어 이름 알 하샤신*al-Hashāshīn*에서 유래했다는 주장도 있다. '산중 노인'이라는 별명으로 알려진 신비의 인물이 이끄는 비밀결사체 니자리 이스마일리는 시아파 이슬람의 한 갈래인 이스마일파의 한 분파로 엄격한 규율과 훈련을 통해 종교상의 적대자와 정적 등을 암살한 것으로 유명한 집단이다.

이란 서북부 카스피해 남쪽 알보로즈산맥에 자리 잡은 알라무트 요새가 이들의 본거지였다. 알프스 고원에 에델바이스가 자생하듯 중앙유라시아 초원이나 산간에는 야생의 대마와 양귀비가 스스로 자라나 지천이다. 이곳에서 대마와 맛있는 음식을 제공받은 젊은 무슬림들이 암살자가 되어 셀주크튀르크의 재상 니잠 알물크 등 수많은 인사의 목숨을 끊었다. 이곳이 1256년 겨울 훌라구가 이끄는 몽골군에게 정복되지 않았다면 세상은 꽤 오랫동안 마약쟁이들의 광기어린 행동으로 어지러웠을 것이다.

마르코 폴로는 1273년 몽골군이 파괴한 알라무트 요새를 방문한 뒤 알라무트에서 하시시를 먹이면서 암살자를 키웠다는 이야기를 전했다. 종교지도자가 장차 용감한 남자로 성장할 열두 살 소년들에게 하시시를 먹인다. 소년들은 사흘 동안 잠을 자는데, 깨어나면 황홀한 존재들에 둘러싸여 자신이 천국에 있다고 착각한다. 아름다운 처녀들이 시중을 들고 원하는 것은 모두 얻을 수 있다. 그러니 결코 자의로 떠나고 싶은 마음은 들지 않는다. 이때 지도자가 누군가를 죽이고 싶으면 "가서 이렇게 하라. 이는 너를

아사신파의 창시자 핫산 사바흐

천국에 들여보내기 위함이다"라는 살인 명령을 내린다. 천국의 쾌락을 경험한 젊은이는 기꺼이 암살자가 된다.

보상으로서의 폭식

영화 「캐리비언의 해적」에도 그려져 있듯이, 약탈이 끝나고 나면, 전쟁에서 승리를 자축하듯, 해적들은 먹을 것에 탐닉했다. 죽음의 공포에서 벗어난 순간 찾아드는 희열이 해적들을 들뜨게 했다. 마약을 하지 않아도 야릇한 기쁨이 용솟음쳤고, 그래서 그들은 맛있는 음식을 닥치는 대로 먹는 데서, 게걸스럽게 마셔대는 데서 살아 있음의 기쁨을 만끽했다. 부녀자 겁탈도 일종의 보상 행위였다.

평소 신분과 명칭이 다르다는 점을 제외하곤 코미타투스 그들과 해적들은 똑같았다. 주군을 위해 헌신하는 그들은 충성스런 개와 다름없었다. 주군의 명령에 따라, 주군을 위해 목숨을 바치는 친위대 혹은 호위무사는 주군을 보호하고 주군을 승자로 만든 덕분에 전리품을 분배받았다.

영웅적 군주에게는 늘 충성스런 친위부대가 있었다. 그들은 목숨을 걸고 주군을 지키기로 맹세한 주군의 친구 혹은 동지들로 구성된 전투부대다. "우리는 생사고락을 함께 할 것이며 필요하다면 서로를 위해 목숨을 내놓겠노라"는 이들의 맹세는 술잔이 아니라 피의 잔으로 이뤄진다. 각자 손가락을 베어 피를 내어 잔에 떨어뜨린 후 모인 피에 술을 섞어 나눠 마시거나 칼끝에 피를 묻혀 입술을 적시는 순간 그들은 혈맹이 되고 무엇도 그들을 갈라놓을 수 없었다. 서로 간 신의를 잃는 그 어떤 행위도 용납되지 않았다. 피의 잔 이것은 주군의 호위무사에게는 어떤 것과도 맞바꿀 수 없는 신성한 음료였다. 이슬람 암살단을 기른 마약은 이들에게는 모욕이고 무가치한 것이었다. 오직 죽음만이 충성의 음료를 대신할 수 있었다.

죽음보다 깊은 유혹
달콤한 맛

"Life is bitter, and love is much more bitter. Hence we need sweets."

나는 단것을 좋아한다. 잘 익은 멜론이 좋고, 물 뚝뚝 떨어지는 국산 배 맛을 사랑하고, 연하고 보드라운 감촉의 홍시에 전율한다. 중국 사람들이 홍슈紅薯(붉은 감자)라 부르는 고구마 구이(군고구마) 앞에서 침을 흘리고, 잘 우려낸 질 좋은 스리랑카 홍차에 설탕을 듬뿍 넣어 마시며 행복해 하고, 무더운 여름날 얼음 띄운 차가운 설탕물을 원샷하며 짜릿함을 느낀다.

셰익스피어가 애용했던 형용사

러시아 현지인들에게 '뻬쩨'라는 약칭으로 불리는 상트페테르부르크(페테르*Peter* 대제의 도시라는 뜻) 시내 '백치*The Idiot*'라

백치 카페의 내부

11 죽음보다 깊은 유혹 달콤한 맛

는 이름의 카페에서 맛본 순수 초콜릿만을 녹인 핫초콜릿은 내 생애 가장 맛있는 명품이었다. 그 맛을 잊지 못해 나는 바보처럼 다시 그곳에 가려 한다. 성 이삭 광장과 유수포프궁 사이 운하를 낀 건물에 자리 잡고 있다. 백치라는 상호는 표도르 미하일로비치 도스토옙스키의 소설 제목에서 가져왔다. 이 발음하기 까다로운 러시아 이름을 영어로 전환하면 'Theodore Michael Dostoev-son'이 된다. 가문을 나타내는 성姓의 기원은 지명에 있다. Dostoev는 벨라루스(Belarus, 백러시아)의 소읍이다. 이 위대한 작가의 조상이 그곳 출신임을 뜻한다.

'백치' 카페의 운치와 이탈리아 베네치아 광장의 안정된 '카페 플로리안'의 정취는 묘하게 닮아 있다. 플로리안 역시 근사한 핫초콜릿이 메뉴에 올라 있지만 맛은 백치 카페에 비할 바가 아니다. 옥외 회랑 좌석에 앉아 커피든 핫초콜릿이든 '멋진 맛'을 음미하며 아름다운 베네치아 광장을 내다보면 달콤 살벌한 음식의 역사와 인간의 문화가 그려진다. 커피가 가장 먼저 들어온 곳, 그래서 무수한 문인, 예술가, 지성, 귀족, 정치인, 성직자들이 무시로 드나들던 명소, 여기서 마시는 커피는 맛을 보기 전에 이미 전승된 전설로 마시는 음료다. 그걸 환상적인 커피라고 밖에 달리 표현할 방법이 있겠는가? 보통 사람들은 커피를 제대로 즐기려면 쓴맛으로 즐겨야 하는 줄 아는데 커피 맛의 진수가 달콤함에 있다는 사실을 알면 놀랄 사람이 많을 것이다.

중세 유럽은 스윗함에 온 정신이 팔려 있었다. 달콤함에 매료되니 가정도 달콤해야 했고(Home Sweet Home), 말도 달콤해야 좋고(sweet talk, 듣기 좋은 말, 사탕발림), 남자도 달콤한 사람(sweet guy)이 마음에 들고, 사랑도 달콤하길 바라고, 미소도 상냥하게 달콤하게, 방년 16세, 꽃다운 나이 17세는 'sweet sixteen(seventeen)'이며, 좋은 성격은 'sweet character', 술도 달착지근한 'sweet wine'이 아름답고, 물 역시 'sweet water'인 소금기 없는 담수淡水가 물다운 물로 대접 받고, 버터도 무염의 'sweet butter'라야 고소한 맛을 제대로 느낄 수 있다. 재즈 음악도 느릿하고 달콤해서 녹아드는 맛이 있는 'sweet jazz'가 즉흥적이고 격정적인 'hot jazz'보다 은근한 매력이 있고, 신선한 우유는 'sweet milk'인 법이다. 맛있다는 건 달다는 것이다. 다시 말해 최상의 식품은 달아야 한다. 이래서일까? 셰익스피어가 좋아한 형용사 중 하나가 'sweet'다.

구증구포의 전통 덖음 방식으로 만든 우리나라 수제 녹차—찻잎이 참새 혀처럼 귀엽고 앙증맞다 해서 흔히 작설차雀舌茶라고 부른다—가 세계 최고의 명차라고 내가 품평하는 이유는 목 넘김이 좋기 때문이다. 단맛이 느껴지는 목 넘김, 차를 마시고 난 뒤 달콤한 여운이 있다. 물론 초의선사처럼 차 맛의 진수는 고미苦味(쓴맛)에 있다고 하는 이도 많다. 이는 맛이 취향의 문제임을 보여주는 예다.

영어 'sweet'를 우리말로는 '달다'라고 하고, 한자로는 '甘'이라고 한다. 내가 좋아하는 감주甘酒를 어린 시절엔 단술이라고 불렀다. 향육香肉은 단고기를 가리킨다. 또 단고기는 구육狗肉(개고기)을 맛있게 부르는 표현이다. 여기에 사람이 개고기를 좋아하게 된 일련의 인과관계가 드러난다. 개고기는 달다. 단고기는 향기로운 맛을 지녔다. 향기로움은 사람들의 마음을 유혹하는 치명적 아름다움이다.

甘의 갑골문 분석

'달甘'이라는 한자의 초기형인 갑골문을 보면 "'입口' 안에 선을 하나 그어서 음식을 입에 물어 끼운 모양을 나타내어 혀에 얹어서 단맛을 맛본다"는 뜻을 나타낸다고 한다. 참외는 감과甘瓜(오이 과)이므로 단맛을 선사해야 할 의무가 있다. 미역도 감곽甘藿(콩잎 곽)이라 하는 말로 불러 달착지근한 맛을 말해준다. 이슬 맛도 감로甘露 즉 단 이슬이니 고산高山이든 고산孤山이든 산간에 내리는 맑은 이슬은 단맛 감도는 참 이슬이다. 양배추는 우리 배추에 비해 달다. 그래서 양배추를 달콤한 콩잎의 이미지에 맞춰 감람甘藍(쪽풀 람)이라 부른다. 살찌고 맛있는 고기는 감비甘肥(살찔 비)라고 한다. 때에 알맞게 내리는 비는 감우甘雨요, 고구마는 감저甘藷, 달큰한 마) 또는 감서(甘薯, 사탕수수)라 부르고, 감천甘泉은 물맛이 좋은 샘이다. 물맛이 좋은 건 단맛 때문이다. 감식甘食은 맛있는 음식으로 미식美食의 또 다른 이름이다. 단맛 만세, 단맛 승리다.

만해 한용운 스님은 첫 키스의 추억을 날카롭다 했지만, 대부분의 사람들은 꼭 첫 키스가 아니더라도 달콤한 입맞춤, 감미로운 키스라고 말함으로서 입맞춤의 맛이 감미甘味임을 적나라하게 드러낸다. 그렇다면 인간이 제일 좋아하는 맛은 단맛이라고 단언해도 과언은 아닐 것이다. 그리고 단맛에 대한 열정도 이해 가능한 현상이다. 따라서 내가 단것을 좋아하는 것은 지극히 자연스런 쏠림이다. 이제 음식의 역사에서 단맛의 추구가 어떤 욕망의 음식을 만들어냈고, 어떤 음식 문화를 이뤄냈는지를 살펴보려고 한다.

튜더 왕조의 영국 왕 헨리 8세의 마음을 단숨에 사로잡아 이혼을 금하는 가톨릭과 결별하고 영국만의 독자적 종교 성공회 *Anglican Church*를 성립케 한 여인이 바로 시녀 앤 불린이다. 사실 헨리 8세에게는 앤 불린을 포함해 부인이 여섯 명이었다. 앤이 스페인 출신 왕비 캐서린을 대신해 헨리 8세의 새로운 왕비이자 부인이 되어 영욕의 삶을 산 기간(1533.6.1~1536.5.19)이 채 3년이 안 돼 사람들은 그녀를 천일의 앤이라고 부른다. 천일의 앤은 아들 낳기를 소망했다. 그러나 바라는 아들을 낳지 못하고 딸을 출산하자 극도의 절망감에 갓 태어난 딸을 죽이려 시도했다. 결국 남편인 헨리 8세는 앤에게 참수형을 명한다. 그때 죽지 않고 살아남은 딸이 오늘날의 위대한 영국을 있게 한 엘리자베스 1세다.

어미가 돌보지 않는 배다른 여동생의 보모 노릇을 한 건 축출된 캐서린 왕비의 딸 메리였다. 원망스런 아버지 헨리 8세가 죽은 뒤 메리의 이복동생 에드워드가 왕위를 물려받았으나 오래지 않아 메리가 영국 역사상 최초의 여왕이 된다. 왕좌에 오른 메리

앤 불린Anna Bolina

1544년의 메리. 메리 1세로 잉글랜드 왕좌에 오르기 9년 전의 모습이다. 독실한 가톨릭 신자로서 자신이 믿는 종교를 위해 과감한 숙청을 단행한 일에 대해서는 그럴 만했다는 평이 많다. 단호한 입매가 인상적이다.

가 무자비한 보복과 숙청을 한 마음은 인지상정의 측면에서 십분 이해가 간다. 가톨릭을 부활시키고 성공회를 탄압하는 과정에서 300여 명을 처형해 뒷날 '블러디 메리*Bloody Mary*'라는 별명을 얻게 되고 선홍색 아름다운 빛깔의 칵테일 이름으로도 우리 곁에 남아 있다.

비운의 앤은 단것을 무척 좋아했다고 한다. 당시 설탕은 수입품이라 귀하고 비쌌지만 왕비인 그에게 값은 문제가 아니었다. 단것을 좋아했다고 다이어트에 관심이 없다거나 뚱보가 되었으리라 단정하는 건 물정 모르는 일이다. 앤은 사슴고기를 각별히 좋아했다고 전한다. 헨리 8세가 구애를 하려고 할 때 너무 앞서나가는 점이 못마땅해 앤이 왕의 러브 레터에 답하지 않자, 왕이 사

셀러리 스틱을 꽂은 블러디 메리 칵테일

메이드 오브 아너 타르트

슴고기와 보석을 보내 마음을 열었다고 한다. 그런 연유로 사슴 고기는 그녀에게 있어 왕의 사랑 혹은 구애의 상징과 같은 의미를 지닌 음식이었을 것이다.

앤의 단 음식 사랑을 직접 입증할 자료는 없다. 조신朝臣들도 함께 있는 자리에서 엘리자베스를 임신한 앤이 왕에게 사과가 먹고 싶어 죽겠다는 말을 했다고 해서 사과를 특별히 좋아했다고도 말할 수 없다. 변덕스런 입덧의 영향일 수 있기 때문이다. 그렇지만 왕실 연회 시 세 코스 식사에 포함된 음식을 통해 튜더 왕실이 어떤 음식을 선호했고 어떤 당과류를 먹었는지 알 수 있다. 이를 통해 앤의 음식 취향도 짐작할 수 있다. 앤과 헨리 8세가 처음 만났을 때 앤은 동료 시녀 몇과 함께 매우 맛있는 '메이드 오브 아너*Maids of Honour*' 타르트를 먹고 있었다. 그 모습에 헨리 8세의 시선이 꽂히고 앤은 불붙은 남자의 조급한 마음을 간파했다.

단것을 무척이나 좋아했던 영국 최초의 여왕

튜더 왕조의 연회 식탁에는 코스마다 여러 가지 음식이 나왔다. 이를테면, 첫 번째 코스에서는 삶은 고기를 제공하고, 두 번째 코스에 로스팅하거나 구운 고기 요리를 서빙했다. 둘 다 메인 코스다. 세 번째 코스는 황홀한 단맛의 향연이다. 온갖 종류의 눈깔사탕은 물론 (초콜릿, 봉봉, 캔디, 캐러멜 같은) 사탕과자, 그리고 기가 막히게 단 과일 설탕 절임과 웨이퍼를 먹으며 중세 유럽인

들이 좋아하던 히포크라스
*hippocras*라는 이름의 향료를
첨가한 와인을 마신다. 과일
파이와 달콤한 케이크도 있
다. 왕과 귀족들은 와인을 마
시고 상석에서 멀리 떨어져
앉은 인사들은 에일 맥주나
미드*mead*라는 벌꿀 술을 즐
겼다. 이만하면 단맛에 푹 빠
진 영국이다.

또 한 가지. 앤이 죽고 튜
더 왕조에서 스튜어트 왕조
로 바뀌고, 그 마지막 군주였
던 동명의 앤 여왕 등의 식
사를 담당했던 왕실 요리사
패트릭 램이 쓴 『왕실의 요
리법』(1710)에 소개된 왕실
의 여름 정찬 메뉴를 보면 당

히포크라스 향료를 넣은 와인 (↑)

시 사정을 짐작할 만하다. 먹기도 엄청 먹고 단 음식 또한 굉장
히 즐겼음을 알 수 있다. 정찬 상차림을 두 번이나 할 정도였으
니 튜더 왕가의 인물들은 맛있는 것에 '오지게' 심취한 에피큐리
언*Epicurean*이다.

그런데 이렇게 성대한 식사가 1517년 5월 31일의 사치금지령 *The Sumptuary Law*에 의거한 것이라니 그저 놀랍기만 하다. 그전에는 막무가내로 탐식을 했다는 뜻이다. 사치금지령은 신분에 따라 한 끼당 테이블에 올릴 수 있는 요리 가짓수를 제한했다. 추기경은 아홉 가지, 공작과 후작, 백작, 주교는 일곱 가지, 하위 귀족은 여섯 가지, 연간 40~100파운드의 수입이 있는 신사 계층은 세 가지… 이런 식이다. 그렇다면 왕과 왕비는? 아마도 아래에서 보듯, 사슴고기를 메인 디시로 한 1차 식사로 열 가지 요리를 먹고 나서 그래도 미흡한지 아님 물리지 않는 건지, 다시 차려진 일곱 가지 음식의 2차 식탁에서 열정적인 식욕을 충족시킨다. 이들은 크림을 친 타르트와 얼음 사탕과자 따위의 달콤한 디저트를 후식으로 즐기고 마지막으로 샐러드를 먹으며 긴 여름날의 징한 식사를 마무리한다. 왕과 그 일가는 도대체 어떤 요리를 먹었을까?

첫 번째 상차림

베스트팔렌Westphalia(독일 서북, 콜로뉴 동북부)산 햄과 닭고기, 생선 비스크Biysk(진한 크림수프), 사슴 허벅지살 구이, 사슴 고기를 넣은 파이, 가금류 구이, 사슴 내장을 다져 넣은 파이, 치킨 프리카세fricassee(닭고기, 송아지, 양고기 등을 잘게 썰어 버터에 살짝 구운 다음, 야채와 같이 끓여 화이트 소스와 함께 먹는 요리), 라드lard(고농도 식용 기름)를 발라서 구운 칠면조 요리, 플로렌스식 아몬드 요리, 최신 유행의 쇠고기 요리(김안나, 『서양음식에 관한 사소한 비

밀』, 리즈앤북, 2004)

사슴 고기를 굽고 파이로 만들고 내장까지 다져 먹고, 닭고기 또한 다양한 방식으로 조리해 먹고, 칠면조에 식용으로 기르는 다른 새고기도 먹고, 햄에 쇠고기, 입가심으로 고소한 아몬드까지 먹었으면 배가 터지지는 않아도 자리에서 일어나지도 못할 형편일 텐데, 매일 호화롭게 잘 먹는 사람들이 굶게 될까 걱정할 필요도 없는데, 이쯤에서 자리에서 일어나도 좋으련만, 무엇 때문에 다시 밥상 앞에 앉는 것인지. 마치 디저트 먹는 김에 왠지 서운하니까 맛보기로 살짝 한 입씩만 먹어보려는 심산처럼 느껴진다. 두 번째 상 메뉴가 아래에 있다.

두 번째 상차림
꿩과 자고새 요리(자고새는 메추라기와 비슷한 새), 로스티드 랍스터, 그릴드 파이크pike(창꼬치라는 물고기), 크림을 듬뿍 얹은 타르트, 얼음 사탕과자, 송아지 내장 요리, 샐러드(위의 책)

파이에 크림을 잔뜩 치고, 얼린 사탕을 먹고 나니 김이 모락모락 나는 송아지 내장 요리에 빨강, 노랑, 초록 등 싱싱하고 젊은 채소 샐러드가 잇따라 나온다. 이들에게 사는 건 즐거운 일이다. 이들에게 먹는 건 열락의 체험이다.

맛있는 모든 것은 달다

대략 기원전 2300년 경 신농씨神農氏와 헌원씨軒轅氏 시대부터 청동으로 만든 화폐, 병기兵器, 그릇祭器 등에 새겨진 문자를 금문金文이라고 한다. 아래는 '달 감甘'의 금문 글자다.

『설문해자』에는 '甘'으로 단맛을 설명한다. 이 견해는 매우 정확하다. 그러나 이러한 견해도 결코 완벽하다고 할 수는 없다. 이에 단옥재 선생은 또 말한다. '오미五味'는 맛있는 맛이다. 이로 인해 '甘'이라고 부를 수 있다. 즉 모든 사람이 입에 맞는 맛있는 맛이라 여기면 다 '甘'이라고 부를 수 있다. 맛난 음식이 입에 있기만 하면 자세히 음미하고 오래도록 맛보려 하므로 삼키기가 아까운 법이다. '口' 가운데의 '一'은 지시부호의 기능인데 맛있는 음식물을 가리키는 것이다. 고대의 음식 중, 중국 서북지역의 선민들이 가장 탐낸 맛있는 음식은 '양고기'였다. 지금까지 이곳의 풍습에는 양고기를 편애하는 습성이 남아 있다.

위의 갑골문 甘의 풀이에서 '입口'이라고 본 모양을 사실은 음식을 담는 그릇이라고 판단한다면 상형象形 묘사가 더 설득력이 있다. 추정컨대 불과 4획의 단순한 달 감甘의 금문 글자는 뚜껑을 덮은 그릇 안에 담긴 널찍한 고기다. 어떤 고기인가는 아래 글자 중 다섯 번째와 여섯 번째 글자를 통해 짐

(ㄱ) 감甘의 금문

작할 수 있다. 그 두 글자는 그릇 안에 뿔 달린 양羊을 담고 있다. '아름다울 美'에서 '羊'이 아름다움을 상징하는 짐승이듯, '甘'자의 그릇 속에 담긴 아름다운 고기는 양고기다. 양은 인간에게 이롭고 아름다운 동물이다. 사람들은 하늘에 바치는 희생물로 양의 목에 칼을 찔렀다. 글자 그대로 희생양犧牲羊인 셈이다.

'이름 명名'은 조상에게 바치는 제물 음식을 그릇에 담아 제단 위에 올려놓은 거룩한 형상을 묘사하고 있다. 그래서 과거에는 이름은 호적과 족보에만 올리고 일상생활에서는 자字나 호號로 부르고 불렸다. 신성한 이름이 부정탈까봐 두려워서다. 사회적 금기는 흔히 미신과 연관이 있다. 제기 안에 담긴 양고기의 형상이 오늘날의 '달 감甘'으로 의미가 이행된 것을 설명해주는 사실은 양고기가 달고 맛있다는 점이다. 물론 취향은 차이가 있기 때문에 100퍼센트 공감은 불가능하다. 그러나 다수에게 맛있는 고기는 단 고기다. '달 감'의 의미는 이렇게 해서 탄생했다.

바람이 주는 선물은 뭘까? 문득 자연을 잊고 살고 있음을 깨우친 어느 날 일이 있어 강릉에 가니 건듯 부는 바람이 달았다. 한겨울 오대산 보궁을 지나가는 바람은 차고 달았다. 그 아래 중대사 툇마루에 앉아 맞는 바람은 상쾌하고 달았다. 바람이 달다고 느낄 때 호흡은 길고 편안해진다. 그리고 인생은 달고, 사랑 또한 달다.

별별 디저트, 황홀한 맛의 향연

"서로의 잔을 넘치게 하되 한쪽 잔만을 마시지 말라. 서로가 자기의 빵을 주되 한쪽 것만을 먹지 말라."_ 칼릴 지브란, 『예언자』

'꿀맛 같다'라는 말은 맛있다는 뜻이다. '밥이 꿀맛이다' '고기가 완전 꿀맛이다'라는 건 단맛이 맛 중의 맛, 최고의 맛이라는 의미다. 내게 '음식이 맛있다'는 말은 싱겁지 않다는 뜻이다. 짠맛이 느껴져야 나는 입맛이 돌고 음식이 맛있다. 물론 단맛 또한 무척 즐긴다. 왜 그럴까? 아마 나처럼 단맛에 익숙한 사람도 드물 것이다. 디저트나 간식으로 먹는 로쿰*lokum* 또는 라핫 로쿰 *rahat lokum*이라는 이름의 터키시 딜라이트*Turkish delight*를 먹어본 사람들은 예상을 뛰어넘는 강한 단맛에 고개를 설레설레 젓는다. 전분과 설탕이 주성분인 이 과자는 달아도 너무 달다. 머리가 아프다는 사람도 있다. 단맛의 강도가 남다르다.

터키시 딜라이트

Lokum(혹은 lokma)이라는 말은 '한입, (한입의) 맛난 음식 *morsel*'이라는 뜻의 아랍어 luqma(t)의 복수형 luqim에서 왔고, 오스만튀르크 식의 이름 라하툴 훌켐*rahat-ul hulkem*은 '목구멍의 위안'이라는 멋진 말이다. 기존의 전통 로쿰은 장미수, 유향乳香(mastic), 베르가못 오렌지*bergamot orange*, 레몬, 계피, 박하 등으로 풍미를 곁들이고, 프리미엄 로쿰에는 잘게 썬 대추야자, 피스타치오, 헤이즐넛, 호두 따위를 넣는다.

식사의 만족도를 결정하는 디저트

서양식 식사의 마무리는 디저트다. 어떤 디저트를 어떻게 먹었느냐에 따라 그날 식사 자리의 만족, 불만족이 결정된다. 보통 디저트 와인이나 샴페인을 마신다. 이 정도면 식사 마무리가 잘

됐다고 평가한다. 품격 있는 식사였다고 스스로 위안을 삼을 수 있다는 의미에서다.

평범하지만 진짜 맛있는 식후 클래식 디저트는 커피다. 단, 아이스크림을 곁들여야 한다. 따라서 아무 식당에서나 먹으면 안 된다. 커피 특유의 관능미를 잘 살리는 곳에서만 커피를 마시는 분별력이 중요하다. 내린 지 몇 시간이 지난 드립 커피는 기껏 맛있는 음식을 먹고 즐거워진 마음을 망쳐놓기 쉽다. 카푸치노, 카페라테처럼 우유를 첨가한 커피 말고 에스프레소나 아메리카노처럼 오로지 커피 향과 맛만 즐기는 커피를 마시며 아이스크림(이 경우도 망고, 딸기, 레몬 따위의 과일향이 첨가된 것이나, 초콜릿 섞은 아이스크림은 사양한다)을 떠먹는다. 은은하고 고상한 바닐라 아이스크림이 커피와 함께 입안에서 녹아 목구멍을 타고 흘러내릴 때의 기분은 '원더풀!'이다.

한편 우리나라에는 디저트 문화가 없었다. 서양 문물이 들어오고, 이국의 음식을 맛볼 기회가 늘어나면서 자연스레 커피를 가까이 하게 됐다. 1960년대부터는 식후 커피 한잔이 교양이나 세련의 척도쯤으로 여겨지기도 했다. 그 결과 한국의 중년 이상 사람들은 대부분 이른바 달달한 다방 커피 애호가다. 중독처럼 부리나케 식후에 꼭 다방 커피를 찾는 사람이 의외로 많다. 간편한 믹스 커피가 나오기 전에는 커피, 설탕, 크림의 혼합 비율이 2대 3대 2가 표준이었다. 그러나 틀에 얽매이지 않고 개인의 입맛 내지 취향에 따라 얼마든지 다양한 조합이 가능한 것이 다방 커피의 융통성이다.

사람들 입맛의 비위를 맞추는 코카콜라

우리가 무언가 맛있다고 할 때는 맛이 달다는 의미인데, 어떻게 해서 사람들은 단맛에 길들여졌을까? 많은 사람이 단맛에 집착하는 이유는 무엇일까? 코카콜라는 특유의 톡 쏘는 맛 때문에 성공했다. 펩시가 후발 주자로 대결 신청을 했지만 코카콜라를 이기지 못했다. 블라인드 테스트에서는 펩시 맛이 더 낫다는 결과가 나오기도 하는데 시장에서는 코카콜라 매출이 앞선다. 설탕의 폐해, 건강에 해롭다는 얘기가 범람하니 설탕 없는 제로콜라를 출시해 단맛에 길들여진 인류의 비위를 맞춘다. 단 음식을 먹으면 몸에 긴장이 풀리고 마음이 편안해지는 경험 덕이다.

물론 과유불급은 설탕 사랑에도 적용된다. 과다한 설탕 복용

이스파한의 명물 갸즈

은 당뇨병, 비만, 충치 같은 질환을 부른다. 그러나 입맛은 야속하다. 사람들은 오늘도 설탕 곁을 떠나지 못한다. 설탕 사용량은 나라마다 차이가 있는데, 세계에서 일인당 소모량이 가장 많은 나라는 인도다. 설탕 원조국답다.

'세상의 절반'이라는 별명을 지닌 이란의 고도 이스파한. 이곳 명물은 갸즈*gaz*다. 이란에 가서 피스타치오가 들어 있는 갸즈를 맛보지 않고 온다면 그 여행은 반쪽 여행이라고 해도 과언이 아니다. 갸즈는 견과류가 든 과자를 뜻하는 누가*nougat*의 한 종류다. 우리나라 콩엿과 비슷한 이 간식거리는 이스파한에서 나는 안제빈*angebin*이라는 식물 수액으로 만드는데 수액 비율이 높을수록 더 순수한 갸즈가 만들어진다고 한다.

혼절할 만큼 충격적인 아이스크림의 맛

이탈리아 젤라토, 프랑스 아이스크림이 맛있다는 데는 이견이 없다. 그러나 사라센 해적 혹은 침입자로 기억되는 아랍 무슬림들의 시칠리아 정복과 통치가 아니었다면 오늘날 유럽은 아이스크림이 무엇인지 알지도 맛보지도 못하고 평생을 살다 갔을 터다. 괴롭히기도 엄청 괴롭혔지만, 문화 전파의 측면에서는 역할이 크다. 동양 문명이 서양에 진출하는 교두보 역할을 한 시칠리아 아이스크림 맛은 감동 그 자체다. 중동 특히 터키, 시리아, 이란의 아이스크림은 혼절할 만큼 그 맛이 충격적이다. 특히 이란의 바스타니*bastani* 아이스크림은 다른 어느 곳에서도 찾을 수 없는, 그래서 무슨 수를 써서라도 가서 맛보거나 아니면 그 맛을 영영 포기해야 하는 최상의 아이스크림이다. 천국의 풍미를 선사하는 이 아이스크림의 주인공은 사프란*saffron*과 장미수다. 입 안에서 씹히는 피스타치오 질감도 장난이 아니다. 한마디로 바스타니 샤프란 아이스크림은 '아이스크림이란 이런 것이다'를 알려준다.

예수 사후 사도들은 로마제국 내의 비유대인에게 복음을 전파한다. 특히 타르수스*Tarsus*의 바울의 손길에 의해 기독교는 세계 종교가 됐다. 초창기 기독교도들은 주피터 숭배를 거부한다는 이유로, 왕왕 인육을 먹는다는 소문과 함께 박해를 받았다.

소문은 무섭다. 단순한 풍문이 아니라 집단 광기가 더해지고 악의가 섞인 모함이라면 그건 살인보다 잔인하다. 중국 한족 사람들은 티베트인 번족蕃族이 사람을 잡아먹는다는 소문을 사실로 믿었다. 그런데 사실은 번족이 인육을 먹은 것이 아니라 오히려 잡아먹혔다고 한다. 십전노인十全老人이란 별명으로 유명한 청나라 건륭제 시절, 금천金川 반란이 일어났을 때 농성을 한 한인들이 군량이 떨어지자 결국 포로로 잡은 번족 병사를 잡아먹었다. 그리고는 부위별로 맛을 상세히 기록한 다음 중앙에 보고했다.

호기심 때문이든, 보신을 위한 것이든 종종 남자들은 이상한 식품을 먹는다. 몸에 좋다면 억지로 구토를 참으면서 사슴피를 마시고, 말로는 징그럽다 하면서도 입으로는 살아서 꿈틀대는 껍질 벗긴 뱀을 아작아작 씹는다. 그리고 독주를 마신다.

이란의 샤프란 아이스크림

　맛없는 음식을 먹고 나서는 디저트로 입안을 씻어줘야 한다. 망친 입맛을 보상하는 데 단맛 이상이 없다. 물론 쓴 커피도 있으나 커피 맛이 끝내 쓰기만 한 것은 오히려 역효과다. 뒷맛이 달콤한 스페셜티 커피라야 역겹거나 느끼하거나 무슨 맛인지 알 수 없는 음식을 먹고 난 뒤 불만에 가득 찬 미각을 달랠 수 있다. 상처 입은 입맛에는 무엇보다 단맛이 필요하다. 단맛의 위안은 입에만 국한되지 않는다. 내키지 않은 음식을 먹었을 때 억지로 혹은 급하게 음식을 삼켜야 했을 때 자칫 응체하기 쉽고, 위장은 위액 분비에 이상이 생겨 배탈, 설사, 심한 경우 토사곽란이라는 위중한 사태까지 이어진다.

라다단의 역설

일 년에 한 달 라마단을 맞이하는 무슬림들은 지난해에 이어 또 한 차례 시련을 맞게 된다. 어떻게 한 달을 견딜까? 라마단은 '더위와 건조함을 태우다, 시들게 하다'는 뜻의 아랍어 어근 라미다*ramida* 또는 아라마드*ar-ramad*에서 비롯되었는데, 이슬람력으로 아홉 번째 달이다. 라마단 기간에 금식을 하는 이유는 알라신께서 무하마드에게 쿠란을 계시한 일을 기념하기 위해서다. 단식은 이슬람의 다섯 기둥 중의 하나로 치부된다. 무슬림이 실행해야 하는 다섯 가지 의무에는 단식을 포함 신앙 고백, 기도, 적선(혹은 보시), 순례가 포함된다.

라마단 한 달 동안 수후르*suhoor*에서 이프타르*iftar*까지, 즉 해가 떠서 해가 질 때까지 알라와 선지자 무하마드와 이슬람을 믿는 형제자매들은 물 한 잔도 마셔서는 안 된다. 갈증도 허기도 그저 견뎌야 한다. 담배를 피워서도 안 되고 성행위도 금지된다. 라마단 기간의 금식—사움*sawm*이라고 한다—에 대한 영적인 보상은 다른 때에 비해 몇 곱절이나 크다고 무슬림은 믿는다. 그렇다 해도 하루 이틀도 아니고 한 달이나 금식을 한다는 건 여간 괴로운 일이 아니다. 금식 의무가 면제되는 사람도 있다. 외국인 여행자, 어린이나 노약자, 질병이 있는 사람, 임신 중이거나 수유 중인 여성, 월경 중인 여성, 전쟁 중인 군인이다. 그러나 이 가운데 일부는 라마단이 끝난 뒤라도 금식을 못한 날짜를 채워야 한다. 반드시! 이걸 '카다*Qada*'라 부른다.

인간은 약았다. 해 뜨기 전 일어나 부지런히 배를 채우고 낮 동안은 독실하게 신앙의 요구에 따른다. 점심 때쯤 배가 고프고 뭔가 먹고 싶은 생각이 간절하지만, 보는 눈도 있고, 어차피 혼자만 굶는 게 아니니까 꾹 참고 견딘다. 쿠란을 읽거나 기도를 하며 시간을 보낸다. 이윽고 해 질 녘, 이제 자유의 시간이다. 억압으로부터 해방이다. 맛있는 음식에 대한 욕구를 해소할 때가 됐다. 집까지 가며 참기는 힘든 일이다. 이런 사실을 간파할 정도의 머리와 음식 솜씨 있는 손을 가진 장사꾼 사내들이 시장 공터, 사원 앞에 노변 식당을 열었다. 종일(이라고 해 보았자 12시간 내외) 굶은 사람들이 퇴근길에 가족들을 불러내 밥부터 먹는다. 하릴없이 집 안에만 갇혀 지낸 여성들도 무료하게 배고픔을 견디느라 휘청거릴 정도다. 양고기나 닭고기를 주문한다. 케밥은 진짜 맛있다. 그렇다고 허겁지겁 막 먹으면 탈이 난다. 물도 마시지 못한 위장에 제대로 씹지도 않고 삼킨 음식은 독과 다름없다. 그런 사고를 예방하려면 위장도 워밍업이 필요하다. 단 음식이 효과가 있다. 소화시킬 음식이 들어오길 기다리고 있던 위는 잔뜩 긴장하고 있다. 꿀에 재운 대추야자 열매를 먹으며 무슬림의 첫 식사(정확하게는 두 번째 식사)가 시작된다. 그래야 탈이 없다. 서두르지 않고 느리게 먹으면 아무 문제가 없다. 중동 지방, 아프리카 특히 지중해에 면한 이슬람 국가들은 이런 과정, 간헐적 단식과 흡사한 라마단 단식을 진행하며 머리가 아플 만큼 달디 단 각종 디저트를 만들어 아무렇지도 않게 먹는다. 소아시아, 중동, 북아프리카 사람보다 단 음식을 좋아하는 사람은 찾기 힘들다.

12대 디저트는 무엇일까

꽤 오래전 답삿길에 중앙아시아의 중심 우즈베키스탄 수도 타슈켄트를 방문했다가 며느리 삼대만 한집에 살고 있는 기묘한 인연을 목도한 적이 있다. 과부인 젊은 며느리, 역시나 과부인 중년의 시어머니와 노년의 시할머니가 함께 살았는데 셋 다 영락없이 뚱뚱했다. 지역 특산인 물 좋고 당도 높은 멜론을 후루룩 먹어치우는 모습을 보고는 이유를 짐작했다. 날씬이 통통이 구분 없이, 프랑스에 살거나 리비아에 살거나, 차도르든 히잡이든 부르카든 전통 복식을 입은 이슬람 여성들은 대체로 달콤한 음식을 좋아한다. 수크나 바자르(둘 다 시장이라는 말로 전자는 이집트어, 후자는 돌궐어)의 유명 아이스크림 가게는 부끄럼 타는 젊은 이슬람 여성들로 문정성시를 이룬다. 이란의 수도 테헤란 최신 백화점 한 구역에는 잘 볶은 견과류를 파는 곳이 있다. 견과류 상점의 주요 고객은 차도르 안에 청바지를 입고 날씬함을 과시하는가 하면 히잡 밖으로 슬쩍 염색한 노란 머리를 내보이며 유행 쫓는 용기를 보

⟨↗⟩ 구미를 당기는 다양한 형태의 아름다운 셈라들

여주는 젊은 여성들이다. 이들이 좋아하는 견과류는 설탕 코팅을 한 땅콩과 피스타치오 등이다. 설탕의 마력에서 벗어나지 못한 사람들이 많을수록 디저트는 다양해진다.

세상에는 무수한 디저트가 있다. 따라서 맛있는 음식 개수를 한정할 수 있을 리 없다. 그렇지만 사람들은 무엇이고 제한하기를 즐긴다. 3대 미인, 3대 진미, 3대 홍차, 3대 미항, 3대 축제, 7대 불가사의, 10대 가수 등등. 이른바 10대 디저트는 보기만 해도 침샘을 자극한다. 이를 한자리에서 맛볼 수는 없다. 여행을 하다가 언젠가 소문을 들었던 맛있는 디저트가 마침 눈에 들어온다면 그때는 망설이지 말고 미각의 호사를 즐겨야 한다. 물론 아래에 소개하는 열두 가지만이 디저트의 전부는 아니다(이는 여행사 스카이스캐너가 소개한 디저트들이다). 사람마다 맛에 대한 취향도 다르기 때문이다.

레밍턴 케이크(호주), 카놀리(이탈리아 시칠리아), 펑리수(타이완 타이페이), 로쿰(터키), 바클라바(터키), 에그 타르트(홍콩, 마카오), 셰이브 아이스(하와이), 밀푀유(프랑스), 마카롱(프랑스), 망고 플롯(필리핀), 셈라(스웨덴), 사쿠(태국).

이만큼 살고 여행을 다닌 나도 아직까지 북유럽 사람들이 좋아한다는 셈라*semla*는 맛보지 못했다. 크기에 비해서는 값이 비싸기는 하지만 달콤하고 부드러운 것을 좋아해 한입에 쏙 들어가는 마카롱은 그 맛에 반해 국내에서도 가끔 사 먹는다. 파리에서도, 줄리엣의 고향이라는 이탈리아 베로나 마카롱 전문 상점에서도 밥 대신 사 먹은 적이 있다. 그런데 슈크림빵 비슷하게 생긴 셈라, 잘 구운 번의 속을 파고 그 자리에 고소한 아몬드 잼이나 달콤한 잼을 채운, 보기만 해도 마른침을 삼키게 만드는 셈라를 몰랐다니! 물론 슈크림, 불어로는 슈알라크렘므*Chou à la Créme* 또한 맛있다.

죽음의 맛, 카놀리

영화 「대부」 3편에는 시칠리아의 주도인 팔레르모 오페라 극장에서 마피아가 오페라를 감상하며 카놀리*cannoli*의 유혹을 이기지 못하고 음미하다가 그 안에 든 독 때문에 죽음의 길로 떠나는 모습이 그려진다. 영화 스토리, 음악 다 훌륭했지만 나는 카놀리 맛이 궁금해서 도무지 견딜 수 없었다. 언젠가는 저걸 먹고 말아야지! 어른스럽지 않은 욕구가 시칠리아 여행을 꿈꾸게 만

먹음직스러운 카놀리

들었다. 그리고 정말 맛있는 카놀리를 시라쿠사에서 맛보았다.
시라쿠사는 부력의 원리를 발견한 아르키메데스가 살던 곳이다.
"에우레카*Eureka!*" 시라쿠사를 대표하는 성당 두오모 디 시라쿠
사*Duomo de Siracusa*에 들어갔을 때는 사는 일에 조급해하지 말자
고 다짐하며 의젓한 걸음걸이로 성당을 나섰지만, 몇 걸음 나오
지 않아 내 발은 급히 움직이기 시작했다. 오전 시간 막 만들어
져 나온 멋진 모습의 카놀리가 수없이 눈앞에 펼쳐져 있었다. 속
을 채운 리코타 치즈 맛도 그렇지만 셸*shell*(과자껍질)의 바삭함과
고소함이 너무도 대단했다. "나 여기 며칠 더 있을 테니 먼저들
가라"는 농담이 빈말은 아니었다.

그후 셈라를 맛보는 것이 내 꿈이 됐다. 그래서 셈라를 공부한다. 그것이 미각에 기쁨을 주고 입술과 혀로 하여금 탄성을 지르게 하는 진미에 대한 예의라고 믿는다. 여행도 미리 알고 보면 더 나은 여행을 할 수 있듯이, 모르고 먹기보다 알고 먹는 편이 더 좋다고 나는 생각한다. 물론 우연히 맛을 본 음식이 뜻밖의 기쁨을 주기도 한다.

셈라는 핀란드어로는 라스키아이스풀라*laskiaispulla*, 덴마크 동부 방언에서는 화스텔란*fastelann*, 라트비아어로는 뷔자 쿠카스*veja kukas*, 에스토니아어로는 봐스틀락쿡켈*vastlakukkel*이라고 불리는 북유럽 전통 스위트 롤이다. 재 또는 성회의 수요일 *Ash Wednesday*로부터 부활절 전야*Easter Eve*까지의 40일간을 사순절*Lent*이라고 하는데, 기독교인들에게는 단식과 참회를 행하는 시기다. 이때 추운 지방인 북유럽 사람들이 이 달콤한 디저트를 즐겨 먹는다고 한다. 특히 재의 수요일 직전인 참회의 월요일 *Shrove Monday*이나 화요일에 많이들 먹는다고 알려져 있다. 그래서 렌트 번*Lent buns* 즉 사순절 빵이라고도 한다. 뜨거운 우유를 담은 대접에 셈라를 넣어 먹기도 하는데 이때는 헤트베그*hetvegg*라고 부른다. 40일간 단식과 참회를 해야 한다는 심리적 부담감에 맛있고 영양가 있는 셈라를 만들어 먹게 되지 않았을까 추정한다. 그리고 앙트레가 아닌 디저트의 카테고리에 집어넣은 이유는 양심의 자극 때문일 것이다.

재미있는 사실은 셈라*semla*의 어원인데, 일단 이 단어는 독일어 제멜*Semmel*의 차용어다. 제멜 또한 라틴어 시밀라*simila*에서 왔는데, '밀가루*flour*'를 가리킨다. 라틴어 시밀라*simila*는 또 '곡물*groats*'이라는 의미의 그리스어 세미달리스*semidalis*를 차용한 것인데, 실제로는 입자가 아주 고운 밀가루나 세몰리나*semolina*라고 곡물을 빻은 뒤 체질을 한 후 남는 거친 밀가루를 가리키는 이름이었다.

짠맛 예찬
세상의 빛, 소금

"나는 세상의 빛이니 나를 따르는 자는 어둠 속에 다니지 아니하고 생명의 빛을 얻으리라." _ 요한복음 8장 12절

"너희는 세상의 소금이니 소금이 만일 그 맛을 잃으면 무엇으로 짜게 하리요? 나중에는 아무 쓸데없어 다만 밖에 버려져 사람에게 밟힐 뿐이니라." _ 마태복음 5장 13절

"너희는 세상의 빛이라 산 위에 있는 동네가 숨겨지지 못할 것이요." _ 마태복음 5장 14절

　예수께서 간결하게 말씀하셨다. "나는 세상의 빛이요. 소금이니라." 소금 간을 한 주먹밥을 먹으며 나는 생각했다. "나는 세상의 무엇인가?" 어려서부터 음식을 짜게 먹었는데 나이가 들어서도 그 습성을 버리지 못한다. 그런데 짜게 먹는 게 타고난 식성인지, 아니면 섭생을 하며 몸에 밴 후천적 버릇인지를 나는 여태

껏 모른다. 초중고를 다니면서 먹기도 전에 콩나물국에 간장을 치고, 무나물도 입에 댔다가 슴슴하다 싶으면 이내 간장을 찍는 아들이 걱정스러워 어머니께서는 "짜게 먹으면 오줌 싼다"고 말씀하셨고, 부모님께 반박 못하는 아들은 양념(소금이나 간장 따위) 종지를 설핏 밀치면서도 그리움의 시선을 거두지 못했다.

나는 왜 짜게 먹는 것일까? 아니, 왜 짜게 먹으면 안 되는 것일까? 어머니께서 내가 먹는 음식의 간에 신경 쓰신 까닭이 설마 아들이 오줌싸개가 될까봐 이를 막기 위해서라고는 믿지 않는다. 원래 어머니들은 과장이나 거짓이 심하다. 밥 먹고 바로 늘어져 방바닥에서 뒹굴거리는 자식들에게 하시는 '뻥'이 지금 생각하면 참으로 어처구니가 없지만 어린 시절에는 진지하게 받아들였다. "밥 먹고 바로 누우면 소가 된다." 그럼 우린 군말 없이 나른한 몸을 일으켜 세웠다. 그래봤자 금세 등을 벽에 붙이고 끄덕끄덕 졸게 마련이지만. 나는 실로 순진했다. 그리고 궁금한 걸 못 참았다. "엄마, 그럼 창수네 집 소는 누구였던 거야?" 예상 밖의 질문에 어머니께서 뭐라 답을 하셨는지는 정확히 기억이 나지 않는다. 그렇지만 어쩌다 하신 말씀이 "싱거운 녀석!"이었다. 그렇다면 내가 짜게 먹어야 할 이유가 명백하다.

맛의 기본은 짠맛이다. 다른 건 없어도 되지만 소금 없이는 먹기 어렵다. 짠맛을 줄일 수는 있어도 아예 없앨 수는 없다. 그래서 다이어트를 할 때 염분 없는 살코기를 먹는 게 고역이다. 세상에 빛이 없으면 암흑이라 살 수 없듯이, 사람 사는 데 소금기 없으면 살기가 어렵다.

그런데 사람은 참 독하다. 중국 쓰촨성 서남 지방의 원주민이 얼마 전까지 소금을 모르고 소금 없이 음식을 먹었다는 사실이 『뇌파쇄기』라는 문헌에 기록되어 있다고 한다(장광즈, 『중국음식문화사』, 이시재 옮김, 일조각, 2020, 324쪽). 또 타이완 중앙산맥에 거주하는 다이얄족은 과거에 소금 대신 짠맛이 나는 식물 열매(북나무)나 잎을 사용했다고 한다. 그렇다면 소금이 꼭 필요하다고 말할 수는 없다.

오늘날과 같은 음식 문화가 발달하기 이전에는 미식을 논할 수 없는 단지 생존을 위한 원시적 섭생만이 있었다. 비록 안정적 식량 확보가 담보되지 않는 생활조건에서 초근목피로 연명하는 경우가 흔했지만, 크게는 정주 집단과 유목 집단 간 섭생 방식의 차이를 보인다. 전자가 조리에 물과 불을 사용한 반면 후자는 생식 중심이었다. 여분의 식량을 보존하기 위해 전자는 염장법을 택하고 후자는 자연 건조법에 의존했다. 앞의 글 어디에선가 언급했듯이 로마 제국 말기의 역사를 378년까지 기록한 안티오크 출신의 로마 군인이자 역사가인 암미아누스 마르켈리누스 *Ammianus Marcellinus*는 유목민 훈족의 식생활에 대해 자신의 책 『행적기*Res gestae*』에 다음과 같이 기술했다.

"이들의 생활은 한마디로 야만인의 삶이다. 음식은 익히지 않고 맛을 내지도 않는다. 나무뿌리와 고기 조각을 말안장에 넣어두고 먹으며 일 년 내내 떠돌아다닌다. 어려서부터 추위, 배고픔,

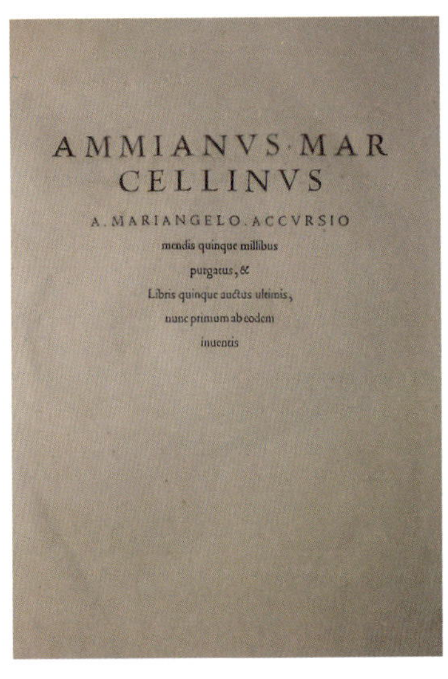

『행적기Res gestae』

갈증을 견디며 자란다.

유목민들은 그저 고기를 잡아 즉석에서 날것으로 먹고 날 피도 그 자리에서 마셨다. 불을 피워 익혀먹을 만큼 여유도 없었다. 이들에게 조리라는 개념은 아예 없어 보인다. 간을 할 소금도 없었고, 양념을 사용한 요리로서의 음식을 먹는다는 것은 이들에게는 거리가 먼 일이었다. 오늘날도 유목민들은 양을 잡아 즉석에서 날 음식을 먹고, 순록을 키우는 유목민들도 순록을 잡아 그렇게 날고기를 먹고 김이 모락모락 나는 날 피를 마신다.”

‘뚱보의 도시’ 볼로냐의 음식

맛있다고 자꾸 먹다보면 어느 결엔가 뚱보가 되어 있다. 음식 천국임을 자랑하는 ‘뚱보의 도시’ 볼로냐의 음식은 대체로 짠 편이다. 거대한 중국 대륙 서남부의 쓰촨요리도 짜고 맵다. 그러나 현지인들에게는 그게 입에 맞고 편한 맛이다. 우리나라 남도 음식도 짠 게 특징이다. 양념을 많이 쓰기 때문이다. 양념간장, 양념장, 양념 다대기와 같은 용어 외에 “음식 맛은 양념 맛이 결정한다”는 속설도 있다. 양념이 도대체 무엇인가? 양념 맛이 어떤 맛이냐고 요리 관련 전문가에게 물었던 적이 있다. 답은 간단했다. “감칠맛.”

먼저 양념이란 말이 궁금하다. 양념은 음식 맛을 돋우기 위해 또는 특별한 맛을 내기 위해 사용하는 식용 기름, 깨보생이(깨소금의 강릉말), 파, 마늘, 고추 등의 총칭이다. 영어로는 컨디먼트 *condiment*라고 한다. 엄격히 말해 향신료*spices*와는 다르다. 그런데 이 말은 본디 절이거나*pickled* 저장된*preserved* 식품을 뜻했다. 그러니까 지금 같은 식품 저장 기술이 널리 보급되기 전에는 근처에만 가도 눈물이 핑 도는 자극적인 향신료와 시큼털털하거나 비릿하고 냄새 독한 양념이 훨씬 구미가 당기게 만들었을 것으로 보인다.

그러니까 콩나물국밥에 넣어 먹는 새우젓, 오믈렛 위에 뿌려 먹는 케첩이 다 양념인 셈이다. 베트남쌀국수 간을 맞추는 소스 역시 양념이다. 태국 사람들이 즐겨 먹는 국물 음식 똠얌(tom yam or yum)에 넣는 생선 소스도 마찬가지다. ‘똠’은 ‘삶는다, 끓인다’라는 말이고, ‘얌’은 ‘맵고 시큼한 샐러드’를 가리킨다. 똠얌 중에서 전 세계에 알려진 똠얌꿍은 왕새우 꿍을 주재료로 사용한다. 맵고 새콤한 똠얌의 독특한 맛은 육수에 들어가는 고수의 향에서 나온다. 그리고 간 맞춤의 비결은 짭쪼름한 어장魚醬, 즉 생선 소스 ‘남쁠라’에 있다. 태국어로 ‘남’은 ‘물’, ‘쁠라’는 ‘물고기’를 뜻한다. ‘짠맛의 비밀’ 그건 도대체 뭘까? 간장이나 소금을 따

태국의 대표적인 국물 요리, 똠얌

로 넣지 않고 짠맛에 비린 생선 맛을 더하는 이유는 왜일까? 양
념을 넣어야 음식은 감칠맛이 난다.

고대 그리스, 로마, 비잔티움에서는 발효된 생선 소스를 가룸
*garum*이라고 했다. 이렇듯 오래전부터 호수나 강, 바닷가에 사는

스페인 바엘로 클라우디아에 있는 가룸 공장 유적

사람들은 공통적으로 간간한 생선 소스를 만들어 음식에 풍미를 더했다. 감칠맛은 발효된 생선 육수와 소금간의 절묘한 배합에 있는 것은 아닐까?

고대부터 식량은 귀했다. 그래서 삶의 지혜가 발달했다. 식재료가 풍부한 근래와 비교할 수 없을 정도로 예전에는 없는 가운데 배를 채워야 했으니 식도락이란 말은 강 건너 불구경이다. 아니 남의 집 제삿밥 혹은 그림의 떡일 뿐이다. 그런 중에도 편차는 있다. 중국의 경우 장강 이남과 이북이 달랐다. 홍콩, 광둥, 상하이 등 중국 남부에서는 죽을 저우粥라고 한다. 쌀이나 좁쌀을 푹 삶아 무르게 한 뒤 체에 받쳐 먹는, 부담 없고 속을 편하게 해주는 식품이다. 맛은 밍밍하다. 장강 북쪽의 베이징과 서남부의 쓰촨성 지역에서는 죽을 '시판稀飯'이라고 한다. 밥알이 희소하다는 뜻이다. 뜨물 속에 밥알이 조금 들어 있는 것이 마치 우리네 멀건 미음米飮과 흡사하다. 그래서 북쪽의 시판은 먹는다는 표현보다는 마신다는 표현이 어울린다. 중국 남방은 미작 문화 지대이므로 쌀이 풍부해 죽에 물이 적고 쌀알이 많다. 그러나 북방은 쌀이 귀해 밀가루 문화가 발달해 있다. 따라서 쌀은 적고 물이 많은 시판을 먹는다.

마시다시피 하는 시판은 반찬이 거의 필요 없지만 죽은 반찬이 있어야 한다. 그래서 죽 문화가 발달된 남방은 죽과 같이 먹을 반찬 문화도 발달했다. 골목집이든 새벽시장 부근 식당이든 죽을 파는 곳에는 화생미花生米가 갖춰져 있다. 땅콩을 껍질 채 소금과 함께 볶아 만드는데 죽 속에 이 짭짤한 화생미를 수북이 넣어서 아삭아삭 씹어 먹는 재미가 바로 죽 먹는 재미다. 고소한 맛을 즐기는 땅콩에 소금이 웬 말이냐 싶지만, 사실 소금의 짠맛이 있기에 죽과 함께 먹는다. 우리나라 사람들이 죽을 먹을 때 무장아찌를 선호하듯이 중국인들도 죽을 먹을 때는 물론 일반 요리의 밑반찬으로 자차이榨菜라는 절임채소를 애호한다. 우리나라에서는 갓이라고 하는 겨자의 한 종류인 개채芥菜 뿌리를 음건陰乾, 즉 그늘진 곳에서 말린 뒤 소금에 절였다가 손으로 꾹 짜서 물기를 빼고 먹는데 본래 쓰촨 지방에서 유래한 절임식품이다. 죽과 같이 먹는 반찬은 대개 간장과 식초를 섞어 만든 보존용 식품의 일종이다. 우리가 단무지라고 하는 치자 물 들인 노란무를 일본사람들은 '다꾸앙'이라고 한다.

중국의 스트리트푸드. 화생탕이라고 큼지막하게 써놓았다.

다꾸앙의 유래에 대해서는 여러 가지 주장이 있지만 일본에서 들어와 토착화됐다는 주장이 나름 설득력이 있다. 박부영은 『불교풍속고금기』에서 "일본 임제종의 대선사 다꾸앙 스님*Takuan Soho*(1573~1645)이 선식으로 즐겨 먹던 것을 일본에서 스님의 법명을 따 '다꾸앙'으로 불렀다"면서 "쌀겨와 소금으로 무를 절이고 버무린 뒤 항아리에 담아 익혀 먹던 것"이라고 말했다.

이미 충분히 간이 되어 있는 라면을 먹을 때, 각종 김밥을 쌀 때도 단무지는 결코 빠질 수 없는 절임식품이다. 아무리 식초를 쳐도 그 안에 내재된 소금기는 영원하다. 그리고 바로 이 은근한 짠맛이 음식에 손이 가고 입맛을 다시게 하는 핵심 요소다.

또 다른 한편 사람들은 속이 좋지 않아서, 혹은 그냥 가볍게 먹고 싶어서 라며 죽을 찾는다. 그러나 죽만 먹지 않고 짭짤한 땅콩을 곁들이거나 죽이 심심하다고 각종 간장 소스를 섞거나, 아니면 장아찌 등의 절임 식품을 함께 한다. 이것만 보아도 사람들이 짠맛에 얼마나 길들여져 있는가를 알 수 있다.

월급을 영어로 샐러리*salary*라고 한다. 이 말의 기원은 솔트*salt*다. 유럽인들은 아침식사를 간단하게 먹는다며 오렌지 주스 한 잔과 달걀 프라이 두 개, 햄을 끼운 토스트, 샐러드 한 접시, 그리고 살라미 한 조각, 후식으로 커피를 한 잔 마신다. 정말 간단하다. 그런데 살라미*salami*와 샐러드*salad*가 모두 소금*salt*과 불가분의 관계에 있으니 놀랄 일이다. 우리가 먹고 마시는 식품이 이렇듯 소금에 절어 있다면 우리의 입맛은 얼마만큼이나 짠맛에 길

살라미들이 풍성하게 쌓여 있고 걸려 있는 가게들. 살라미는 짜지만 포화지방 함량이 높다.

들여져 있을까? 부지불식간에 소금기를 섭취한 미각은 이어서 단맛을 찾기 마련이다. 서양 음식에 디저트가 화려하게 발달한 까닭이 여기에 있다.

세상에서 가장 고귀한 음식, 모유

'The milk of human kindness'라는 영어 표현이 있다. 셰익스피어 작품 『맥베스』에 나오는 말로 '따뜻한 인정'이라는 뜻이다. 아이에게 엄마의 젖이 소중하듯, 인간 삶에 있어 엄마의 젖과 같이 마음에서 우러나오는 따뜻한 인정, 친절한 인간미가 소중하다는 뉘앙스로 읽힌다.

이 세상에 순수한 창작이나 창조란 있을 수 없다. 누군가를 보고, 또는 누군가가 만든 것을 보고 그를 바탕으로, 혹은 변용하여 오리지널과 다르거나 차별화된 새로운 무엇을 만들어낼 때 우리는 창조적이라고 한다. 이렇듯 창조에는 본本이 되는 모델이 존재한다. 인간의 삶 자체가 그 어떤 본을 따라 살아가는 일이라고도 할 수 있다.

예수 신성에 걸맞은 모델

기독교 미술 작품에 처음부터 후광後光 또는 광배光背라는 것이 있지는 않았다. 예수는 손에 지팡이를 든 마법사였고 다른 이들과 구별 짓기에 그것만으로도 충분했다. 그러나 기독교 미술이 복잡해지면서 예수가 신성한 존재임을 명확히 드러내 보일 필요가 있었다. 사진술도 발명되기 전이었고 예수는 초상화도 없었다. 그렇다고 거룩한 예수 그리스도를 아무렇게나 묘사할 수는 없었다. 신성에 걸맞은 상징성을 지닌 모델이 필요했다. 결국 기독교 화가들은 이교도들이 아폴로Apollo에게 했던 것과 똑같이 예수에게 후광을 그려 넣었다. 이교도의 모티프가 기독교 예술에 반영되었다.

이런 이교도 예술을 차용 내지 모방한 작품 중에서 가장 의미 있는 형태는 이집트 예술을 개작한 여성상이다. 이 여성은 기독교 사회에서 가장 인기 있는 인물이 됐다. 바로 신이자 인간인 예수 그리스도의 어머니 마리아다. 이집트 신화에서 대지의 어머니인 이시스Isis 여신은 가장 존경받는 신 중 하나였다. 풍요와 다산의 여신인 이 어머니 여신으로부터 모든 생명이 비롯됐기에 모든 이들이 이시스 여신을 우러러 보고 기도를 바쳤다. 기독교인들은 이 여신의 이미지를 성모 마리아에게 이식했다.

이시스 여신의 자애로움을 강조하기 위해 작품에는 대개 아들 호루스Horus가 함께 묘사되었다. 호루스는 천신天神이며 그리스 신화 속 태양신 아폴로에 비견된다. 자연스레 예수는 아폴로

(↗) 이시스 여신과 아들 호루스

(↗) 성모 마리아와 아기 예수

와 대비됐다. 호루스가 아폴로가 되고 아폴로가 예수로 변하는 과정은 그리 어렵지도 오래 걸리지도 않았다. 그리고 호루스의 생일은 12월 25일 무렵인 동지였다.

인간을 양육하고 보호하는 어머니 여신으로 숭배할 대상이 필요했던 기독교 예술가들에게 호루스의 어머니인 이시스야말로 적격이었다. 그렇게 호루스와 이시스 모자 이미지를 기독교 예술 속으로 가져왔고, 아기 예수를 사랑으로 감싸고 보살피는 어머니 마리아는 중세 암흑기 기독교인들에게 가장 인기 있는 이미지 중 하나가 됐다. 이제 예수는 얼마든지 남성적인 모습으로 그려도 좋았다.

로마 살라리아가에 있는 프리실라 카타콤 벽화 중에는 성인

로마 살라리아가에 있는 프리쉴라 카타콤Catacomb(지하묘지)에 그려진 아기 예수를 품에 안
고 있는 성모 마리아 상(3세기경 작품으로 추정)

들 모습과 초기 기독교 상징을 담은 그림이 있다. 그 가운데 조
반니 가에타노 보타리의 1754년 모작을 보면 선한 목자가 왼손
에는 울어대는 수탉을 들고 오른손으로는 양들에게 먹이를 주는
존재로 묘사하고 있다.

시간과 장소에 따라 달라지는 윤리 기준

윤리는 시간과 장소에 따라 달라진다. 지금 우리 기준으로는 이해할 수 없는 일이 구약성경 창세기 19장에 나온다. 롯의 두 딸이 아버지에게 술을 권해 취하게 하고 동침을 한다. 이 일에 대한 큰딸의 해명이 독특하다. 큰딸이 여동생에게 말한다. 우리 아버지는 늙으셨고, 이 땅에는 세상의 도리를 좇아 우리의 배필이 될 사람이 없으니 우리가 아버지로 하여금 술을 마시게 하고 동침해 우리 아버지로 말미암아 인종을 전하자. 성경 작가들은 이 이야기를 떳떳하게 실었다. 그에 비해 적장의 목을 벤 유디트 이야기는 정경에서 제외되어 외경에 실려 있다.

한편 타락한 인간을 징벌하려고 신은 소돔과 고모라를 유황불로 심판한다. 구약성경 에스겔서 16장 48절부터 50절에는 파멸에 이른 소돔의 죄가 상세하게 나열되어 있다. 교만, 지나친 풍요, 게으름, 궁핍한 이들에 대한 무관심, 우상숭배가 소돔의 죄라고 기록되어 있다. 이러한 죄악들은 혐오스러운 행위로 그려진다. 죄의 목록에 동성애*sodomy*는 없다. 천사가 몸소 의인을 파악하고 경고하기 위해 인간의 모습을 하고 소돔을 찾아왔을 때, 아브라함의 조카 롯은 소돔의 성문에서 이들을 만나고부터 끈질기게 자신의 집으로 초청한다. 이방인이 왔다는 소식에 소돔 사람들이 전부 롯의 집으로 몰려가 "우리가 저들을 강간하려 하니, 손님들을 내놓으라"고 요구한다. 이런 비정상적인 생떼에 대한 롯의 답변 또한 기가 막히다. "처녀인 내 두 딸을 대신 보낼 테니 손님들은 건드리지 말아달라”는 것이다. 롯의 대답을 들은 소돔 사람들은 여자는 필요 없으니 남자 손님을 달라고 반응했다. 결국 보다 못한 천사들이 사람들 눈을 잠시 멀게 하여 롯과 가족들이 위기를 모면하도록 돕는다. 롯과 소돔 사람들 양쪽 다 정상으로 보이지는 않는다.

납득하기 어려운 일은 또 있다. 로마시대 형벌 제도인 아사형이다. 로마시대에는 죄인에게 감옥에서 굶어 죽는 아사형을 언도하곤 했다. 단, 아사형을 받은 죄수는 가족 중 한 사람에게 젖을 얻어먹는 기회를 주었다. 이를 로마식 자비라고 불렀다. 루벤스의 작품 「로마식 자비」의 부제는 ‘시몬과 페로’인데, 페로는 자신의 아버지 시몬이 감금돼 아사형 선고를 받자 몰래 아버지에게 자신의 젖을 먹인다. 그러다 간수에게 들키고 말지만 그 헌신이 오히려 관리들의 마음을 움직이고, 시몬은 석방되기에 이른다.

수많은 화가들이 이 로마식 자비를 그렸다. 로마식 자비란 젖이 곧 생명임을 보여주는 사례라 할 수 있다. 누구의 것이든 젖은 고귀한 생명의 음식이기에 아사형을 언도받은 죄인조차 젖의 수혜에 차별을 두지 않는 것이다. 영유아기 아기에게 엄마 젖은 단 하나로 모든 영양을 공급받는 유일한 최고의 음식이다. 그러나 그 시기가 지나면 사정이 달라진다. 어릴 적 먹던 엄마 젖이 그리울 때도 있으나 그렇다고 다시 젖을 먹고 싶어하는 어른은 없다. 엄마 입장에서도 늘 젖을 줄 수는 없고, 설혹 주어야 하는 상황이라 하더라도 본인 마음대로 양껏, 아낌없이 줄 수도 없

페테를 루벤스의 「로마식 자비Roman Charity」

다. 젖의 양이나 질을 뜻대로 조정할 수 있는 게 아니다. 그럼에도 혹은 그렇기 때문에 인간에게는 엄마의 젖에 대한 강력한 향수가 있다. 엄마 품을 벗어나면 생존을 위해 더 이상 엄마의 젖을 찾지 않는 대신 인간은 동물의 젖을 생활 속으로 들여와 음식으로 삼는다. 젖이 완전식품임을 알기 때문에 제 새끼를 먹이고 키워야 할 어미 양과 소, 낙타 젖을 짜서 날것으로 마시거나 가공해 식품으로 만드는 것이다.

젖은 모성의 상징이다. 자식에게 젖을 물리는 암컷의 모성은 위대하다. 유감스럽게도 수컷은 생명의 젖을 만들어내지 못해 수유로 생명을 전달하는 특권을 누리지 못한다. 그런데 박쥐의

한 종류인 다약과일박쥐*Dyacopterus spadiceus*는 새끼에게 수컷이 젖을 먹이기도 한다. 암컷의 부담을 줄여주려는 번식 메커니즘으로 보인다. 포유류 동물 중 부유수유를 하는 유일한 종일 것이다.

젖의 어원

'젖'이란 말이 어떻게 해서 생겨났는지, 어원을 묻는 것은 어리석은 일인지 모른다. 그럼에도 나는 젖의 어원이 무척 궁금하다. 어원을 파헤치기에 앞서 젖과 관계된 이런저런 이야기를 먼저 살펴보려고 한다.

막내 티탄 크로노스*the youngest Titan Cronus*와 그의 여동생이자 부인인 레아*Rhea* 사이의 딸인 헤라*Hera*는 고대 그리스 종교와 신화에서 올림포스 12신의 하나로 결혼, 여자, 출산, 가족의 여신이다. 이 여신은 로마 제국에서는 주노*Juno*로 개명한다. 헤라는 신들 중 여왕으로서 자신의 막내 남동생이자 올림포스 산을 지배하는 제우스*Zeus*와 결혼한다. 이를 보며 당시 인간 세상에는 오누이간 혼인이 다반사였지 않나 미루어 짐작한다. 우리가 익히 알고 있는 포세이돈, 하데스, 디미터, 헤스티아 등이 이들 오누이 부부의 형제자매다. 아무튼 제우스와 헤라는 신혼 첫날밤을 사모스섬에서 지낸다. 이때 헤라의 젖가슴에서 힘차게 뿜어져 나온 젖이 밤하늘에 흘러서 영롱한 빛을 내는 띠가 되었고 이를 은하수*Milky Way*라고 한다.

거듭 말해 어린아이에게 젖은 생명과 같다. 그러나 한 나라를 건국한 시조들 이야기 중에는 사람 젖이 아닌 동물 젖을 먹고 자랐다고 전해 내려온 이야기가 많다. 왜일까? 유목사회의 전설에 따르면 흉노의 묵돌 선우가 오손을 멸망시키고 당시 갓난아기였던 엽교미 곤막만이 살아남자 그를 들판에 버렸는데, 주변 늑대들이 아기를 보호하는 모습을 보고 신령한 존재라고 여겨 데려다 키웠다고 한다.

신의 선물, 젖

인간이 먹지 못하는 것은 무엇일까? 왜 인간은 먹는 것에 집착할까? 온건하게 말해, 왜 인간은 먹는 것을 좋아할까? 생존 목적이 아니어도 인간은 먹고 마시는 걸 즐긴다. 왜일까? 옹호하는 입장에서 생존을 위한 식욕을 뛰어넘는 욕구를 해명하자면 이렇게 말할 수 있다. "만일 인간이 먹고 마시는 일에 몰두하지 않았으면, 어떻게 하면 더 맛있는 것을 먹을 수 있을지 고민하고 연구하지 않았으면, 오늘날 이렇다 할 음식 문화는 존재하지 않았을 테다. 문화는 향유할 때 발전하는 존재다"라고.

이스라엘 백성의 광야 생활

성경에서 모세는 파라오에게 고통받는 이스라엘 백성을 애굽(이집트)에서 탈출하도록 이끈다. 유대인이 모세를 따라 나서도록 만든 메시지는 간략히 말해 '젖과 꿀'이다. 압제와 강제에 억

니콜라 푸생의 「홍해 건너기」(1633~1634)

눌려 자유를 빼앗기고 과한 노동에 시달리는 노예 상태인 유대
인들에게 무엇보다 신체를 부지할 수 있는 음식이 절실했을 것
이다. 피지배 민족으로 지내면서 자유는 하늘나라의 여호와 하
나님께 저당 잡혔다고 생각하며 어느 정도 체념했을 유대인들
이 기왕 목숨이 붙어 있는 동안만이라도 배고프지 않고 목마르
지 않기를 소원하지 않았을까. 신학적인 해석이 아니라면, '젖과
꿀이 흐르는 땅*a land flowing with milk and honey*' 가나안*Canaan*은
먹을 것이 풍부한 곳이어야 했다. 실제로 그런 곳이었든지, 모세
가 그렇게 알고 있었든지 했을 것이다. 「창세기」 「출애굽기」 「레
위기」 「민수기」 「신명기」로 구성된 타나크*Tanakh*(구약)의 율법서
『토라*Torah*』의 네 번째 부분인 「민수기民數記」 13장 27절은 이렇게

말한다.

"모세에게 보고하여 가로되 당신이 우리를 보낸 땅에 가본즉, 과연 젖과 꿀이 그 땅에 흐르고 이것은 그 땅의 실과입니다."

「민수기*The Book of Numbers*」는 모세와 이스라엘 백성들이 시나이산을 떠나 모압평원에 이를 때까지 광야, 즉 사막에서 겪은 일을 담고 있다. 민수기라는 명칭은 내용 중에 잠시 등장하는 두 차례 인구조사에서 비롯되었다. 「민수기」의 히브리어 명칭은 버미드바르*Bemidbar*로 "사막에서*In the desert (of)*"를 의미한다. 「모세기*The Book of Moses*」라고도 불린다.

가데스*Kadesh*라는 곳에서 모세가 보낸 12명의 정탐꾼들이 포도, 석류, 무화과 등 그 해의 산물들을 가져 와서 보고하는 장면이다. 과연 그들이 말한 대로 젖과 꿀이 땅에 흐르는 것이 가능한 일일까? 이에 대해 성경학자이자 랍비로 모세 다비드 카수토*Moshe David Cassuto*라고도 알려진 움베르토 카수토의 견해가 설득력이 있다. 그는 젖과 꿀이 흐르는 땅이란 광야에 살던 유목민들이 가나안 땅을 가리켜 처음 사용했던 표현인데 목축으로 젖을, 농업과 채집으로 각종 과일나무에서 벌꿀처럼 많은 실과를 거둘 수 있다는 의미라고 받아들였다.

그런데 모세가 인도한 하나님의 백성은 요단강 이편에서 저편의 가나안 땅을 바라만 볼 뿐 강을 건너 약속의 땅에 선뜻 들어가지 못한다. 눈앞에 전개된 현실은 모세의 약속과 달랐기 때문이었다. 유대인들은 지치고 화가 났다. 「민수기」 16장 13~14절에 당시 정황이 기록되어 있다.

"네가 우리를 젖과 꿀이 흐르는 땅에서 이끌어내 광야에서 죽이려 함이 어찌 작은 일이기에 오히려 스스로 우리 위에 왕이 되려 하느냐? 이뿐 아니라 네가 우리를 젖과 꿀이 흐르는 땅으로 인도하여 들이지도 아니하고 밭과 포도원도 우리에게 기업으로 주지 아니하니 네가 이 사람들의 눈을 빼려느냐? 우리는 올라가지 아니하겠노라."

안타깝게도 가나안을 지척에 두고 모세는 먼저 하늘나라로 갔다. 성경은 그때 모세 나이가 120세라고 기록한다. 형 아론은 여전히 살아 있었다(123세에 사망). 사막이라는 자연환경을 고려할 때 모세와 아론 형제 집안이 평균 수명 따위는 관심 밖인 장수 유전자를 지녔거나, 당시 1년이 지금 1년과는 달랐을 것이다. 모세 뒤를 이어 이스라엘 백성을 이끈 이는 여호수아였다. 사막은 낮에는 열기로 밤에는 한기로 생명체를 괴롭힌다. 식량이 여유롭거나 질이 좋을 리도 없다. 아무리 고난에 길들여진 이들이라 해도 배고픔 앞에 인간의 존엄은 쉽사리 무너진다.

인간에게 음식은 생존 필수품이다. 살기 위해서라면 구걸을 해서라도 먹어야만 한다. 치사하다는 감정은 살아 있을 때 가능한 감정이다. 굶주림으로 목숨이 다하면 그런 감정조차 느끼지 못하는 게 인간 존재의 현실이요 한계다. 구차하게 살라는 얘기가 아니라 그만큼 음식이 인간 삶에서 절대 조건임을 강조하려는 뜻이다. 인간은 일주일 이상 굶을 수 없다. 시체라도 뜯어먹지 않으면 결국 사람은 죽는다. 빗물이라도 받아 마시지 않으면 인간은 삶을 등지기 마련이다. 그것도 극심한 고통 속에서.

그런데 신들도 먹어야 했을까? 죽음과는 무관한 것으로 생각되는 신들도 영양분 섭취가 필요했을까?

신들의 음식

신들도 음식을 섭취했다. 우리네 인간과 별 다를 바 없이 그들도 먹고 마시는 걸 즐겼으리라 본다. 하느님이 뭘 먹는다는 생각을 해본 적이 없던 터라 구체적인 식단이 떠오르지 않겠지만, 레오나르도 다 빈치*Leonard da Vinci*(빈치 마을 출신의 레오나르도라는 뜻)라는 이름처럼 우르비노 출신임을 알 수 있는 화가 니콜라 *Nicola da Urbino*는 「올림포스 산에 사는 신들의 음식」이라는 제목 아래 접시에 그림을 그렸다.

흥미로운 점은 신들 사회에서도 성차별이 존재함을 엿볼 수 있다는 사실이다. 화가의 편향된 상상력의 소산이기는 해도 접시 오른편에 서 있는 여신이 영락없이 술시중을 드는 웨이트리스의 역할을 한다. 바람결에 날리는 듯한 치마와 코믹하게 드러난 둔부가 그런 점을 잘 보여준다.

고대 그리스 신화 속 신들은 '암브로시아*ambrosia*'와 '넥타*nectar*'를 먹고 마셨다고 한다. 북유럽 신화에 나오는 여신 이둔 *Idun*은 늙지 않는 황금사과를 신들에게 주어 그들이 젊음을 유지

「올림포스 산 위에 사는 신들의 음식(1530)」 우르비노 출신 니콜라의 작품으로 추정되는 마욜리카majolica 도자기(이탈리아산 칠보 도자기) 접시에 그려진 작품)

할 수 있도록 했다고 한다. 신의 음식 중 하나인 암브로시아는 '불멸immortality'을 의미한다. 넥타는 '죽음necro'을 '물리치다tar'라는 뜻이다. 둘 다 불사의 음식이다. 호메로스는 『일리아드』에서 신들은 암브로시아를 먹고 넥타를 마시기 때문에 몸안에 신혈神血이 흐른다고 했다.

트로이 전쟁의 영웅 아킬레우스는 암브로시아 덕분에 불사의 몸이 됐다. 그의 어머니는 바다의 여신 테티스, 아버지는 인간인

펠레우스다. 이런 부모 사이에서 태어난 아킬레우스는 반신반인 半神半人이기 때문에 죽어야 하는 운명이었다. 아들 아킬레우스가 태어나자 어머니 테티스는 그를 불사신으로 만들기 위해 밤마다 아킬레우스를 불 속에 집어넣어 인간적 면모를 태워 없애고 피부에는 암브로시아를 발라주었다. 또 상처를 입지 않는 몸을 만들기 위해 저승에 흐르는 스틱스 강물에 어린 아들의 몸을 담갔다. 그렇게 아킬레우스는 불사신이 된 줄 알았으나 사실 테티스가 잡고 있던 발 부분이 물에 잠기지 않았고, 결국 유일한 약점인 발뒤꿈치에 파리스의 화살을 맞고 죽었다.

그 외에도 신화 곳곳에 암브로시아와 넥타 이야기가 나온다. 페르세포네가 절대 열어서는 안 된다고 경고한 상자를 열어 죽음의 잠에 빠진 프시케, 그녀 곁에 에로스가 나타난다. 그리고 사랑의 신 에로스는 프시케의 몸에서 잠을 끌어 모아 상자에 가두고는 사랑의 화살로 프시케의 몸을 살짝 찔러 그녀를 잠에서 깨운다. 그러곤 프시케를 데리고 올림포스 산으로 올라가 제우스 신에게 둘의 결혼을 허락해달라고 요청한다. 에로스의 어머니인 미의 여신 아프로디테는 프시케를 못마땅하게 여겼다. 자신에게 향할 인간들의 찬양과 숭배가 죽을 운명인 인간 프시케에게 쏠렸기 때문이다. 그녀는 머리타래를 흔들며 부르짖는다.

"나의 명예가 보잘것없는 한 인간의 딸 때문에 빛을 잃어야 하는가? 제우스도 신임했던 양치기 왕(트로이의 왕자 파리스)이 내린 판정은 엉터리였단 말인가? 양치기 왕은 나의 경쟁자인 아테

나와 헤라보다 내가 훨씬 아름답다고 판정을 내렸건만 이제 그 영예도 쓸모없게 되었다. 두고 보자. 내 명예에 도전한 저 하찮은 인간 계집으로 하여금 자기의 아름다움이 얼마나 분수에 넘치는 것이었는가를 반드시 후회하도록 하리라.”

프시케는 인간이라 아프로디테에게 학대를 받았다. 그러자 제우스가 올림포스에 프시케를 초대해 암브로시아를 하사했다. 그것을 마신 프시케는 불사의 몸이 됐고 에로스와의 결혼을 허락받았다.

한편 미소년 아도니스에게 반한 아프로디테에게 앙심을 품은 연인 아레스는 멧돼지로 변해 미소년 아도니스를 물어뜯어 죽인다. 아프로디테는 아도니스와의 추억을 영원히 남기기 위해 그의 주검에 ‘신의 음료’인 넥타를 뿌려 아네모네 꽃을 피운다.

신이 선물한 생명의 음료, 젖

유목민에게 짐승의 젖은 생명의 음료다. 양과 말을 보살피며 풀과 물을 찾아 초원 이곳저곳을 오가는 이동생활을 하는 이들에게 목축 짐승의 젖은 물을 대신하는 음료이자 생존에 긴요한 영양 공급원이다. 그런데 다 마시지 못하고 남은 젖이 문제였다. 소중한 젖을 함부로 버릴 수는 없다. 식품을 냉장 보관하는 일은 생각조차 할 수 없었던 때, 돌궐 유목민은 ‘쿠미스qumis’라는 발효 음료를 만들어 마시는 지혜를 발휘했다. ‘쿠미스qumis’는 시금털털한 마유주馬乳酒로 우리네 막걸리와 흡사한 맛이 난다. 몽골

비아슬락이라는 이름의 치즈

인은 이런 발효주를 아이락airag이라고 부른다. 또 장기 보관이 어려운 야크나 말, 양, 심지어 낙타의 젖으로 비아슬락byaslag이라는 이름의 딱딱한 경치즈도 만들어 먹는다. 민족이나 종족마다 카식Kashk(이란어), 후룻qurut(쿠르드어), 초르탄chortan(터키어), 아룰aaruul(몽골어) 등 부르는 이름은 저마다 다르지만 유목민은 제각각 연치즈를 만들어 먹는다.

'검은kara 모자kalpak'라는 뜻을 지닌 카라칼팍 유목민은 사촌 또는 팔촌지간인 투르크멘, 카자흐, 우즈베크 유목민과 마찬가지로 '슈밧shubat' 또는 '찰chal'이라고 부르는 발효시킨 타락駝酪(낙타 젖) 즉 낙타의 유즙을 즐겨 마신다. 앞에서 본 쿠미스는 암말의 젖이고, 소의 젖은 '아이란ayran'으로 구별한다. 농경문화와는 다른 유즙문화를 엿볼 수 있는 어휘들이다. 농경사회와 달리 유목민에게 젖은 인간의 생존에 필요불가결한 식품인 것이다.

초원유목민에게 이동수단은 말이다. 동토인 툰드라지대에 사는 삼림유목민은 순록을 이용한다. 미국인들에게 말은 마차, 카우보이, 건빵, 소나 양몰이를 연상시키지만, 우리나라 사람들에게 말의 이미지는 산길이나 강가를 달리는 파발마의 모습이다. 혹한의 겨울을 견뎌야 하는 초원 유목민에게 말은 드넓은 풀밭을 질주하는 낭만적이고 자태 늠름한 천리마의 모습만은 아니다. 그들에게 말 그리고 양들은 생활에 필요한 고기와 젖의 원천으로 기능한다.

죽음에 이르는 첫 번째 큰 죄 폭식,
먹어도 너무 먹은 죄

금식과 폭식의 줄타기

은퇴를 일주일 앞둔 관록의 형사 윌리엄 소머셋(모건 프리먼 분)이 새로 전근 온 성질 급한 이상주의자 신참 형사 밀스(브래드 피트 분)와 한 팀이 된 바로 다음 날, 폭식의 죄로 자기 집에서 강압에 의해 위가 찢어질 때까지 먹다가 죽은 초고도 비만 남자와 역시 탐욕의 죄로 강압에 의해 자기 사무실에서 식칼로 본인 뱃살 1파운드를 베어내 출혈 과다로 죽은 악덕 변호사 사건이 발생한다. 윌리엄은 현장에 남은 흔적들을 보고 일련의 연쇄 살인이 시작됐음을 직감하고 성서에서 말하는 일곱 가지 죄악을 따라 발생하는 살인 사건을 추적한다. 이는 영화 「세븐」의 요체다.

기독교에서 칠죄종은 지옥으로 떨어지는 일곱 가지 대죄*seven deadly sins*를 가리킨다. 그 자체가 죄이면서 동시에 인간이 자기 자신의 뜻에 따라 범하는 모든 죄의 근원이 되는 일곱 가지 죄는 '폭식*gluttony*' '질투*envy*' '색욕*lust*' '교만*pride*' '나태*sloth*' '탐욕*greed*'

자크 드 배커Jacques de Backer가 그린 「폭식가의 고깃덩어리」

히에로니무스 보스가 그린 「일곱 가지 대죄와 네 가지 종말Gula-The Seven Deadly Sins and the Four Last Things」 중 폭식이 들어간다.

16 금식과 폭식의 줄타기

'분노*wrath*'다. 이를 처음 언급한 사람은 그레고리우스 교황(재임 590~604)이라 알려져 있다.

욕망과의 싸움 라마단 금식

이슬람이라는 신앙의 우산 아래 사는 무슬림은 자신의 의지와는 상관없이, 식욕에 역행하는 금식 제도를 따라야 한다. 이슬람의 다섯 기둥 중 네 번째에 해당하는 '사움'이 그것이다. '금식'을 뜻하는 이 말은 그야말로 신앙심으로 욕망과의 거친 '싸움'을 요구한다. 이 싸움은 이슬람력 아홉 번째 달인 라마단에 벌어진다. '무더운 달'이라는 의미의 라마단은 사도 무함마드가 알라로부터 쿠란을 계시 받은 달이다. 그래서 그를 기려 무려 한 달간의 금식 의무가 부과되었다. 해가 뜰 때부터 질 때까지 먹지도 마시지도 못하고 흡연은 물론 성관계도 금지된다. 억제할수록 반동이 커지는 게 인간의 욕구인지라 억지 단식은 괴롭다. 독실한 무슬림 중에는 침을 뱉어가며 식욕을 억제하는 사람도 있다.

고귀한 달 라마단Ramadan Kareem 포스터. '카림'은 '고귀한, 관대한'이라는 의미의 아랍어이며, 알라의 99개 이름 중 하나다.

이프타르, 일몰 후 라마단 금식을 마무리하는 저녁 식사를 의미하는 말로, '금식을 깨다'는 뜻이므로 영어 'breakfast'와 의미상 일치한다.

라마단 금식은 하순인 마지막 열흘에 절정에 이른다. 이 기간 중 홀수의 어느 날 밤을 '권능의 밤(혹은 운명의 밤)'이라는 의미의 '라일라트 울 카드르*Laylat al-Qadr*'라 부르는데, 예언자 무함마드가 코란의 첫 번째 경구를 계시 받은 날로 여겨 이를 기린다. 이 날은 알라신이 무함마드에게 "권능의 밤은 천 개월보다 더 낫다"라고 쿠란 구절을 통해 알려주었다고 한다. 즉 권능의 밤에 진심을 다해 예배를 드린다면 천 개월을 꾸준히 예배드린 것보다 낫다는 의미다.

맛에서 멋으로 이행 중인 음식 문화

사람들이 실생활에서 가장 관심을 갖고 많이 하는 말은 무엇일까? 어느 여론기관에서 조사를 했다. 고등학교에 다니는 남학생과 엄마가 주고받는 대화를 분석한 결과 먹고 마시는 일에 관한 이야기가 가장 비중이 컸다. 무엇을 먹었는가, 무엇을 먹을까, 어떤 것이 맛있을까, 어떤 것을 먹고 싶은가 등의 이야기가 만물의 영장인 인간이 틈나는대로 머릿속으로 생각하고 말로 표현하는 소박한 욕망의 대종을 이룬다.

달리 말하면 인간의 주된 관심사는 고매한 철학이나 아름다운 선행이 아니라 맛있는 음식이다. 다행스럽게도 인류는 더 이상 생존만을 위해 음식을 섭취하지 않는다. 식량을 구하기 어렵고 굶어죽는 사람이 속출하는 그런 시대가 아니다. 현재 인류는 어떻게 하면 맛있는 음식을 먹을 수 있을까를 고민하는 (비교적?) 여유로운 선택이 가능한 축복받은 시대를 살아가고 있다고 말할 수 있다. 단순히 생존을 위한 섭취에서 맛있고 품질 좋은 음식 즐기기로의 변화가 일어난 것이다. 더 나아가 현재의 음식 문화는 보여주기와 따라하기, 즉 과시와 모방의 성격을 띠면서 다양한 계층의 사람들에게 영향력을 키우고 있다. 이에 더해 미슐랭 가이드 선정 별

1900년에 출판된 『미쉐린 가이드』 표지

3개짜리 식당과 푸드 스타일리스트는 맛만이 아니라 아름다움, 사랑스러움, 조화와 같은 멋으로의 음식을 추구한다. 음식 문화는 이렇게 이행 내지 변화했다.

고급 음식, 비싸지만 품질 좋은 음식을 떠올리게 하는 '미슐랭 가이드'는 잠시 설명이 필요하다. 먼저 미슐랭, 그 영어 표현인 미쉐린*Michelin*은 프랑스의 타이어 제조회사 이름이다. 때문에 미슐랭이라는 단어를 들으면 굿이어와 함께 타이어가 떠오른다. 굿이어 타이어*Goodyear Tire and Rubber Company*는 1898년 프랑크 자일베를링*Frank Seiberling*이 설립한 125년 역사의 미국 다국적 타이어 제조회사로 자전거 타이어를 처음 만들었다. 미쉐린은 프랑스의 타이어 제조회사로 전 세계에서 두 번째 큰 타이어 회사다. 미슐랭 가이드는 120여 년 전인 1900년 미쉐린 타이어가 구매 고객에게 무료로 배포하려고 만든 자동차 여행 안내책자가 시작이다. 미쉐린 가이드 탄생의 주인공인 앙드레 미슐랭은 당시 프랑스를 여행하는 운전자들에게 유익한 정보를 제공하자는 취지 아래 여행, 식당 정보를 담은 소책자를 제작하고 무료로 배포했다.

인간 속성이 만든 계급화된 음식 문화

인간 속성은 겸손, 양보, 배려, 우애 등의 미덕과는 거리가 멀다. 인간은 공존을 용납하지 않고, 남과 같은 부류로 취급되는 것을 싫어한다. 밥상 위에 오르는 반찬도 내 밥상 위가 하나라도 더 많아야 하고, 집의 크기나 방 개수도 남이 나보다 많은 것이

싫다. 어떤 식으로든 인간은 남보다 우위에 있고 싶어한다. 달리 말해 남을 지배하고 싶어한다. 권력자가 되고자 한다. 그래서 계층이 생겼다. 크게는 지배 계층과 피지배 계층, 혹은 주인과 노예 계급으로 인간 사회는 양분되었다. 우리가 비난하는 인도의 카스트 제도도 이런 배경에서 생겼고, 우리나라 양반과 상민의 구별, 사농공상의 계층 분화도 다 마찬가지다. 계층 분화는 삶의 양상의 차이를 가져왔다. 고대 그리스 도시국가 아테네의 구성원들도 신분 차이에 따라 생활 조건이나 대우에 차별이 존재했다. 플라톤은 노예제를 인정한 도시국가 아테네의 귀족이었다. 그는 계급제도를 철학적으로 승인했고 가부장제를 옹호했다.

이렇듯 인간 사회의 기저, 현실의 삶에는 늘 불평등이 존재했다. 인간은 단지 법 앞에서만 평등할 뿐이다. 단 한 번도 인간은 평등했던 적이 없다. 음식 문화사의 측면에서 보아도 인간은 내 음식을 남과 나누기를 좋아하지 않으며, 내가 먹는 것보다 누군가가 더 먹으면 그 사실에 분개하거나 질투하는 존재다. 인간의 욕망은 음식 문화조차 계급 내지 서열을 매겨버렸다.

사람이 먹는 걸 즐긴다는 사실은 이미 말했고, 누구나 아는 사실이다. 미식美食, 미찬美饌에 몰입하다보면, 많이 먹고 먹는 걸 즐기는, 왕성한(탐욕스럽고 물릴 줄 모르는) 식욕을 가진 자칭 미식가, 실제로는 탐식가貪食家가 되기 쉽다. 말이 좋아 미식가지 사실 이들 탐식가는 식탐가食貪家인 경우가 대부분이다. 미식가로 가장한 식탐가들 때문에 음식 문화가 발전했다는 건 아이러니다.

그림의 떡 산해진미

이밥(쌀밥)에 고깃국만 먹을 수 있어도 호사라던 시절이 있었다. 초근목피도 구하지 못하는 판에 산해진미를 차려놓고 무얼 먹을지 고민하는 일을 일반 대중은 상상도 하지 못했다. 제왕은 달랐다. 이가 없어서 못 먹는 경우가 아니면 용미봉탕龍尾鳳湯을 위시해 기름진 고기와 좋은 곡식으로 만든 온갖 맛있는 고량진미膏粱珍味를 맛볼 수 있는 것이 권력자가 누리는 특혜였다. 굶기를 밥 먹듯이 하는 풀뿌리 인생은 언감생심, 생시에 거론도 못하고 꿈에서조차 마음을 내지 못하는 음식이었다. 제왕제후는 말하지 않아도 누군가 알아서 산과 바다에서 나는 가지가지 진귀한 물산으로 차린 산진해착山珍海錯을 바쳐올린다. 하층의 서민庶民은 그런 수륙진미水陸珍味를 만나보지도 못하고 세상을 뜬다. 인생이란 그런 것이다. 맛있는 음식을 먹고 사느냐 아니냐도 다 팔자소관이다.

삼국을 통일(?)했다는 김춘추(태종 무열왕)는 하루 식사로 쌀 6말, 꿩 10마리, 술 6말을 먹고 마셨다고 한다. 인간이 과연 그만큼 먹을 수 있을까 의문이 들지만, 설사 가능하다 해도 그가 왕이 되기 전 그렇게 원 없이 먹을 수 있었을까 의심스럽다. 아무리 대식가라 한들, 먹고 싶다고 마냥 먹는 일은 실제로는 불가능하다.

조선의 왕은 하루 다섯 번 수라상을 받았다. 그러나 12첩 반상의 정식은 오전 10시의 아침 수라와 오후 5시의 저녁 수라 두 번이었다. 나머지 세 끼의 식사는 새참이라고 할 수 있는 아침 수라를 들기 전 죽이나 미음 등을 먹는 식사와 간단한 점심, 그리고 야참이었다. '12첩 반상'이란 기본 메뉴인 밥, 탕, 찌개, 전골, 김치류, 장류를 제외하고 12가지 반찬이 밥상에 올랐다는 말이다.

중세 유럽을 음식 문화사 측면에서 보면 계층 사이에 질보다는 먹는 것의 양에서 차이가 있었다. 귀족계급 입장에서는 '많이 먹었다'는 사실 자체가 사회적 우월성을 드러내고 권력과 특권을 가진 신분이라는 표시였다. 그러다보니 중세 왕과 귀족은 폭식과 폭음으로 배가 나오고 지나치게 살이 쪄서 노년에 고생하는 사례가 많았다. 그리고 설사제를 복용하여 관장灌腸을 하곤 했다.

역사에 남은 대식의 죄

프랑스 대혁명으로 형장의 이슬로 사라진 부르봉 왕가의 루이 16세 역시 먹어도 엄청 먹은 인물로 꼽기에 손색이 없다. 호사가들은 그가 마리 앙투아네트와 결혼식을 올린 날 밤 "숨도 쉬지 못할 만큼" 엄청난 양의 음식을 먹는 바람에 합방도 하지 못했다고 전한다. 이 얘기가 사실이라면 결혼 당시 루이 16세는 15세에 불과한 철부지 소년으로, 친숙하지도 않은데다가 의사소통도 어려운 또래 여자와 잠자리를 하는 일이 영 어색했을 것이다. 성적 호기심이 있었다 해도 직접 행위를 실행하는 건 별개의 문제다. 실제로 루이 16세는 포경包莖으로 고통스러워하고 있었다고 한다.

루이 16세가 말대로 대식가라면 어쩌면 할아버지 루이 14세의 유전인자를 물려받았기 때문인지도 모른다. 백성들은 굶어 죽는 경우가 허다했음에도 사정 모르는 루이 14세는 한 끼에도 어마어마한 양의 음식을 먹어치웠다. 수프 네 그릇, 꿩 요리, 큰 접시에 수북하게 쌓인 샐러드, 스튜 한 그릇, 일곱 줄의 햄, 자고새 요리, 과일 설탕 절임, 삶은 달걀 등 도저히 불가능해 보이는 식사를 루이 14세는 해냈다. 후계자인 루이 15세도 만만치 않은 저력을 보였다. 부르봉 왕가의 남자들은 먹보 유전자를 지녔던 게 아닌가 싶다.

(←) 20세 때의 루이 16세

폭식과 대식 그리고 단식

"개동부터 어두울 때까지 그들은 밥을 다섯 끼를 먹는다. 다시 말하면 조반, 점심겨누리, 점심, 저녁겨누리, 저녁 이렇게 여러 번 먹는다. 게다가 참참이 먹이는 막걸리까지 친다면 하루에 무려 여덟 번을 식사를 하는 셈이다. 그것도 감투밥으로 올려 담은 큰 그릇의 밥 한 사발을 그들은 주는 대로 어렵지 않게 다 치고 치고 하는 것이다."_ 김유정, 「오월의 산골짜기」 중에서

단식 부처 vs. 비만 스모 선수

파키스탄 고도古都 라호르의 박물관에서 만난 「단식하는 부처상*Fasting Buddha*」은 단숨에 내 시선을 사로잡았다. 나는 20대 초반에 채식주의자가 되고 그후 마음의 물결 따라 간간이 단식을 하는 내 선택이 잘한 선택임을 거듭 확인했다. 단식 부처상은 오랜 단식과 수행에 피골이 상접한 부처를 보여준다. 고행 때문에

「단식하는 부처상」 파키스탄 라호르 박물관 소장

오른쪽으로 기울어진 어깨와 핏줄 하나하나까지 드러난 모습은 안쓰러우면서도 거룩해보였다. 도처에서 보는 불상과는 차원이 다른 가장 인간적인 면모를 보이는 단식 부처상. 사람들은 먹기 위해 애를 쓰는데, 부처는 왜 기를 쓰고 굶은 것일까? 생존을 위해 먹는 일은 지극히 자연스럽고, 알맞게 먹는 일을 누구도 비난

하지 않을 텐데 부처께서는 왜 섭생을 마다하고 단식을 택했을까? 단식은 굉장히 불편하고 부자연스런 일이다. 의지가 있지 않고서는 무척이나 고통스러운 행위 예술이다.

아침 식사를 영어로 breakfast라고 한다. 그 말뜻은 전날 저녁 먹고 밤새 단식 즉, 굶었다가*fasting*, 새날이 밝자 기다렸다는 듯 마지못한 단식을 타파하고*break* 기쁜 마음으로 식사를 즐기는 것이다. 몸의 입장에서 얼마나 기다리던 순간인가. 필요한 음식이 몸속으로 들어오는 시간이다. 단식 또는 금식은 굉장히 불행한 일이다. 가능하면 굶지 말고 때 맞춰 몸에 영양을 공급해줘야 몸은 스트레스를 받지 않고 행복하며, 그래야 건강을 적절히 유지한다. 몸이 없는 영혼은 없다. 영혼의 집인 인체가 건강해야만 영혼도 머물 수 있다.

단식 부처처럼 부러 굶는가 하면 이와는 반대로 죽기로 먹는 유형이 있다. 예를 들어 일본 씨름 스모 선수가 그렇다. 그들에게

1851년에 그려진 우키요에 속 스모 경기

는 체중이 중요하다. 몸무게가 많이 나가야 힘겨루기에서 밀리지 않는다. 그들은 엄청나게 먹는다. 먹고 게우고, 쉬었다 또 먹고 다시 토하는 일을 반복하며 되풀이한다. 이들을 과연 대식가로 분류해야 하는지는 의문이다.

프란츠 카프카를 고등학생 때 알게 되었는데, 둘째 여동생 때문이다. 어려서부터 괴상한 책을 즐겨 읽던 누이가 카프카의 「변신」 얘기를 꺼내는데, 오라비인 나는 당시 그 작품을 읽지 못했던 터라 기분이 묘했던 기억이 난다. 아마 어린 동생의 독서열에 미치지 못하는 것이 부끄러워서였을 것이다. 그렇게 접했던 카프카 작품 「단식 광대」에 나오는 광대는 자학이라고도 할 수 있는 단식 행위에 "입에 맞는 음식이 없어서"라고 이유를 댄다. 나는, 비록 어린 나이지만, "입에 맞는 음식이 없다"는 말을 충분히 이해할 수 있다고 믿었다. 인생은 사람 간에 공감과 소통이 원활해야 한다. 그렇지 않을 때 우리는 진수성찬을 먹어도 배부르지 않고 행복감도 갖지 못한다. 입에 맞는 음식이란 게 비싸고 희귀해야만 하는

프란츠 카프카의 「단식 광대」 표지

것은 아니다. 살아갈 명분이나 의미가 쌀밥 한 그릇 이상의 의미를 지닌다. 단식 광대가 필요로 한 입에 맞는 음식은 결국 살아갈 원동력 같은 게 아니었을까?

단식의 즐거움

중세 유럽에는 기독교 교리와 전통에 따른 금기가 많았다. 성금요일과 재의 수요일은 단식을 해야 했다. 늘 굶는 사람에게는 단식이 일상이지만, 규칙적으로 식사하던 사람은 제때 못 먹으면 신경이 날카로워진다. 평소의 유순하고 다정한 얼굴이 굳어지며 쉽게 짜증을 낸다. 교직과 성직에 있는 분들이 별 것 아닌 먹는 문제를 가지고 인상을 구긴다. 아니, 그들에게는 먹는 문제가 제일 중요하다. 아니면 자신들이 한 끼 굶거나 제때 못 먹어 표정과 말투가 달라지는 일은 전혀 부끄러워할 일이 아니라고 생각하는 것이다.

경험상 이건 공부나 수도의 깊이, 덕망의 정도와 무관하다. 음식은 생존과 직결된 문제라 배고픔은 모든 것을 뛰어넘는다. 이성은 무익하고 일상의 침착함도 뒤로 숨는다. 오직 모든 신경이 내 몸 안에 맛있는 음식이 언제 들어올 것이냐에 맞춰진다. 인간은 이 정도다. 인간의 한계는 여기까지다. 인간은 더 이상 고급스럽지도 않고 기품이 있지도 않다.

그런데 배고픔도 익숙해지면 친구가 된다. 당장 쓰러질 듯한 현기증도 곧 사라지고 빈 위장의 아우성과 뒤틀림도 견딜만하다.

먹을 수 없을 때 조급해하면 할수록 괴로움만 커진다. 잠시 배고
픔을 받아들이면 이내 공복의 즐거움이 찾아든다. 오늘 한 끼 못
먹으면 내일 그걸 찾아먹는 게 아니니, 어떻게든 끼니를 충당하
려 하지는 말 일이다. 그렇게 결사적일 이유가 뭐 있는가? 어차
피 매일 먹는 밥인데 한 끼쯤 굶는다고 대수일까. 점심을 못 먹으
면 못 먹는다는 사실에 집착하지 말고 점심을 좀 늦게 먹는다고
생각하는 변심이 필요하다. 물론 먹는 즐거움은 공복의 즐거움과
다르다. 그리고 먹을 것 앞에 인간은 쉽게 무너진다. 그렇다고 한
끼 굶어 영양실조 걸리거나 질병으로 앓아눕지 않는다.

우리는 하루에 몇 끼를 먹어야 하나?

얼마 전 친구 한 명이 세상을 떴다. 그런데 그 이유가 어처구
니없다. 원래 먹는 걸 즐기던 친구다. 요즘 우리 사회는 마치 온
국민이 먹는 병에 걸린 건 아닐까 하는 의심이 들 정도로 맛집과
별미에 쏟는 폭발적 관심과 열기가 정상을 넘어 보인다. 고인의
남동생이 안타까워하며 형의 죽음에 대한 이야기를 전했다. 체
중이 100킬로그램을 훌쩍 넘었고, 몸 움직이는 게 힘들고 귀찮
다보니 운동은 사양하고, 당뇨와 혈압 등 합병증에 늘 시달렸다.
몸집이 커서 많이 또 자주 먹는다지만, 먹는 재미로 사는 것 같
아 보였다. 먹고 또 먹고 하루에 대여섯 끼는 먹어야 직성이 풀
렸다. 식간에 먹는 새참을 합치면 여덟 끼 이상인 셈이었다. 그
정도 먹어야 만족감에 네 활개 활짝 펴고 비로소 잠을 청했다고

한다. 미련하기 이를 데 없는 이 친구는 세상을 버리려고 했는지 의사 딸에게 신장 투석을 요구했다고 한다. 그리고 긴 시간이 소요되는 투석을 못 견디고 가슴이 아프고 답답하다며 풍운의 세상살이와 하직했다니 과연 먹는다는 건 무엇인가? 살기 위해 먹기는 하되 얼마나 먹어야 하나? 어리석은 음식 사랑의 사례를 살펴보려는 이유가 이런 근원적인 질문과 맞닿아 있다.

고대 로마의 서민은 검소한 식사를 했다. 빵과 죽, 치즈, 올리브, 채소, 과일 등을 적당량 먹었다. 부유한 상인, 귀족은 아침과 점심은 간단히 먹고, 기다렸던 저녁이 되면 베이컨과 와인을 먹고 마시며 밤새 주연을 즐겼다. 로마의 귀족들은 먹는 즐거움, 맛을 느끼려고 먹고 토하고 먹고 토하고를 되풀이했다. 맛있는 음식을 먹고는 싶은데 몸에서 받아주지를 않으니 먹은 걸 토하고, 토한 만큼 생긴 뱃속 빈자리를 또 음식으로 채웠다. 토하는 것도 손가락을 집어넣어 왝왝거리는 게 아니라, 깃털을 이용해 목구멍을 간질여 기술적으로 토했다.

식욕은 인간의 기본적인 욕구이고, 따라서 생존을 위해 먹는건 중요하다. 그러나 무엇을 먹고 어떻게 먹느냐는 사람에 따라 다르다. 다른 말로 신분에 따라 먹고 사는 게 천양지차다. 돈보다도 권력이 개인이 섭취하는 음식의 양과 질은 물론 문화와 관련이 있다. 무소불위의 권력자에게는 먹는 일이 국가와 백성을 위한 일종의 통치행위이기도 하다. 조선 왕의 아침식사가 10시경이듯, 중국의 황제는 매일 아침 독서를 하고 나서 황제를 상징하는 용의 시간인 진시辰時(오전 7시에서 9시 사이)에 아침 식사를 했다. 황제의 식사를 '진선進膳' 혹은 '용선用膳'이라고 하는데 만주족의 나라 청국淸國 황제의 식단은 주로 만주족의 전통 음식과 북경 음식으로 이뤄졌다. 또한 중원대륙 각지에서 풍미가 있는 특산물을 가져다가 갖가지 미식을 만들며 궁중 요리가 발전했다. 황제는 무엇이든 먹고 싶은 대로 먹을 수 있었다. 오늘날은 독재자가 원하는 걸 마음대로 먹을 수 있다. 북한 정권의 김정일은 살아생전 어떤 음식을 먹었을까? 그의 요리사였던 사람이 양복 안주머니에 몰래 숨겨가지고 나온 식단표는 권력의 힘이 어느 정도인가를 새삼 느끼게 한다. 일반인은 생전에 단 한 번도 먹어볼 수 없는 요리가 독재자의 식탁에서는 일상이다. 상어지느러미, 자라, 깡빠치(잿방어) 등은 인민의 밥상 어디서도 찾아볼 수 없다.

<김정일 식단표>

3월 26일: 감자쌀라드, 야자상어날개탕, 물고기목이버섯술찜, 염소고기샤슬리크, 자라함찜, 게장즙서란화볶음, 백미밥, 콩나물국, 통배추볶음, 풋고추장, 홍차

3월 27일(스시): 다랑어 도로, 쏘가리, 깡빠치, 뱀장어카비아, 네기도로, 도비꼬 새우템뿌라, 이나리, 나메꼬버섯된장국

3월 29일: 왕새우회, 남새생채, 대군상어날개홍쏘, 물고기룡정차철판볶음, 비둘기간장찜, 동과참나무버섯찜, 카레밥, 맑은국, 홍차

식단을 보면 김정일이 대식가였던 것 같지는 않다. 그렇다면 중국 황제와 황실은 얼마나 먹었을까? 중국 역대 황제들이 먹고 마시는 음식에 들어간 비용은 천문학적이었다. 근검절약한 편이었다는 명나라 마지막 황제인 숭정제崇禎帝와 황후는 매년 일상적인 식비만 백은白銀 1만6872냥이 들어갔다고 한다. 이를 당시의 곡식 가격을 감안하여 환산하면 대략 52만 달러 상당. 그렇다면 중국 황제들은 대식가였을까? 청나라 황제들은 아침 식사인 '조선早膳'과 저녁 식사인 '만선晚膳', 하루에 두 번 식사를 했다. 이것이 공식 식사인 '정선正膳'이다. '조선早膳'은 오전 7시부터 9시 사이, '만선晚膳'은 오후 1시부터 3시 사이에 느긋하게 먹었다. 그리고 매일 저녁 한차례 '만점晚點'인 간식을 먹었다.

좋아하는 것을 마음대로 먹지 못하는 황제

황제에게 제공되는 음식은 가짓수가 너무나 많기 때문에 수발을 드는 태감이 계속 황제에게 접시를 대령한다. 황제로 하여금 준비된 모든 요리를 맛보게 하려함이다. 문제는 자신이 좋아하는 요리가 올라왔을 때 맘껏 먹을 수 없다는 점이다. 황제에게 제공되는 음식은 규정상 한 차례만 먹도록 돼 있다. 황제가 특별히 좋아할 경우 한 번 더 먹을 수는 있지만 그러면 그 요리는 한 달 동안 더 이상 상차림에 들지 않는다. 음식이 너무 맛있어 황제가 세 번을 먹으면 그 요리는 황제의 식탁에서 영원히 사라진다. 황제가 좋아하는 음식이 노출돼 요리에 독을 넣을 가능성이 있다고 보기 때문이다. 식사가 통치행위라는 거창한 명분과 연결된 황제의 삶은 불행해 보인다. 그렇게 태어나지 않고 치맥 따위 맛있는 먹거리를 맘껏 즐길 수 있는 인생은 얼마나 행복한가? 입에 맞는 음식이 없어서 굶는다는 까탈스러운 단식 광대가 될 생각은 절대 하지말 일이다.

사실 사람은 누구나 산해진미를 즐기고 싶은 욕구가 있다. 세상이 어지러울 때도 인간의 욕구는 염치가 없다. 중국 남송 초기는 아직 전운이 걷히지 않아 나라가 어지럽고 힘든 때임에도 불구하고 휘종 시대의 사치스러운 맛을 잊지 못하고 특히 일부 장군들은 오랑캐 금나라에 정면으로 맞서기보다는 남아도는 군자금을 유용해 편리하고 호사스런 생활을 누렸던 것으로 보인다. 유명한 사례로 소흥 21년(1151) 10월 송의 10대 황제이자 남송의 1대 황제인 고종이 군벌의 거두 청하왕淸河王 장준張俊 집에 갔을 때 식단이 대표적이다. 천자와 그 수행원에게 계급별로 내놓은 200여 그릇의 내용이 하나하나 친절하고 자세하게 기록으로 남아 있다. 뿐만 아니라 진회秦檜를 필두로 군신群臣의 계급에 따라 요리를 5등급으로 나누기도 했다. 사람은 참 희한하게 사는 동물이다.

사라센인들이 가져다준 천상의 맛,
달콤함이 선사하는 묘미

설탕이 만든 기적

사랑은 설탕처럼 아니 그 이상 달콤해야 한다. 사랑보다 달콤한 것은 없다. 그래서 사람들은 사랑을 표현할 때나, 연인을 부를 때 달콤한 맛의 수식어나 용어를 사용한다. 스위티*sweetie*, 스윗하트*sweetheart*, 허니*honey*, 슈가*sugar*, 달링*darling* 등등. 물론 문화적 차이는 존재한다.

물은 속성상 흘러가야 한다. 고여 있거나 갇혀 있는 물은 썩게 마련이다. 설탕의 재료인 사탕수수가 오로지 인도에서만 재배됐다면 인류의 음식 문화는 단조로움을 면치 못했을 것이다. 맛이라고는 전혀 없는 아이스크림, 불고기, 마카롱을 먹으면서 달콤함이 선사하는 묘미를 잃어버렸을 것이다. 아니, 아예 몰랐을 게 분명하다. 설탕을 넣은 밀크티와 넣지 않은 밀크티는 맛뿐만이 아니라 격조에서도 차이를 보인다. 당분 섭취로 인한 심신의 편안함, 이완의 느낌이 아니었다면 인류는 지금보다 조급하고 신경이 예민해져 더 격하게 싸우는 모습을 보였을 것이다. 설탕은 평화의 식품이다.

단맛을 내는 설탕이 없고 오직 쓴맛만 있는 커피를 마셔야 했다면, 커피가 오늘날처럼 전 세계인의 음료가 됐을까? 에스프레소를 즐기는 사람도 설탕을 한두 스푼 넣어 마셔야 단맛과 대비되는 쓴맛을 제대로 음미할 수 있다. 터키시 커피나 아랍 커피, 지중해 커피 모두 설탕을 주요 재료로 쓴다. 물론 커피의 원산지인 에티오피아 사람들은 하루 일과를 시작하기 전 가족 구성원들이 함께 커피를 나눠 마시는 분나*buna*라는 이름의 커피 의례를 행할 때 그냥 순수하게 커피 맛을 즐긴다. 아이도 어른도, 할머니도 손주도 다 쌉싸름한 커피 맛에 익숙해 있다. 분나는 에티오피아의 공용어인 암하라어*Amharic*로 '커피'를 가리키는 말이다.

설탕의 역사

이렇게 우리 일상에서 빼놓을 수 없는 존재인 설탕이 출현하기 전 인류는 어떻게 당분을 섭취했을까? 자연에서 채취한 꿀을 이용했을 것이다. 그러나 꿀은 귀했다. 때문에 꿀은 상류층의 기호를 노린 값비싼 교역품이었고 누구나 손쉽게 구해 마음껏 먹을 수는 없었다.

다행히 사탕수수가 있었다. 원산지는 남아시아와 동남아시아지만, 이집트, 인도, 스리랑카, 인도네시아, 중국 윈난성과 구이저우성 이하 남아시아 아열대 지역은 물론 브라질 등의 중남미 국가, 그리고 폴리네시아, 멜라네시아, 미크로네시아로 분류하는 남태평양에 흩어져 있는 수많은 섬 등에는 따뜻한 기후 때문에 사탕수수가 자란다. 실제로는 현재 195개 국가에서 매년 15억 톤 이상의 사탕수수를 재배한다. 최대 생산국은 인도와 브라질로 두 국가의 수확량이 나머지 국가 수확량 총합보다 더 많다. 설탕 원료로 사탕무*sugar beet*도 있다. 주로 냉대와 온대 지방에서 재배하며 뿌리즙으로 설탕을 만든다. 러시아, 프랑스, 미국, 독일, 우크라이나, 터키, 폴란드, 중국, 영국, 이집트 등이 주요 생산국이다.

생육 조건이 맞는 다양한 지역에 여러 종의 사탕수수가 자생했다. 그중 *Saccharum barberi*는 인도에서, *Saccharum edule*와 *Saccharum officinarum*은 뉴기니에서 자생했다. 바로 이 사

Saccharum barberi

Saccharum edule

탕수수의 줄기를 짜서 채취한 수액에 함유된 수쿠로오스라는 자당을 인도인들은 이미 5000년 전부터 이용했다. 8세기경 압바시드 이슬람 왕조 치하의 무슬림과 아랍 상인이 설탕을 아랍 세계로 유입했고 곧 지중해, 메소포타미아, 이집트, 북아프리카, 안달루시아 등지로 전파되었다. 10세기에 이르면 메소포타미아의 모든 마을에서 사탕수수를 재배하게 된다. 신대륙에 설탕을 보급한 것은 스페인과 포르투갈인데, 주로 안달루시아 출신의 스페인 사람들은 모로코에서 서쪽으로 100킬로미터 거리에 위치한 카나리 제도 사탕수수밭에서 재배한 수확물을, 포르투갈인들은 자국 서남쪽 대서양 마데이라 제도 사탕수수밭에서 생산한 수확물을 수출했다. 콜럼버스가 카리브 제도에 사탕수수를 들여온 것은 그의 두 번째 신대륙 항해 때였다. 식민지 시대 때 설탕은 유럽의 공산품, 아프리카의 노예와 더불어 신세계 원료 삼각 무역의 한 축을 차지했다. 카리브해에서 유럽과 북미 동부의 뉴잉글랜드 행 선박에 실린 설탕은 목적지에 도착해 럼을 만드는 재료로 사용됐다.

사탕수숫대로 만든 큐피드의 활

라틴어로 '사랑'을 뜻하는 아모르*Amor*라는 이름으로도 알려져 있는 큐피드는 욕망과 애욕적 사랑, 매력, 애정의 신이다. 그는 사랑의 여신 비너스*Venus*와 전쟁의 신 마르스*Mars*의 아들로 희랍 신화에서는 에로스로 묘사된다. 배우자는 나비 날개를 단 미녀로 묘사되는 프시케다. 그의 상징은 활과 화살인데 그중 활은 사탕수숫대로 만든 것이다.

인도 신화에는 카마데바*Kamadeva*라는 신이 있다. 카마는 '성性', 데바는 '신神'이다. 그냥 카마*Kama*라고도 하고 만마타 *Manmatha* 등으로도 불리는 이 카마데바신은 사랑의 신 또는 성욕의 신으로서 로마 신화의 큐피드에 해당한다. 양친은 브라흐마*Brahma*신과 비슈누*Vishnu*신, 형제자매는 아그니*Agni*와 바루나*Varuna*와 바유*Vayu*다. 공교롭게도 그의 무기 또한 사탕수숫대로 만든 활과 꽃 화살*pushpa dhanu and pushpa shar*이다. 카마와 짝을 이루는 배우자는 라티 여신이다. 라티*Rati*라는 이름은 '즐기다 *enjoy*' 혹은 '기뻐하다*delight in*'라는 뜻을 지니는 고대 산스크리트어 어근 'ram'에서 왔다. 어원상으로는 즐길 수 있는 것은 무엇이든 가능하지만 실제로 라티가 지칭하는 것은 '성적 사랑'이다.

카마데바는 큐피드처럼 활을 가지고 다녔다. 인도 신들 가운데서 가장 잘생겼다는 이 사랑의 신은 앵무새를 타고 다니며 꽃이 달린 화살을 쏘았다. 아내 라티(욕정)와 친구 바산타 *Vasanta*(봄)가 그와 동행하며 화살을 골라줬다. 주로 봄에 활동했는데 무분별하게 욕정의 화살을 쏘아대기를 즐겼다. 과녁으로는 주로 어린 소녀나 유부녀, 금욕주의자를 선호했다. 결국 신들의 왕인 시바*Shiva*의 명상을 방해한 벌로 카마데바는 불에 타서 재가 되어버린다. 사탕수수 줄기로 만든 카마데바의 활은 잉잉거리며 한 줄로 늘어선 꿀벌 떼가 활시위 역할을 한다.

사랑과 탐욕과 쾌락의 여신, 라티 (↖)

앵무새를 타고 목표물을 향해 꽃화살을 날리
는 카마신 (↗)

흥미로운 사실은 카마가 『비슈누 푸라나*Vishnu Purana*』와 『바가바타 푸라나*Bhagavata Purana*』에는 비슈누*Vishnu*신으로, 『아타르바베다*Atharva-Veda*』에는 불의 여신 아그니*Agni*를 지칭하는 명칭으로, 등장하는 경전마다 다르게 사용됐다는 점이다. 고대 인도어 아그니가 우리말에서는 아궁이, 인도네시아 발리에서는 아궁*Agung*으로 남아 있다. 시바와 크리슈나*Krishna*로도 불렸다.

설탕의 탄생과 전파

설탕은 인도아대륙*the Indian Subcontinent*에서 오래전부터 만들었다. 그러나 처음에는 생산량이 많지도 않았고 가격도 비쌌다. 때문에 국제 교역이 이뤄지기 전에는 세계 대부분 지역에서 천연꿀을 사용했다. 인도 정복 전쟁 중에 설탕을 처음 접한 알렉산드로스대왕은 꿀과는 다른 단맛에 놀랐다고 한다. 당시 알렉산드로스와 마케도니아 병사들이 접한 인도어는 산스크리트어 사카라*Sharkara*였는데, 발음은 마치 사카룸*saccharum*처럼 들렸던 듯하다. 사실 전자는 설탕을, 후자는 사탕수수를 가리키는 말이었다. 우리가 '인공 감미료'를 뜻하는 말로 영어에서 빌려 쓴 사카린*saccharine*은 바로 산스크리트어 사카룸*saccharum*으로부터 왔다.

유럽이나 다른 아시아 지역에도 설탕은 없었고 꿀은 주요한 교역 품목이었다. (기원 9세기 오늘날의 우크라이나 지방에 정착한) 루스족은 설탕이 없었던 당시로서는 아주 귀한 상품이었던 꿀, 그리고 심지어 기온이 따뜻한 남부지방에서도 고급 의류와 의장품에 과시용으로 사용했던 모피 등을 광대한 삼림지대에서 마련할 수 있었다. 그리고 루스족은 여전히 쉽게 노예들을 포획할 수 있었다. 이런 노예들은 무슬림의 하렘*harem*과 비잔티움의 상류층 집안이나 작업장 덕택에 판로가 보장됐을 뿐 아니라 이윤도 많았다. 따라서 9세기에, 프랑크 제국은 이슬람 세력 때문에 지중해가 폐쇄된 이후 고립되었지만, 반대로 남부 러시아는 이 지역에 막대한 영향력을 행사하던 두 곳의 상업 중심지(바그다드와

19세기 말 자메이카의 사탕수수 농장

콘스탄티노플)에서 그들의 상품을 판매했다(앙리 피렌,『중세 유럽의 도시』, 강일휴 옮김, 신서원, 1997, 48쪽).

진취적이고 모험을 두려워하지 않던 루스족이 상업 활동에 적극적이긴 했지만, 당시의 시대 상황이 아니었다면 그들의 타고난 자질은 빛을 보지 못했을 것이다. 루스족이 주 무대로 삼았던 흑해와 카스피해는 그들이 진출하기 이전에는 아랍, 유대인, 비잔티움 상인들이 빈번히 왕래하며 활발한 교역활동에 종사하고 있었다.

원래 사람들은 사탕수수를 씹어서 당분을 섭취했다. 그러다 서기 5세기경 인도 굽타 왕조 때 사탕수수즙을 설탕이라는 결정체로 만드는 방법을 발견했고 저장과 운송이 용이해졌다. 인도 현지어로 설탕 결정체는 '칸더khanda'라고 불렸으며, 이 말이 '캔디*candy*’의 어원이 되었다.

보급품으로 설탕과 버터를 적재한 인도 선원들은 다양한 무역로를 따라 교역하며 접하는 사람들에게 설탕에 대한 지식을 소개했다. 포교와 순례 여행에 나선 불교 승려들은 설탕 정제법을 중국에 도입했다.

북인도의 하르샤가 지배하는 동안(606~647), 중국의 당나라로 파견된 인도 외교 사절단은 사탕수수 재배법에 당 태종(재위 626~649)이 관심을 보이자 이를 전수했다. 그리고 곧 중국은 7세기에 처음으로 사탕수수 재배에 성공했다. 중국 역사 기록들을 보면 647년에 설탕 정제법을 익히기 위해 적어도 두 번의 사절단 파견이 있었음을 알 수 있다. 그리고 중앙아시아와 중국을 포함하는 남아시아에서 설탕은 중요한 음식과 후식의 재료가 되었다.

그래서 16세기에서 19세기에 걸쳐 전 세계의 정치가와 실업가는 설탕의 생산권 확보와 유통 문제를 놓고 이를 장악할 온갖 지혜를 짜내느라 고심했다. 그 결과 브라질이나 카리브해의 섬들에 사탕수수 생산을 위한 대농장, 즉 플랜테이션*plantation*이 만들어졌다.

고대 인도어인 드라비다어*Dravidian*의 한 지파인 타밀어*Tamil*에서 설탕을 의미하는 Sakkarai가 범어로 유입되어 sarkar가 되고, 다시 페르시아어 shekar로 모습을 바꿨다가, 여기서 아랍을 만나며 아랍어 sukkar로 현현했다가, 마침내 영어 sugar로 최종 변신을 한다. 중요한 것은 이 과정에서 핵심 역할을 하는 사람이다.

고대부터 상인들은 위험을 무릅쓰고 동서양의 바다와 이른바 실크로드라는 교역로를 넘나들었다. 사막지대는 물론 험준한 산도 불사했다. 타클라마칸 사막을 횡단했고, 눈 덮인 히말라야, 힌두쿠시, 톈산산맥을 넘었다. 아라비아해를 헤치고 인도양을 가르며 목숨을 걸고 돈벌이에 나섰다. 이런 상업 활동이 문명 교류와 문화 전파를 가능하게 했다.

설탕의 변신

이슬람교의 예언자 무함마드가 태어난 것은 570년의 일이다. 아라비아 반도 메카에서 태어난 후 메디나로 쫓겨 갔다가 힘을 길러 다시 메카로 돌아와 포교를 시작한 때는 그의 나이 43세 되던 613년이었고 죽은 건 632년이다. 그의 사후 "오른손에는 칼, 왼손에는 쿠란"을 앞세운 이슬람군은 아라비아 반도 완전 정복에 이어 시리아 다마스쿠스를 수중에 넣고 그곳을 수도로 삼는다. 10년 뒤인 642년에는 알렉산드리아를 함락하고 이집트를 이슬람화한다. 644년에는 트리폴리를 정복해 리비아 지방을 이슬람화한다. 670년 튀니지의 수도 튀니스 남쪽 150킬로미터 지점에 카이루안이라는 이름으로 북아프리카 최초의 아랍인 도시를 건설하고 이곳을 이슬람교의 확장과 전파의 전초기지로 삼는다. 카르타고를 함락하고, 8세기 초에는 이베리아 반도를 제패한다.

이슬람교도가 북아프리카를 점령하자 지중해를 사이에 두고

착즙기로 사탕수수 액을 받아 사탕수수 주스를 만든다.

이들과 대치하게 된 기독교 세계의 사람들은 이슬람을 믿는 아랍인을 사라센이라고 불렀다. 사라센이라는 용어가 원래는 아랍인 전체가 아닌 사막에 사는 베두인족을 지칭하는 말이었다고 시오노 나나미는 말한다. 그러나 4세기 말 하드리아노폴리스 전투에서 로마군 편에 서서 용감하게 싸운 시리아인을 사라센이라고 불렀을 가능성도 있다. 한동안 역사의 무대에서 자취를 감췄던 사라센이 다시 모습을 드러낸 건 무함마드를 통해서였다. 그리고 중세시대 천년 동안 사라센은 아랍인뿐만 아니라 아랍인 정복으로 무슬림이 된 베르베르인과 무어인까지 포함해 북아프리카에 거주하는 이슬람교도 전체를 지칭하는 명칭이 됐다.

652년 이집트 알렉산드리아를 출발한 이슬람 해적선이 시칠리아 동남해안의 도시 시라쿠사를 급습한다. 침략은 도시를 파괴하고 재물을 약탈하는 데서 끝나지 않고 800여 명의 남녀를 포획해 알렉산드리아 노예시장에 내다 파는 만행으로까지 이어진다. 이렇게 시작한 사라센의 해적질은 천년이나 지중해를 공포의 대양으로 만들었다.

태수太守인 아미르*amir*가 통치하는 아랍 도시 카이루안을 거점으로 사라센의 해적질은 국영사업이 되고, 지중해 최대의 섬 시칠리아는 가장 만만한 표적이 됐다. 그 결과 인도에서 태어나 아랍의 수중에서 성장한 설탕이 유럽을 만나 다양한 변신을 한다. 최고의 맛을 자랑하는 이탈리아 아이스크림 젤라토, 그 무엇과도 비교할 수 없는 단맛을 지닌 마카롱이 탄생한 배경에는 이런 곡절이 숨어 있다. 시칠리아에서 멀리 떨어진 이탈리아 북부, 사랑의 도시라는 별명을 지닌 베로나의 마카롱이 유난히 달콤한 건 우연일까? 바다를 마주한 반도 서남부의 유서 깊은 도시 나폴리의 아이스크림이 천국의 맛을 낼 수 있게 된 배경에는 사라센이 전한 설탕이 자리 잡고 있다.

9세기에 아랍인이 사탕수수를 시칠리아에 들여오면서 시칠리아 요리에 혁명이 초래된다. 9세기 전에는 현지에서 나는 벌꿀을 시칠리아 얼음과 소르베*sorbet* 즉 셔벗*sherbet*의 단맛을 내는 데 이용했다. 단맛에 관한한 설탕을 능가하는 재료는 없다. 시칠리아 아이스크림 젤라토는 셔벗을 베이스로 해서 사탕수수즙을 정제한 설탕이 있었기에 탄생한 아랍의 창작품이다.

이것이 있음으로 저것이 있다,
존재물의 상의상관성에 대한 불교적 명제

국수와 인간의 인연 1
밀을 만나다

오래 전부터 국수 이야기를 쓰고 싶었다. 이란에 가서 현지 국수를 먹고, 이집트를 위시한 북아프리카의 리비아, 튀니지, 알제리에 가서도 수크*suq*(또는 souk, 아랍 재래시장) 국수집 앞을 서성대고, 우즈베키스탄 등 중앙아시아 지역 국가에 가서도 라그만 *lagman*이라는 이름의 우리네 얼큰 칼국수 비슷한 면류를 먹는 데 앞장을 서고, 베트남, 태국 등 동남아시아 국가는 물론 거대한 대륙 중국과 근성이 우리와 사뭇 다른 일본에 가서도 여차하면 국수로 끼니를 해결한 경험을 바탕으로 국수 이야기를 꼭 쓰고 싶었다.

중국 서남부 변방 윈난성 남부 시쌍반나에서 소수민족 야오족의 정겨운 장조판 풍습을 목격한 뒤 내 욕구는 더 강렬해졌다. 문화는 다른 듯 닮은 점이 많다. 지금은 사라졌지만, 과거 강릉 일대에서 봄철 농사일을 끝낸 뒤 일꾼들에게 위로를 전하고 우

네덜란드 황금기의 화가 얀 베르미어 반 우트레흐트(1630~1696)의 「국수를 먹는 남자」

의를 나누는 차원에서 열리던 '질먹기' 풍습이 장조판의 내용과
다를 바 없다고 본다. 마을 공터나 골목길에 식탁을 연이어 늘어
놓고 그 위에 집집마다 준비한 음식을 차려서 함께 나눠먹는 모
습은 매우 흥미롭다.

우즈베키스탄을 대표하는 국수 라그만. 면발이 꼭 우리나라 가락우동 같다.

한편 채식주의자로서 승소僧笑(국수의 완곡어)의 연유를 알고 싶었다. 사찰 대중공양大衆供養으로 승려들의 사랑을 듬뿍 받는 물국수(잔치국수라고도 함)나 비빔국수가 과연 도 닦는 법기法器들을 미소 짓게 하기에 족한가 궁금했다. 수년 전 입적하신 법정 스님이 하루 두 끼 식사 중 한 끼는 국수를 드셨다는 소식을 접하고, 백석 시인의 「국수」라는 시를 만나 읽으며 조만간 문화사적 측면에서 흥미롭고 의미 있는 국수 이야기를 쓰리라 재차 다짐했다. 작품성과는 별도로 작가로서의 성실성과 인간으로서의 진정성을 좋아하는 무라카미 하루키가 「국수」라는 글을 썼다는 소식을 듣고는 선수를 뺏겼다는 생각이 들어서 기분이 좀 그랬다. 모든 걸 다 떠나 사람들이 국수에 반하는 연유가 무엇인지 파헤쳐 알고 싶었다. 백석은 도대체 국수를 얼마나 좋아했던가.

아, 이 반가운 것은 무엇인가

이 히수무레하고 부드럽고 수수하고 슴슴한 것은 무엇인가

겨울밤 쩡하니 닉은 동티미국을 좋아하고 얼얼한 댕추가루를 좋아

하고 싱싱한 산꿩의 고기를 좋아하고

그리고 담배 내음새 탄수 내음새 또 수육을 삶는 육수국 내음새 자

욱한 더북한 샷방 쩔쩔 끓는 아르굳을 좋아하는 이것은 무엇인가

이 조용한 마을과 이 마을의 으젓한 사람들과 살틀하니 친한 것은

무엇인가

이 그지없이 고담枯淡하고 소박素朴한 것은 무엇인가

_ 백석 「국수」(『정본 백석 시집』, 고형진 엮음, 문학동네, 2007) 중

에서

백석 시인의 시가 일품요리 같다면 아래 하루키의 산문은 간

식 같다.

"오늘 점심은 메밀국수나 먹을까, 할 때가 있다. 공복감은 그리 없

지만 뭔가 가볍게 배를 채우고 싶은 경우. 그런데 외국에 거주할 때

는 그것이 불가능하다. 특별한 도시를 제외하면 국수 가게도 없고

또 메밀국수에 상응하는 음식도 없다. 그럴 때 나는 곧잘 시저스 샐

러드를 주문한다. 미국 레스토랑에서 시저스 샐러드는 대체로 가

벼운 메인 요리로 메뉴에 올라 있고, 이것만 먹으면 대충 메밀국수

를 먹은 것과 비슷한 '섭취감'을 얻을 수 있다. 물론 맛에는 꽤 차이

가 있지만."

_ 무라카미 하루키 「시저스 샐러드」(『채소의 기분, 바다표범의 키스』, 권남희 옮김, 비채, 2012, 49쪽) 중에서

장칼국수가 문화가 된 사연

1981년 3월. 동해안 칼국수를 처음 맛 본 때다. 아침은 거르고 1일 2식을 행하던 시기로, 저녁은 거의 칼국수였다. 처음에는 칼국수의 빨간 국물 빛깔이 이상하고 눈에 거슬렸다. 고추장을 풀었기 때문이다. 맛은 칼칼하고 구수했다. 재료로 쓰인 강원도 감자에서 우러나온 구수함이 장칼국수의 감칠맛을 돋웠다. 대관령 서쪽에 위치한 진부 버스정류소 앞 칼국수가 장을 넣지 않고 순전히 얇게 썬 감자만의 구수함으로 맛의 승부수를 던진 것과는 대조적이다. 만남이 깊어지면 정이 드는 법이다. 연일 먹다시피 했더니 장이 빠진 칼국수는 심심하게 느껴졌다. 자주 먹어 익숙해지고 정이 든 것이다. 사람은 이렇게 맛에 길들여진다. 그리고 개인의 음식이 집단의 음식이 되고, 지역을 대표하게 되고, 그렇게 해서 음식 문화가 형성된다. 색다른 특징을 지니고 있을 때 우리는 이를 독자적 문화라고 한다. 영동 지방 장칼국수도 장을 푼다는 점에서 다른 지방이 갖고 있지 않은 특이성을 지닌 고유한 음식 문화라고 말할 수 있다.

문화는 보편성이 있는가 하면, 문화마다 특이하거나 색다른 고유성 혹은 독자성이 있다. 국수문화는 특히 지역적 특성이 배

태된 고유한 레시피와 식감을 지니고 있다. 출생의 사연이랄까, 가난이나 여타의 숨어 있는 탄생비사를 감안하면 국수의 명운도 다양하고 따라서 구구절절 할 말이 많다. 안동국시가 그러하고 부산의 밀면도 남다르다. 내가 청소년기와 젊은 시절을 보낸 청주에는 냄비우동이란 게 있다. 흔히 각기우동이라고 부르는 가케우동掛け饂飩(かけうどん)에 쑥갓과 유부 등을 넣어 쑥갓의 향기와 유부의 감미롭고 달콤한 맛을 즐길 수 있는 매력적인 먹거리다. 강원도 동해안의 장칼국수도 남다른 사연을 지니고 있다. 처음부터 장을 푸는 국수가 아니었다는 점에서 문화의 변화 가능성을 보여주는 좋은 사례라 할 수 있다.

1970년대 초반까지만 해도, 아니 1988년 서울 올림픽 때까지도 우리나라는 경제적으로 굉장히 어려웠다. 농업기술이 발달하지 않아 식량 생산이 불충분했다. 따라서 농촌 지역 사람들조차 제대로 배불리 먹고 산다는 건 기대하기 어려웠다. 그런 상황에 바닷가 사람들은 물고기 외에는 달리 섭취할 식품이 없었다. 밀가루는 굉장히 귀한 식재료였다. 허다한 날을 생선국만 끓여 먹다보니 바닷가 사람들 입안에서는 줄곧 물고기 비린내가 났다. 생선이 아닌 뭔가 다른 걸 먹고 싶었다. 색다른 씹는 즐거움이 필요했다. 어민들은 꽁치를 삶아 살을 발라 완자 모양으로 뭉쳐두었다. 그리고 물을 끓인 뒤 꽁치로 만든 완자를 조심스레 탕수 속으로 집어넣었다. 지긋한 비린내를 잡기 위해서는 고추장을 풀었다. 이런 환경에서 만들어진 장칼국수는 영동 지방 사람들의 음식 문화로 자리매김했다. 그리고 전승이 이루어지는 문화의 속성에 따라 당분간은 계승될 것이다.

지금도 속초 중앙시장이나 강릉과 주문진 어시장에서는 뭉친 꽁치 살을 판다. 바닷가가 고향인 사람들은 문득 옛날 생각이 나면 칼국수를 끓일 때 장을 푸는 건 기본이고, 좋아하는 생선을 아예 통째로 넣고 끓여 매운맛 속에 숨은 비린내를 먹는다. 그리고 장칼국수를 나이롱국이라 부르며 회상에 잠긴다. 나이롱국은 밀가루로 만든 진정한 수제비 대신 꽁치 살을 넣어 끓인 가짜 수제비를 희화화한 명칭이다.

한국인은 세계 어느 민족 못지않게 면 식품을 좋아하는 사람들이다. 칼국수, 잔치국수, 비빔국수, 콩국수, 우동, 짬뽕, 짜장면, 울면 등 밀로 만든 면류는 물론 메밀로 만든 메밀국수, 냉면, 막국수, 심지어는 도토리 막국수도 만들어 먹는다. 더운 여름날이면 제철 음식으로 시원한 물냉면을 즐긴다. 관건은 식초와 겨자, 설탕을 알맞게 첨가하고 면과 함께 휘저어 최고의 맛을 내는 일이다. 겨울철에 이름난 냉면전문집을 찾아가보면 추운 날씨에도 불구하고 냉면 애호가들이 얼음 조각 띄운 평양냉면을 "후루룩 쩝쩝"거리면서 맛있게 먹곤 한다.

밀의 동진, 메소포타미아에서 투루판까지

국수의 재료인 밀은 언제 어떻게 사람의 곁에 와 무한 사랑을 받게 되었을까? 중국 자료를 보면 고대 황하 중류의 채도彩

陶로 유명한 신석기 농경문화인 양사오 문화仰韶文化 시기(기원전 5000~기원전 3000)까지만 해도 사람이 식용으로 먹는 식물성 식품은 조, 기장, 벼 세 종류만 있었다. 사람들은 이 곡물을 쪄서 먹었다. 시루를 발이 셋에 속은 빈 역鬲(솥) 위에 올려놓고 곡식을 익혀 먹었다. 시루와 솥을 하나로 합친 즉 발이 달린 시루인 언甗(시루)을 사용하기도 했다. 그러나 동북아시아 사람들에게 아직 밀은 식품이 아니었다.

밀의 원산지는 메소포타미아 지방으로 알려져 있다. 기원전 7000년쯤부터 이곳 주민들이 인류 역사상 처음으로 밀 경작을 시작했다고 본다. 그리고 누군가 아니면 어떤 집단이 동쪽으로 이주하며 밀도 동쪽으로 퍼져갔다. 이 시기를 대략 기원전 3000년경으로 추정하는데, 이런 추정의 과학적 근거나 방법이 나는 영 신뢰가 가지 않는다. 반대로 고고학자들은 내 추론을 비약이 심하다거나 논리적 근거가 약하다고 하겠지만, 나는 기원전 2300년경 이란 고원 서부를 거점으로 메소포타미아의 지배자 바빌로니아 왕국을 수차례 공격하고 점령했던 구티족Guti이 밀의 동진을 촉발한 주인공이었을 것으로 추정한다. 그 근거는 이렇다. 바빌론을 점령까지 했던 구티족이 수메르인들과의 전쟁에서 패배한 뒤 근동 역사에서 자취를 감춘다.

구티족은 기원전 2150년경 우루크Uruk 왕 멜렘(우르우트)의 치세 말 남부 메소포타미아를 차지하고 있던 바빌로니아에 쳐들어가 아카드 제국을 전복시키고 메소포타미아에서 집권한 세력

자그로스 산맥의 최고봉 데나Dena. 해발 4409미터

이다. 본래 중부 자그로스 산맥 하마단 주변에 거주했다. 기원전 2119년 우루크 왕조의 우투 헹갈Utu-hengal('어부'라는 뜻)이 구티 왕조의 마지막 18대 왕 티리간Tirigan과 싸워 승리하며 구티 왕조가 멸망했고 구티족은 동쪽으로 멀고도 긴 유랑의 길에 올랐다. 일부 학자는 이들이 바빌론을 떠나 멀고도 험한 여정 끝에 타림 분지 동단 오아시스 지역에 당도했다고 본다. 오랜 시간이 걸린 동진 도중 일부는 소그디아나에 정착했을 것이고, 또 다른 일부는 톈산산맥이나 이식쿨 호수 혹은 일리 평원에 삶을 의탁하기도 했을 것이다.

오늘날의 신장웨이우얼 자치구 투루판 분지는 건조한 열사의 땅이지만 과거에는 기후 조건이 지금과는 딴판이었다. 자연환경도 사뭇 달랐다. 강과 호수가 있었고 숲이 우거진 비옥한 땅이었다. 19세기까지만 해도 곳곳에 강물이 흐르고 롭 노르(롭 호수)가 있었다는 기록이 남아 있다. 초원을 떠돌며 유목생활을 하던 새로운 이주민들은 더 이상 유랑을 원치 않았다. 그렇게 해서 이곳 투루판 일대를 삶의 터전으로 삼은 사람들은 떠나온 곳에서와 같이 밀농사를 짓기 시작한다. 오랜 시간이 지나 유프라테스와 티그리스 두 강을 끼고 발달한 메소포타미아 문명의 본거지에서 유래한 밀농사가 새로운 땅에 이식된다. 고고학적 유물이 그런 사실을 증명한다. 그리고 마침내 인류 최초의 국수가 탄생한다.

국수와 인간의 인연 2
인간을 웃게 만들다

오랜 습관은 버리기 어렵다고, 어려서부터 입맛이 빙과류에 길들여진 탓에 성인이 된 지금도 여름철엔 냉장고를 뒤져 아이스크림이나 콜라 따위를 먹고 마신다. 50여 년 전, 내가 어렸던 시절 아이스크림이란 건 존재하지 않았다. 또한 지금처럼 사시사철 각양각색 다양하고 맛있는 아이스크림을 먹을 수 있으리라고는 도저히 생각을 못했다. 바다를 건너고 사막과 초원 산림을 넘어 존재하는 다른 나라 낯선 사람들은 이미 오래전부터 아이스크림을 즐기고 있었다는 사실을 알게 된 일도 한참 뒤였다. 햇볕이 쨍쨍 내려쬐는 무더운 여름날 지친 몸에 생기를 불어넣고 더위에 지지 않을 용기를 주는 빙과류는 모두 이슬람이 있어 가능했다는 사실을 안 건 또 그보다 훨씬 뒤의 일이다.

물론 아이스크림 산업의 성공은 아랍 세계 혼자 이룩한 위업이 아니다. 중국에서 셔벗과 소금이 아랍으로 전해졌고, 무슬림들은 이걸 가지고 새롭고 흥분되는 묘한 마약을 만들었다. 몸에서 솟아나는 땀조차 금세 증발시켜 소금으로 만드는 아랍의 여름 더위를 일거에 물리치는 희고 끈끈한 먹거리. 튀니지에 근거지를 둔 사라센 해적은 시칠리아와 나폴리 등 해안 도시들을 상대로 해적질을 하면서도 얼음과자를 만들어 먹었다. 해적들 때문에 견디다 못한 교황이 나서 사라센 해적의 수장 에미르에게 엄청난 돈을 바치고 한시적 평화를 얻은 나폴리를 비롯한 이탈리아 해안 도시국가들은 사라센이 미소 지으며 먹던, 원수의 음식을 자신들의 것으로 만들었다. 맛있고 맛있는 젤라토는 아랍 세계에서 온 수입품이었다. 참고로 에미르*emir* 혹은 아미르*amir*는 (아라비아와 아프리카의) 족장, 대공, 토후 또는 이슬람의 창시자 무함마드의 자손을 가리키는 칭호다.

최초의 국수 장인

앞의 글에서 밀의 동진을 얘기했다. 그리고 지금과는 환경이 사뭇 달랐던 투루판 분지(현 중국 서부 신장웨이우얼 자치구)에 유목민 한 무리가 정착 생활을 시작했으리라는 견해를 피력했다.

영어로 noodle, 이탈리아어로 spaghetti, macaroni, pasta 등으로 불리는 국수를 아랍어로는 알매크루나*almaekruna*라고 한다. '국수'라는 우리말은 언어상으로는 이들과 상관이 없어 보인다. 그래도 발원한 곳은 있을 것이다. 한강의 발원지가 강원도 태백에 있는 검룡소이듯, 국수를 처음 개발해 주변에 국수 문화를 전파한 최초의 국수 장인이 있을 것이다. 그의 이름이나 직업을 정확히 알 수는 없다 해도 어렴풋이나마 인류에게 국수 먹는 행복을 선물한 주인공을 추적하는 여정은 국수 이야기를 쓰는 과정에서 즐거움을 준다.

우리나라에서는 서유구라는 인물이 1800년대 초에 지은 『옹희잡지饔熙雜志』에서 "건乾한 것은 병餠이라 하여 시루에 쪘으며, 습濕한 것은 면麵이라 하여 끓는 물에 삶거나 물에 넣은 것이다"라고 기록했다. 이로 미루어 조선 말기 우리나라 사람들은 밀을 가루 내어 떡처럼 시루에 쪄서 먹고, 진국수는 끓는 물에 넣고 삶아 먹었던 듯하다. 그런데 이런 가늘고 긴 면을 뽑아내는 기술이 있기까지는 오랜 시간이 걸렸을 것이다.

최초의 밀가루 음식은 아마 밀가루 반죽을 손이나 도구를 이용해 넓게(얇게) 펴서 끓는 물에 넣고 삶아 먹는 지금의 수제비 비슷한 요리가 아니었을까 짐작한다. 중국에서는 면의 기원을 한나라 때로 보고, 당시 면류를 병이라 하고, 국물과 함께 먹는 것은 탕병湯餠이라 불렀다. 위진 시기 문헌에 '수인박돈水引饙飩'이라는 표현이 나오는데, 이것이 최초의 국수제조법으로 알려져 있다. 그리고 송대에 이르러 현재의 국수와 같이 길쭉하고 날씬한 생김새와 제조법이 자리를 잡았다는 것이 중국 측 학자들의 견해다.

문물 교류의 측면에서 볼 때 실크로드를 오가는 각국 상인과 불교 승려들 덕분에 국수 문화는 사방팔방으로 퍼져나갔다. 국제도시였던 당나라 수도 장안(오늘날의 시안), 송나라의 수도로 인구 백만의 대도시였던 개봉(카이펑) 등은 국수 문화가 꽃을 피웠던 곳이다. 서역과 가까운 산시山西성, 산시陝西성, 간쑤성 등지를 지나는 식객은 오늘날에도 온갖 국수 때문에 군침을 흘린다. 수타 방식으로 땀 흘려 만든 면이 중국에서 한국으로 전래됐듯, 우리는 메밀국수를 일본에 전해줘 그곳 사람들 입맛을 사로잡았다. 17세기 에도시대江戶時代(1603~1867) 초 일본 나라奈良 도다이사東大寺에 머물렀던 조선 승려 원진이 한 일이다. 가케우동은 대당구법승이었던 일본 승려 구카이空海가 자신이 직접 익힌 솜씨를 본국에 돌아가 선보인 결과물이었다고 전한다. 새로운 환경 속에서 낯선 이들의 미각에 어필해야 하는 밀가루와 물의 조합은 현지에 적응하며 때로 독특한 모습으로 살아남아 결국은 면류의 총아가 되었다. 산둥성 출신의 중국인이 많았고, 부두 노동자들의 왕성한 식욕을 만족시켜야 했던 인천 연안부두 일대의 화교들은 전 세계 어디서도 유례를 찾아볼 수 없는 짜장면의 성공신화를 썼다.

중세 유럽의 수도원에서는 수사들이 양어장을 만들어놓고 거기서 기른 물고기를 신자에게 판매하는 경우가 많았다. 우리나라 사찰에서는 국수를 만들어 신도에게 팔았다. 국수는 먹어서 맛있기도 하려니와 판매 수익을 올려 스님들을 기쁘게 하는 '승소僧笑'였던 것이다.

국수의 유래

무릇 인간의 발명이나 발견은 우연히 이뤄지는 경우가 태반이다. 채식주의자인 나도 좋아하고 전 세계 사람들 거의 대부분이 예찬하는 두부는 진한시대에 발명(?)됐다. 양현지의 『낙양가람기洛陽伽藍記』를 보면 전한 시기 회남왕淮南王 유안劉安과 그 막료들이 "썩은 콩이 유지가 되어 그 이름을 두부라 한다腐豆爲乳脂, 名曰豆腐"고 했다는 기록이 있다. 화이트 와인이 보관 잘못으로 발효가 된 바람에 발포성 과실주 샴페인이 탄생하게 된 것과 마찬가지다. 그런데 이 불량 스파클링 와인은 버림을 받는 대신 '돔 페리뇽'이라는 이름을 달고 샹파뉴(샴페인의 프랑스식 발음)라고 불렸다. 샴페인의 황제라는 별명도 얻었다. 이후 실수가 필수가 되어 축하주, 기념주, 건배주로 확고하게 자리 잡은 샴페인은 이웃나라로 가서 다른 이름으로 세인의 사랑을 받고 있다. 영어로는 스파클링 와인, 독일어로는 젝트, 스페인어는 카바, 이탈리아어로는 스푸만테 등으로 불리지만 본질은 다 거품을 생명으로 하는 발포성 과실주다.

이왕이면 동가홍상同價紅裳? 뚝배기보다 장맛?

돼지를 본때 보고 잡느냐는 말이 있다. 맛이 최고지 생김새는 그다지 중요하지 않다는 의미로 읽힌다. 그러나 음식을 입으로만 먹지 않고 눈으로 먼저 맛을 보는 사람들이 있다. 그들은 시각적으로 아름답지 않은 식품은 이미 식품으로서의 자격을 잃었다고 본다. 블라인드 테이스팅을 하면 시각과 미각은 전혀 별개로 기능하지만, 사람이라는 묘한 존재는 분위기에 따라, 섭취할 대상의 미추 여하에 따라 다른 맛을 느낀다. 그래서 비 오는 날 마시는 커피와 뜨거운 뙤약볕 아래서 마시는 커피는 맛이 다르다.

　일본 다도의 기본 원리는 '和·敬·淸·寂'이다. 으뜸이 조화 harmony로 차를 대접하는 사람에 대한 존중, 다실과 사람 마음의 맑고 깨끗함 그리고 고요함에 앞선다. 물론 네 가지 요소에 차등을 두고 하는 얘기는 아니다. 이 가운데 조화로움이 우리가 음식을 먹을 때의 마음가짐과 깊은 관계가 있어 보인다는 의미다. 단순히 배고픔을 면하기 위해 허겁지겁 먹는 일에만 몰두하거나, 남들이 먹든 말든 아랑곳하지 않고 입에 당기는 것, 맛있는 것을 독점하다시피 혼자 마구 먹는다거나, 옆에서 말을 걸어도 데면데면 성의 없는 답변을 하고 눈길과 마음은 시종 먹는 것에 가 있다든지, 배불리 먹을 수만 있다면 쓰레기더미 옆이든 한밤중이든 가리지 않을 태세라든지 하는 자세는 과거와 달리 먹을 걱정을 거의 안 해도 되는 시절 인연에 어울리지 않는다. 분위기에 따라 음식 맛이 달라질 수 있다는 사실을 알 필요가 있다. 음식을 만드는 사람은 음식을 만들어 함께 나눠 먹는 공간까지도 고려하는 마음가짐을 가질 수 없을까? 밥술을 들어 음식을 먹다가 문득 바라본 주변, 창밖 풍경이 눈에 들어오고 따라서 음식 맛이 황홀하게 느껴진다면 그렇게 음식을 먹는 일이 아름다운 행위가 되지 않을까?

"창밖 풍경까지 맛에 담는다"는 일본 어느 메밀국수집 주인의 정성과 멋, 이미 그 집의 국수는 최상의 맛을 지니고 있다. 그 국수집 창업주는 되풀이되는 흉년으로 굶어죽는 일이 다반사였던 19세기 말, 오래전 조선의 원진 스님이 구황작물로 일본에 씨앗을 가져갔던 메밀로 국수를 만들어 팔았다. 소바 즉 메밀국수의 맛은 신선함이 생명이다. 국수를 삶아 물에 헹군 후 물기를 빼고 오래 두면 맛이 떨어진다. 메밀국수는 즉석에서 만들어 바로 먹을 때 가장 맛있다. 수타 방식으로 메밀국수를 만들면 면발의 쫄깃함과 탄력이 오래 간다. 일본 사람은 12월 31일을 오미소카大晦日라고 한다. 일본에는 한 해가 가고 새로운 해가 찾아오는 한밤중 12시에 소바를 먹는 풍습이 있다. 지난해를 이어 찾아오는 이듬해에도 메밀국수 가락처럼 길게 행운이 이어지기를 바라는 소망을 담은 소박한 의식이다.

우리도 국수를 길상吉祥의 상징으로 받아들이는 문화가 있다. "언년아, 너 언제 국수 먹게 해줄 거니?" 윗마을 당숙이 물으면 언년이는 고개를 푹 숙이고 얼굴을 붉힐 뿐이었다. 여기서의 국수란 잔치국수를 말한다. 국수를 삶아 채반에 올려 물기를 뺀 다음 멸치 삶은 물에 국수를 담가 젓가락으로 후루룩 서너 번에 먹기를 끝내는 잔치국수. 글자 그대로 잔치국수는 잔치 음식이다. 회갑, 생일, 혼례 잔치 때 축하의 의미와 장수에 대한 기원을 담아 이 국수를 하객에게 대접한다.

먹는 일이 문화가 되기까지

국수가 단순히 밀가루 반죽이 아니라 가느다란 면 가닥이 되기까지 인류는 서로 다른 환경 속 각각의 자리에서 약속이나 한 듯 끝없이 밀가루 반죽을 했을 것이다. 그러나 밀가루를 물에 개어 반죽을 만들어 끓는 물에 넣는다고 그게 먹거리의 완성이 될 수는 없다. 만일 그랬다면 오늘날 인류의 음식 문화는 화려하게 꽃을 피우지 못했을 것이다. 시행착오를 거듭하는 경험을 통한 지식의 습득과 축적이 문화를 형성한다. 밀가루 반죽을 날로 혹은 통째로 먹지 않고 불에 굽거나 물에 넣고 끓여 먹으면 속이 시원하다. 맛이 있다. 최적의 맛을 찾아내기까지 인류라는 요리사는 오랜 실험을 했다. 그 결과 맛에 관한 한 21세기 인류는 행복하다.

그런데 맛은 길들여지는 감각이기도 하다. 예전 어른들이 타향살이의 제일 큰 설움은 입에 맞지 않는 음식을 먹는 일이라고 하셨던 기억이 있다. 이를 다른 버전으로 말하면, 결혼 후 인생살이 가장 큰 불행은 입에 맞지 않는 음식을 먹는 일이라고 말할 수 있다. 인간이 음식으로 추구하는 욕망에서 두 축은 맛과 건강이다. 맛없는 건강을 택할지, 유해하되 맛있는 음식을 택할지는 개인이 결정할 문제다. 나는 오랜 세월 아침을 거르는 생활을 해왔다. 「비긴 어게인」이라는 텔레비전 프로그램을 보다가 가수 박정현과 헨리가 아침 식사로 오믈렛과 커피를 만들어 먹는 모습을 보고 맛은 길들여지는 것임을 다시 한 번 생각했다. 저녁 식사로 빵과 밥 그리고 햄버거 중에서 무엇을 먹겠느냐는 질문을 받는다면 나는 서슴없이 '밥'이라고 답할 것이다. 오랜 세월에 걸쳐 길들여진 밥의 맛, 그 맛이 내게는 최고의 맛이기 때문이다.

국수의 어원

우리가 '국수·국시' 등으로 말하는 면류 식품을 영어로는 'noodle'이라고 한다. 이를 두고 언어의 자의성*arbitrariness*이라고 하지만, 왜 '밀가락'이라고 하지 않고 '국수·국시'라고 했는지를 설명하지는 못한다. 그렇게 된 데는 어떤 사연이 있어야 하지 않을까? 모든 일에는 원인이 있다. 원인이 있어 결과가 있다. '국수·국시'라는 언어 표현은 선택의 결과다. 선택의 원인은 무엇일까? 먼저 noodle부터 짚고 넘어가자.

미국 이민사에서 네덜란드인들은 중요한 이주 세력이다. 영어와 마찬가지로 게르만어에 속하는 네덜란드어는 미국 영어 속에 다양하게 침투됐다. 1846년부터 대륙 중서부에 정착한 네덜란드인들은 bakery, bake-oven, bake-pan, bedpan, bedspread, blickey, boodle, boonder, hoople, knicker & waffle-iron(household), coleslaw, cookie, noodlejees, olykoek, pot chees, smear-case, speck & waffle(food), beer-hall, dance house & kirmess(social life), stoop(stoep=sidewalks)와 같은 어휘를 신대륙 영어 속에 이식했다. 이 중에 noodle의 복수형 noodlejees가 있다.

이로 미루어 영어 어휘 noodle은 그 기원을 네덜란드어 noedel에 두고 있으며, 후자의 기원은 독일어 nudel에서 찾을 수 있다. 그런데 영국 영어에서 noodle은 가늘고 긴 밀가루 반죽 가닥을 포함한 아시아식 제품을 가리키는 반면 미국 영어에서는 영국 영어에서 pasta라고 하는 유럽식 제품을 가리키기도 한다.

일본어로 국수는 우동이다. 중세 국어에서 우리는 '국슈'라고 말했다. 중국인들은 국수를 몐麵이라고 하는데 이는 본디 밀가루를 가리키는 말이다. 麵의 전문篆文으로 麪(밀가루 면)이 있다. 이 글자에서 보리 맥 옆의 丏(가리다, 토담 면)은 음音을 나타내는데, 綿(이어지다, 가늘고 길게 이어지다)과 통하여 이어진다는 뜻을 지니며, 반죽하면 실 모양으로 이어지는 '밀가루'를 나타낸다.

우리나라 사람들이 즐겨 먹는 국수 이름을 나열하자면 열 손가락을 몇 번 접었다 폈다 해야 된다. 중국에는 무려 1200여 종의 국수 요리가 존재한다. 어떻게 이런 일이 가능할까?

국수의 진화를 이끈 인간의 욕망,
신과의 소통을 꿈꾸다

국수와 인간의 인연 3
조상 국수와 그 후손들

중국에 가서 이름깨나 알려진 찬팅餐厅(식당)에 가면 주둥이가 긴 주전자로 손님 찻잔에 차를 따라주는가 하면, 도삭면刀削麵이라는 밀가루 반죽을 손바닥 위 또는 도마에 두고 손에 올려 들고 칼로 쳐서 펄펄 끓는 국물 속으로 떨어져 들어가게 하는 진기명기를 선보이는 곳이 많다. 반죽을 밀어서 몇 차례 접은 뒤 그걸 적당한 너비로 썰어내는 칼국수와는 달리 도삭면은 살짝 휜 얇은 판 모양 칼로 비스듬하게 썰기 때문에 면이 마름모꼴의 특이한 단면을 지니게 된다. 문화는 이렇듯 시절과 장소에 따라 다른 양상을 띤다.

도삭면을 영어로는 'knife-cut noodle king'이라고 한다. 방식은 다르지만 우리나라 칼국수 또한 'knife-cut noodle'이라고 해야지 그냥 'knife noodle'이라고 하면 서양 사람들이 놀란다. 울면은 한국화된 중국 면요리다. 울면도 영어로 'crying noodle'

중국 서부 신장 웨이우얼 자치구의 투루판 자오허交河 고성터

이라고 하면 좀 우습다. 중국 음식인 溫滷麵(병음 wēnlǔmiàn)에서 나온 울면은 고춧가루를 사용하지 않고 옥수수나 감자 전분(녹말가루)으로 걸쭉하게 국물을 만든 짬뽕이라고 할 수 있다. '소금밭 로滷'를 쓴 데서 짐작할 수 있듯, 소금으로만 간을 내는 것이 특징이다. 그래서 백짬뽕, 하얀 짬뽕이라고도 부른다. 이렇게 인간은 창조적이다.

국수 조리법은 기하급수적으로 늘어났다. 만들기 어렵지 않고, 먹기 쉬운 데다, 어떤 곁들임 음식과도 잘 어울려 국수는 뭇사람들이 좋아하는 먹거리로 자리 잡았고 여전히 진화를 계속하고 있다. 그중에서도 수타로 국수를 뽑는 기술은 가히 혁명이랄

수 있다. 숙련된 손동작으로 가늘고 긴 국수, 게다가 점성과 탄성이 높은 명품 국숫발을 만든다. 맛있는 음식을 추구하는 인간의 지칠 줄 모르는 욕망이 국수의 진화를 가져왔다.

화염산에서 발견된 2500년 전 국수 유물

국수는 누가 처음 만들어 먹었을까? 놀랍게도 중국 신장웨이우얼 자치구 투루판에 자리 잡고 있는 화염산 골짜기에서 2500년 전의 것으로 추정되는 국수 유물을 발견했다. 너무 더운 곳이라 화주火洲라고도 불렸던 투루판은 과거 고창국高昌國이 있던 곳이다. 어릴 때 읽은 『서유기』에 등장하는 화염산은 워낙 열기가 대단한 곳이다. 붉은색 일색인 이 산은 톈산天山산맥에 속한 붉은 사암으로 이뤄진 황무지 산이다. 총 길이 98킬로미터에 너비가 9킬로미터로 타림 분지를 동에서 서로 가로지르고 있다. 평균 높이는 500미터이며, 여름에는 기온이 50도씨 이상 올라가 숨이 턱턱 막힌다. 『서유기』에서 손오공과 삼장법사 일행은 우마왕의 부인인 나찰녀로부터 파초선을 빌려 마흔아홉 번 부채질을 한 끝에 화염산 불길을 끄고 힘들게 산을 넘는다.

이런 곳에서 국수 유물이 발견된 것이다. 양손으로 비벼 만든 건조면이었다. 둥글긴 하지만 길이가 짧은 국수였다. 1991년 화염산을 지나는 도로 공사 중에 인부들이 골짜기에서 직경 1.5미터에서 2미터가량 되는 웅덩이 30여 개를 발견했다. 이것은 곧 2500년 전 이 일대에 살았던 주민들 무덤으로 판명됐다. 14구의

미라와 함께 부장품도 다수 발굴됐다. 그중에는 용기에 담긴 음식이 있었다. 구운 양고기, 좁쌀, 밀로 만든 빵, 그리고 밀과 좁쌀을 섞어 만든 국수였다.

신장 지역 어느 식당에 가든 밀가루 반죽을 손으로 밀어 늘리는 과정을 거쳐 뽑아낸 면발을 삶아낸 후 양고기와 고추를 볶아 만든 고명을 얹은 '라그만*läghmän*'이란 국수를 맛볼 수 있는데, 이것이 아마도 2500년 전 인류 최초 국수의 후손이지 싶다. 튀르크족이 중심 종족인 중앙아시아 지역 어느 나라에 가도 라그만을 만날 수 있다. 다만 말은 시공간이 달라지면 소리나 의미가 달라지기 때문에 지역마다 라그만의 발음이 조금씩 다른 양상을 띤다. 이른바 변이형이 사용되고 있는 것이다. 즉 라그만을 카자흐어로는 lağman, 우즈벡어로는 lag'mon, 위구르어로는 leghmen, 키르기스어로는 lagman이라고 하는데, 원래 이 말은 중국어 라몐拉面[lamian]의 차용어다. 밀가루 반죽을 양쪽에서 당기고 늘려 여러 가닥으로 만든 국수를 지칭하는 라몐은 서우라몐手拉麵, 쳰몐抻麵이라고도 부른다. 튀르크어는 [l]로 시작하는 말이 없다. 그러니까 유목민이 애호하는 국수 라그만*läghmän*은 중국 간쑤성 란저우蘭州 같은 곳에서 유목사회로 들어온 것이다.

1만 개가 넘는 도쿄 라멘집

파키스탄 북부 웅장한 카라코람 산맥 중에 산허리를 베어내 세워진 것만 같은 소도시 치트랄, 길기트, 훈자 등의 주민들도 라그만을 즐겨 먹는데, 여기 사람들은 라그만이라 하지 않고, 깔리*kalli* 혹은 다우 다우*dau dau*라고 부른다. 히말라야 산중의 고대 왕국 라다크 사람들은 툭파*thukpa*라는 이름의 국수와 모모라는 만두를 먹는다. 한국인은 각종 라면을 끓여먹거나 컵라면에 끓는 물을 부어 3분도 채 안 돼 후루룩 먹는다. 일본은 대를 잇는 전통의 수제 라면 가게가 즐비하다. 도쿄에는 '도쿄 라면거리'가 있는가 하면, 아예 4층 빌딩 전체에 각기 다른 라면 가게가 들어선 곳도 있다. 도쿄에 있는 라면집 수가 무려 1만여 개라니 일본인의 라면 사랑을 짐작할 만하다.

이렇게 국수가 동서로 또 남북으로 전파돼 어느 시점에 이르러 유럽인 식탁에 모습을 드러내게 된다. 827년 이탈리아 남쪽 지중해의 섬 시칠리아에 사나운 아랍군이 침략해오면서 시작된다.

이탈리아 파스타의 유래에 대해서는 세 가지 가설이 있다. 첫 번째 가설은 마르코 폴로가 중국에서 파스타를 가져왔다는 주장이다. 그러나 마르코 폴로는 1260~1269년, 1271~1292년 두 차례 동방 여행을 했는데, 그가 태어나기도 전인 1244년에 쓰인 의사의 처방전에 이미 파스타가 등장한다. 두 번째는 고대 로마시대에 벌써 파스타가 존재했다는 가설인데, 화산 폭발로 도시 전체가 폐허가 된 폼페이 유물에 당시 사람들이 먹었던 음식이 잘 나타나 있는데 파스타는 보이지 않는다. 세 번째는 시칠리아를 점령한 이슬람 침략 세력으로부터 전해졌다는 가설로 이것이 앞에서 말한 내용과 부합된다. 1154년 한 아랍인 학자가 쓴 지리서에 시칠리아의 '트라비아'라는 작은 마을에서 만든 '이트리야*itriya*'라는 이탈리아 최초의 건조 국수에 대한 언급이 있기 때문이다.

이트리야는 '국수*noodle*'를 가리키는 아랍어인데, 히브리어에 들어가서도 그대로 사용됐다. 그러나 중부·동부 유럽 국가들과 미국 등에 거주하는 유대인이 사용하는 독일어와 히브리어 등의 혼성 언어인 이디시어*Yiddish*에서는 국수를 '록심*lokshim*'이라고 한다. 벤 예후다*Ben-Yehuda*에 따르면, 아랍어 이트리야*itriya*는 아람어 itrai와 atriya와 동족어인데, 둘 다 아람어로 빵 종류를 가리키는 말이다. 그리고 세 단어 모두 '작은 케이크'라는 뜻의 그리스어 itrion에서 파생된 단어다.

「청명상하도」에 묘사된 국수 문화

열사의 땅 투루판에서 중국으로 유입된 국수 문화는 12세기 송나라에 이르러 화려한 꽃을 피운다. 30가지가 넘는 다양한 국수가 카이펑에서 탄생하면서 지구상에서 가장 다채로운 국수 문화가 펼쳐진다. 도시의 발전으로 인구가 크게 증가하고 거리에서 여러 가지 음식을 파는 직업이 탄생한다. 자연스럽게 노점 음식 문화가 발전한다. 북송 시대 한림학사였던 장택단이 카이펑의 청명 풍경을 그린 「청명상하도淸明上河圖」에 묘사된 이슬람 상인들이 중국의 맛있는 국수 문화를 서역으로, 지중해 일대로 전파했을 것으로 추정된다.

북아프리카 튀니지의 국수 하마스는 건면이다. 밥알 두세 개

정도를 합친 크기의 짧고 가는 국수 하마스는 6개월가량 보관이 가능하다. 음식을 손으로 집어 먹는 이슬람 수식 문화에서는 가늘고 긴 국수를 손으로 먹는 일이 불편해서 국수 문화가 발달하기 어려웠다. 이슬람 건면 문화는 시칠리아와 이탈리아 남부 나폴리 등지로 전파돼 건조 파스타가 발달했다. 아네지 스파게티 박물관에 소장된 19세기 나폴리에서 제작된 판화 그림 속 나폴리 사람들은 하나 같이 길 위에서 손으로 긴 스파게티를 집어 먹고 있다. 시간이 흘러 파스타에 파마산 치즈 가루 대신 토마토 소스를 이용하면서 건조 파스타는 이탈리아 남부를 넘어 북부 사람들도 즐겨 먹는 음식이 됐다. 이탈리아 전역에서 건조 파스타를 먹게 된 것은 불과 60여 년 전의 일이다.

이제 국수의 재료는 밀가루에 국한되지 않는다. 베트남 쌀국수 포pho는 이미 전 세계인의 입맛을 사로잡은 지 오래됐고, 중국에서는 쌀국수 미셴이 인기다. 벼나 보리 등의 식용작물 재배가 쉽지 않은 고지대에서는 메밀을 가꿔 그것으로 먹거리를 만들어 먹는다. 심지어는 도토리를 가루 내어 국수, 묵, 탕수육을 만들기도 한다. 우리나라 사람들이 여름철에 즐겨 찾고 겨울에는 별미로 호사를 누리는 냉면, 막국수, 메밀국수의 재료가 메밀이다. 부탄에서는 메밀국수 푸타가 축제나 종교 의식이 거행되는 동안 신은 물론 신과 소통하고 의식을 주관하는 람lam(신관)에게 올리는 공양 음식 촉Tshok이기도 하다. 불교 신자에게 촉은 공덕을 쌓고 마음을 정화하여 불성佛性을 가리고 있는 무명無明,

부탄 붐탕 종카의 메밀국수 푸타

즉 어리석음을 걷어내는 중요한 행위다.

17세기에 그려진 태국 수안 파카드 궁전 벽화에는 전통 쌀국수 카놈찐 만드는 법이 묘사돼 있다. 그리고 태국에서는 어디서고 이런 쌀국수를 만들어 먹는다. 뿐만 아니라 볶음국수 팟타이, 국물국수 꿔이띠여우 등 인간이 못 만들어 먹을 국수 요리는 없다. 물에 알맞게 불린 쌀을 절구에 넣고 빻아 둥글게 뭉친 반죽을 끓는 물에 넣어 표면만 살짝 익힌 뒤, 식기 전에 절구로 빻아 익은 표면과 날것인 속이 골고루 섞이도록 한다. 걸쭉한 쌀 반죽을 다시 고운 망에 걸러 알갱이를 골라내면 생크림처럼 부드러운 상태가 된다. 이것을 구멍이 여러 개 뚫린 보자기나 양철통에 담아 끓는 물속에서 빙글빙글 돌리면 쌀 반죽이 눌리면서 뜨거운 물속으로 가느다랗게 빠져나와 국수가 만들어진다. 이것이 타이의 대표적인 전통 쌀국수 카놈찐이다. 이를 삶아 국물을 부어 먹기도 하고 건더기가 많은 소스에 비벼 먹기도 한다. 고명으로는 비릿하게 빈대 냄새가 나는 고수를 넣어 먹는데 이는 더운 지방 사람들이 모기에 대한 저항력을 키우는 데 일조한다. 우리가 따라야 할 필요는 없다.

엊그제 나는 잔치국수를 먹으며 장수의 꿈을 옹골차게 키웠다. 어제는 볶음짜장면이라고 이름 붙인 간짜장과 울면을 먹었다. 국수를 참 싫어하던 내가 어느덧 국수 애호가가 돼 있다. 어찌된 까닭일까? 내일은 무더위도 식힐 겸 시원하고 고소한 콩국수를 먹고 후식으로 나오는 감주도 한 대접 마실 요량이다.

별미의 탄생

"슬퍼하기엔 인생이 너무 짧다."

_ 타샤 튜더(1915~2008, 미국의 동화 작가, 삽화가)

타이완 여성들의 산후 보양식 '당귀 황기 슬목어 머리탕'

우리나라에서는 아이를 낳은 산모에게 잉어나 가물치를 고아 먹인다. 형편이 여의치 못하면 호박을 푹 삶아 먹도록 한다. 그렇다고 급하게 먹으면 치아가 손상된다. 풍토가 다르고 물산物産에 차이가 있으면 문화가 유별하다. 그래서 섬나라 타이완은 출산 후 6주 이내의 산욕기 여성들에게 온기를 더해주는 슬목어머리탕을 먹도록 하여 기혈을 보하게 한다.

별미, 진미라 불릴 정도로 세인의 관심을 끄는 음식은 우연히 만들어지지 않는다. 요즘은 상업 광고나 마케팅이란 게 있지만, 과거에는 특정 인물과 관련된 고사를 배경으로 해야 음식이 날

200년 전 모습의 부엌에서 많은 시간을 보낸 타샤 튜더

개 돋친 듯이 팔렸다. 장비우육張飛牛肉은 백정 출신의 장비가 위나라와 전투하러 가는 길에 만든 육포다. 그의 고향인 탁주涿州는 육포의 명소가 되었다.

영어로는 milk fish라고 불리는 슬목어虱目魚(스무위)는 청어와 비슷한 물고기로 주로 아시아 동남부 해역에서 잡힌다. 타이완에서 최고의 인기를 누리는 이 생선은 DHA와 불포화지방산, 단백질이 풍부하기 때문에 영양가가 높을 뿐 아니라 소화 흡수도 잘 된다. 슬목어 머리를 당귀, 황기 등의 약재와 함께 끓인 ‘당귀황기 슬목어 머리탕當歸黃耆虱目魚頭湯’은 산후조리 여성의 필수 섭취 음식이다.

스무위란 명칭의 기원은 해적 정성공鄭成功(1624~1662)이 타이완의 타이난臺南에 상륙했을 때로 거슬러 올라간다. 정성공은 명나라 말기 청군에 끝까지 저항하며 명나라 부흥운동을 벌이다 패한 뒤 타이완으로 건너가 그곳을 통제하고 있던 네덜란드 세력을 축출하여 민족 영웅으로 추앙받는 인물이다. 당시 어민들이 정성공을 환영하며 신선한 생선을 헌상하고 감사를 표했는데, 정성공은 물고기 이름을 몰랐다. 그래서 “션머위甚麽魚(무슨 물고기냐?)”라고 물었는데, 어민들은 정성공이 그 물고기에 ‘스무위虱目魚’라는 이름을 하사하는 것으로 받아들였고 그 이름이 이어져 왔다고 한다. 우리나라에서 도루묵이라는 생선 이름이 생겨난 사연과 흡사하다.

또 다른 설 역시 정성공과 관련이 있다. 정성공은 타이완 상

슬목어

슬목어머리탕

륙 이후 병사들이 먹을 만한 신선한 생선이 없어 고생하는 것을 보았다. 그래서 바다를 가리키며 "없다고 말하지 말라. 여기에다 그물을 쳐서 거두면 얻을 수 있다莫說無, 此間擧網可得也"라고 말했다. 그물을 치자 과연 그의 말대로 물고기가 잡혔고 사람들은 그렇게 잡힌 물고기를 '궈싱위國姓魚' 혹은 '모수어우莫說無'라 불렀다. "없다고 말하지 말라"는 뜻의 '모수어우'가 발음이 비슷한 '마스무麻虱目'로 바뀌어 불리다가 현재의 '스무위'가 되었다는 것이다.

정성공 이야기

나라가 기울 무렵이면 여러 가지 변고가 발생한다. 국운이 쇠했음을 알리는 전조가 여기저기서 나타나는 것이다. 메뚜기 떼가 농작물을 쑥대밭으로 만들어 가뜩이나 어렵고 피폐한 농민들의 삶을 죽을 지경으로 만드는가 하면, 가지가지 도적들이 발호한다. 하나같이 살기 어렵다는 이유에서다. 나 살기 어렵다고 도둑이 되고 불한당이 된다는 억지 논리가 현실이 되어 곳곳에서 양민을 피해자로 만든다. 홍길동이나 로빈 후드와 같은 의적이 있지만, 무척 희귀한 사례다.

별별 도적 중에 정성공 같은 이도 있다. 나라로부터 인정받은 도적이기 때문이다. 땅을 뺏고, 물건을 약탈해 나라에 바치니 조정에서 싫어할 리 없다. 황제는 그에게 관작을 주어 도적질을 조장하기까지 했다. 돈 앞에 양심은 자취를 감추는 걸까? 국가는 감정이 없는지라 도적질에 둔감한지도 모른다.

때는 중국이 명나라에서 청나라로 교체되던 무렵 "L'homme n'est qu'un roseau le plus faible de la nature: mais c'est un roseau pensant(인간은 자연 가운데서 가장 약한 하나의 갈대에 불과하다. 그러나 그것은 생각하는 갈대다)"라는 구절로 유명한 프랑스가 자랑하는 수학자 파스칼이 세상을 뜨던 해(이 세상에 영원한 것은 없다), 후일 영국 의회의 명예혁명으로 아버지 제임스 2세를 대신하여 남편인 오렌지 공 윌리엄 3세와 더불어 공동 왕위에 오른 스튜어트 왕가의 메리 2세가 태어났던 그해, 우리의 이웃 섬나라 일본에서는 에도 막부의 6대 쇼군 도쿠가와 이에노부가 태어난 바로 그해, 1662년 6월 23일(양력) 타이완 섬을 점유하고 있던 정성공이 39세의 나이로 죽었다. 그는 막강한 청 왕조에 대해 명백한 반대 의사를 피력하고 샤먼廈門에 인·의·예·지·신仁義禮智信, 항저우杭州에는 금·목·수·화·토金木水火土의 오헌五軒을 세웠다. 두 곳 다 해안도시다. 그는 일반 세금과 상인들의 해상 통행세 징수는 물론 고리대금업으로 부를 축적했다. 일본 나가사키의 중국 생사 무역을 독점하며 아버지 정지룡 못지않은 세력을 형성했다. 청 왕조는 정성공의 해상 세력 확대와 활동을 막기 위해 부단히 노력했다.

중국의 아들, 타이완의 아버지

정성공은 청나라 군대에 쫓겨 화남華南(중국 남부)으로 도망친 융무제隆武帝 주율건朱聿鍵을 수행한 공로로 연평군왕延平郡王의 작위를 받고 명나라의 황실 성인 주성朱姓을 하사받고 국성야國姓爺라는 별명을 얻었다. 그래서 훗날 타이완섬을 점령한 네덜란드인들에 의해 '콕싱아'라 불리고, 일본에서도 '고쿠센야'라는 이름으로 알려졌는데, 이들 호칭은 모두 '國姓爺'의 민난어閩南語식 발음인 콕성야[kok-sèng-iâ]에서 유래한다. 중국어 방언 중의 하나인 민난어는 주로 푸젠성과 타이완에서 사용한다.

"짐승은 죽어서 가죽을 남기고, 사람은 죽어서 이름을 남긴다"고 했지만, 실제로 역사에 이름을 남기는 사람은 극히 일부에 불과하다. 아예 지배층이거나, 국가를 위해 혁혁한 공을 세우거나, 사관의 눈에 특이한 인물로 비치거나, 돈 보따리 싸 들고 가 이름을 기록해달라고 부정 청탁을 해야 세세손손 이름이 남는다. 그런데 중국인 장사꾼 아버지와 일본인 어머니 사이의 혼혈아로 태어나 해적질로 평생을 보낸 인사가 이런 거창한 이름으로 불리는 데는 무슨 까닭이 있을 법하다.

풍토가 다르면 식성이나 음식이 다르다

주로 일식집에서 파는 생선 요리 중에 '대구 지리'라는 게 있다. 우리나라 사람들이 좋아하는 지리 요리로는 대구 지리탕, 복지리탕 말고도 우럭 지리탕, 감성돔 지리탕 등이 있다.

일본 사람들이 좋아하는 나베우동을 우리말로는 냄비우동이라고 한다. 일본식 냄비 요리인 지리나베ちり鍋는 흰살 생선을 잘라 두부, 채소 등과 함께 냄비에 넣고 끓여서 초간장에 찍어 먹는 음식이다. 일본 사람들이 '나베'라고 읽고 우리나라 사람들이 '과'라고 발음하는 '鍋'는 노구솥(놋쇠로 만든 작은 솥)이나 냄비를 가리킨다.

이렇듯 같은 식재료라 해도 자연환경이나 문화, 인종에 따라 음식을 만들고 즐기는 바가 다르다. 생태, 동태, 황태, 북어 등은 '명태'를 상태에 따라 달리 가리키는 말이다. 또 수컷 물고기의 뱃속에 들어 있는 정액 덩어리를 '이리'라고 하는데, 명태의 이리는 '곤이'라 하여 특별히 다른 이름을 사용한다. 명태는 다른 물고기에 비하여 이리의 양이 많다. 식량이 부족했던 시절 국거리로 많이 쓰였던 이유가 그 때문이었지 싶다. 이만큼 언어는 어렵다. 모국어인데도 단순히 알지도 못하고 구별 지어 알지도 못한다. 그러나 실제로 사람들은 언어로 사물에 이름을 붙이고, 그것으로 구별하여 사용했다.

사람들은 가히 못 먹는 게 없어 보인다. 그 목적도 각양각색이다. 수컷 물개의 생식기인 해구신海狗腎, 수소의 우낭牛囊 따위를 먹으면 없던 정력도 탁월해지고, 우슬牛膝을 고아 먹으면 아프던 무릎이 낫고 우족탕은 건각健脚의 보약이라 믿는다. 일종의 유감주술有感呪術이다. 여기서 흥미로운 건 소의 생식기를 표현하는 방식과 그 속에 들어 있는 세상과 사물에 대한 인식의 차이다. 우리말은 불알 하나로 그것을 말하지만, 한자는 우낭牛囊으로 전체를 말하고 낭심囊心과 고환睾丸으로 우낭이 감싸고 있는 내부 기관을 정확하게 구별해 표현한다. 우리는 정자를 생성해내는 알의 속성을 뜨거움(불)으로 보지만, 한자 사용자는 고환睾丸(못·늪 고, 알 환)을 통해 알이 수성水性의 늪에서 배태되는 것으로 인식하고 있음을 보여준다.

간 요리 또한 사람들이 즐기는 품목이다. 서양 사람들이 거위 간 요리를 푸아그라라 하여 세계 3대 별미 중 하나로 꼽듯이, 우리나라 사람들은 황가오리 애를 더없이 맛있는 진미로 친다. "애간장을 녹인다"라는 말에서 보듯 '애'는 창자 또는 간을 가리키는 고어다. 예전에는 젖먹이가 침을 많이 흘리면 돼지코를 목에 걸어 얼떨결에라도 아이가 코를 자주 핥게 했다. 비위는 자칫하면 상하는 것이고, 쓸개는 있다가 빠졌다가 하는 부착식 장기인 듯하다. 쓸개 빠진 놈도 있고, 쓸개도 없는 놈이 있다는 말로 보아서 그렇다. 허파는 바람이 들면 곤란하다.

일본인들처럼 담백함을 즐기는 사람들은 깔끔한 지리 요리를 좋아하지만 많은 한국인은 고춧가루, 마늘, 파 등의 향신료를 넣고 끓인 매운탕을 선호한다. 뜨겁고 칼칼한 국물 맛을 '시원하다'

고 역설적으로 표현하는 사람들이 한국인이다. 영어의 'cool'도 그런 뉘앙스를 담고 있지만, 대중목욕탕 뜨거운 물속에 몸을 담그고서 "어, 시원타!"를 연발하는 한국인의 뜨거운 사랑을 표현하기엔 역부족이다. 이런 문화의 차이는 환경의 소산이기 쉽다. 그리고 사람은 환경에 적응하는 탁월한 능력을 갖췄다. 매운 것에 경풍驚風(경기驚氣라고도 함)을 일으키던 일본인들이 한국에 와 살며 어느 결엔가 시큼하거나 매운 김치 맛에 물들고, 구릿한 된장 냄새를 구수하다고 인식하게 되고, 땀 뻘뻘 흘리면서도 고추장 범벅인 떡볶이에서 젓가락을 떼지 못하는 이유는 새로운 환경에 적응하는 능력의 결과다.

산수가 다르면 산지의 토산물이 다르다. 풍토가 다르면 음식 문화도 다르다. 같은 종이라도 모양과 성분에서 차이가 있다. 파의 원산지 파미르*the Pamir*('파의 고개'라는 뜻)에서 나는 것과 유럽 대륙 서편의 섬 지방 웨일스에서 생산되는 리크*Welsh leek*는 현격히 다르다. 리크는 서양 정구지(부추)라고나 할 법하다.

웨일스 현지인들은 국장國章에 들어가는 회청색을 띤 이 파를 가지고 죽*leek porridge*을 쑨다. "죽 쒀서 개 준다"는 속담과는 달리 웨일스의 명물 파죽은 사람이 먹는다. 정구지의 별명이 파옥초破屋草다. 얼마나 힘이 넘치기에 집을 부숴버릴 수 있는가. 호사가는 이를 몸의 순환이 좋아져 배변이 수월해진 탓에 오줌 줄기가 막 강해지기 때문이라고 말한다. 그러나 집을 부숴버릴 수도 있다는 의미로 해석하는 것이 더 진정성이 있다. 정구지精久持란 말도 의미심장하기는 마찬가지다.

한방에서는 삼지구엽초三枝九葉草 잎 말린 것을 음양곽淫羊藿이라 하고 음위陰痿, 냉풍冷風, 노기勞氣를 다스리는 강정제强精劑로 쓴다. 서양인들에게는 충분히 황당해 보일 수 있는 초목 약재설과는 상관없이 동양 특히 동북아시아 사람들은 한술 더 떠 이 약재로 술을 담아 약처럼 복용한다. 그리고 절차탁마切磋琢磨하며 보낸 오랜 인고의 세월을 보상받으려 한다. '의식동원醫食同源' 혹은 '약식동원藥食同源'을 믿는 순진한 사례라 할 만하다.

리크와 버섯이 들어간 오트밀 죽

과일의 황제 귤과 섭생攝生과 철학

기원전 5세기 그리스 철학자 데모크리토스는 만물이 다수의 원자로 구성되어 있다는 원자론을 주창했다. 이 시기를 전후해서 그리스에 어떻게 그토록 똑똑한 사람들이 넘쳐났을까? 데모크리토스의 철학 사상을 형이상학적 결정론이라고 하는데, 과거뿐만 아니라 미래조차도 이미 오래전에 결정되어 있다는 것이 핵심이다. 사물의 아주 작은 부분까지도 그렇다니 그리스인의 운명론 내지 숙명론은 페르시아의 세밀 화법만큼이나 정치하거나 상당히 비관적으로 보인다.

데모크리토스와는 또 달리 똑똑했던 그리스의 철학자들은 아르케*arche*, 즉 만물의 근원에 대해 생각이 달랐다. 탈레스는 '물', 헤라클레이토스는 '불', 아낙시메네스는 '공기', 아낙시만드로스는 '물, 불, 공기, 흙'의 4원소라고 주장했다.

한편 우연의 일치인지 모르겠으나 고대 인도에서는 서양보다 앞선 기원전 8세기경 우파니샤드Upanishad 시대부터 인간 존재와 자연계의 사물을 구성하는 기본 원소를 지地, 수水, 화火, 풍風의 네 가지로 분류하는 사대설四大說이 유행했다. 그리고 중국에서는 『주역周易』이라는 철학서에 입각하여 만물의 근원을 '태극太極'이라고 보고 태극에서 음과 양이 비롯된다는 음양

데모크리토스

설이 득세했다. 또한 이와는 달리 삼라만상의 구성요소를 목, 화, 토, 금, 수 오행五行으로 나누고 여기에 음양론을 접목해 사람의 건강이나 명운을 음양과 오행의 속성과 결부시켜 해석했다.

오행 다이어트

오행설을 섭생에 접목할 만큼 인류는 지혜롭다. 물질적 삶이 풍요로워지고, 물산 또한 다양하고 풍부해지자 과거와 달리 사람들은 식품을 골라 먹는 즐거움까지 누리게 되었다. 그 결과는 지방이 풍부한 살집이다. 여기저기 폭식, 과식, 탐식, 그리고 간식의 후손들이 왜곡된 몸매로 느린 삶을 산다. 이제 비만은 건강의 적이라 간주하고 살을 내리는 각종 다이어트 비법이 성행하

는 시대가 도래했다. 황제 다이어트라는 호사스러운 살 깎기 묘책이 있는가 하면 간헐적 단식이라는 독특한 살빼기 전술이 한때 유행했다.

21세기 지구인의 삶은 그야말로 코미디다. 음식을 탐한 결과 몸에 이상이 왔다. 그래서 지난날 맛났던 식사의 추억을 되새기며 전혀 즐겁지 않은 운동을 한다. 먹어서 찌우고 찌운 뒤에는 인정머리 없이 덜어내려고 한다. 얼마 전에는 오행 식사법이라는 별난 섭생법이 잠시 세인의 관심을 끌었다. 골라 먹기의 대표 격인 오행 식사법은 과일이나 채소를 색깔에 따라 오행으로 분류하고 개인의 체질도 오행 중의 하나로 나누고, 오행 체질에 적합한 색을 띤 채소와 과일 중심으로 먹는 방법이다. 역으로 말하면, 자신에게 맞지 않는 혹은 해로운 색상의 채소와 과일을 회피하는 식사다. 예를 들어 일주의 일간이 임수壬水인 사람은 포도, 가지, 라즈베리와 같은 흑색 또는 검붉은색을 띤 식품을 섭취하라고 권한다. 수는 방위로는 북방, 색상으로는 검은색에 해당한다.

일주가 무술戊戌인 나는 임신壬申월에 태어났다. 일간 무토戊土는 월령月令으로 신금申金을 만나 자신의 모든 것을 쏟아 붓고, 그래서 아낌없이 주는 비호세력 무토의 은덕을 입은 신금은 월간 임수를 만나 상생의 원리에 따라 조건 없는 사랑을 베푼다. 결국 무토는 신금에게 모든 것을 바치지만 큰소리치고 통제나 지배는커녕 오히려 부모의 마음으로 기꺼운 시혜자施惠者가 된다. 그리고 무토 덕분에 강력해진 신금은 자식 같은 임수에게 헌신한다.

그 덕분에 무토가 임수를 상대하기가 쉽지 않다. 내 경우 수水는 재財에 해당한다. 그리고 재에 시달린다. 허허실실 모자란 듯, 무리하지 않고 살아야 한다. 건강도, 인생행로에서 대인관계도.

그러나 일지日支에 술토戌土가 있어 천간일주天干日柱에 힘을 보태니 신약한 듯 신강한 운세다. 음양오행론에 근거해서 사주 상의 체질을 논하자면 수에 해당하는 신장, 방광이 실하고 토에 해당하는 비장, 위장이 허한 수실인, 좀 더 정확하게는 수실토허인이다. 사상체질로는 흔히 소음인으로 분류된다.

사방의 중심인 중앙토中央土는 사신도의 동 청룡, 남 주작, 서 백호, 북 현무를 품고 아우른다. 이런 성품의 만물을 포용하는 토의 빛깔은 황색이다. 중국인의 시조도 황제요, 대륙을 관류하는 중국인의 젖줄도 황하다. 중국인들이 좋아하는 쇠는 누런 쇠, 황금이다. 오장육부의 인체 장부 중 비위가 토에 해당한다.

보사법補瀉法에 따르면, 과도한 것은 덜어내고, 모자란 것은 채워야 한다. 체질이 수실인인 사람은 실한 수를 사하고 허한 토를 보해야 한다. 그러므로 토를 상징하는 색상인 황색, 갈색이 몸에 이롭다. 보석은 황금이 좋고, 과일은 귤, 오렌지, 바나나, 레몬 등이 몸에 유익하다. 그래서인지 나는 레몬을 무척 좋아하며 오늘도 레몬 홍차에 갈색 설탕을 넣어 달달 새콤한 맛을 즐기고 있다.

황색 과일의 대표 귤

오방색의 으뜸인 중앙토를 상징하는 황색을 띤 노란 과일은 토의 성질이 필요한 사람들에게 사랑을 받는다. 심지어 황금을 복용하기까지 한다. 일본 사람들은 말차를 낼 때 차완茶碗(찻주발) 속 거품 위에 황금 가루를 뿌려 음용하기도 한다. 황금 아이스크림이 있는가 하면, 황금 화장품도 있다. 후금의 시조 누르하치의 이름은 '누르'와 '가치'가 만나서 생긴 이름이다. '누르'는 황금(씨족)인 '애신각라愛新覺羅'와 의미가 같다. 그리고 '가치'는 다루가치, 양아치, 타부가치에서 보듯 인칭접사다.

형성形聲은 상형, 지사, 회의, 전주, 가차와 더불어 한자의 구조 및 사용에 관한 여섯 방식六書의 명칭 중 하나다. 두 글자를 합해 새 글자를 만드는 방식을 따른 형성한자形聲漢字 '귤橘'에서 '木'은 뜻을, '矞(율)'은 음을 나타낸다. 그런데 矞은 꽃구름 즉 색채가 있는 상서로운 구름을 뜻하는가 하면, '과시誇示(자랑해 보이기)하다'라는 의미도 지닌다. 그래서 귤나무는 시위적示威的 과시가 있는 나무를 뜻한다.

남자들이 좋아하는 액션 첩보 스릴러 영화 중에 맷 데이먼 주연의 본 시리즈가 있다. 그중 4부가 「본 얼티메이텀*The Bourne Ultimatum*」이다. 제목의 의미는 시리즈의 '최종 결론'이거나 주인공 본의 '최후'라거나 둘 중 어떤 쪽으로 해석해도 좋을 듯하다. 이 영화의 압권은 아프리카 국가 모로코의 탕헤르*Tangier*에서 벌어지는 격투 씬이다. 영화가 펼쳐지는 탕헤르의 지명에서 지중해산 귤의 이름이 만들어졌다. 탠저린 오렌지*Tangerine orange*가 바로 그것으로 우리가 흔히 먹는 제주산 귤에 상응하는 유럽산 귤이다.

한국인들이 좋아하는 제주 밀감 즉 감귤은 영어로 만다린 오렌지*Mandarine orange*(紅橘)라고 부른다. 표준 중국어인 베이징 관화官話를 뜻하기도 하는 'Mandarine'이라는 이름에서 짐작이 가듯 중국이 원산지인 귤이다. 고대부터 히말라야 동부와 중국의 양쯔강 상류 지방에서 재배했다. 서양 귤은 맛과 당도가 동양의 귤과 판이하다. 지중해 일대 특히 발렌시아 지역에서 재배하는 발렌시아*Valencia* 오렌지 탠저린*Tangerine*의 이름은 영어로는 '탠지어'라고 읽는 도시 탕헤르*Tangier*에서 비롯되었다.

모로코 서북부 탕헤르테두앙주의 주도인 탕헤르는 지브롤터 해협의 서부 마그레브 해안에 위치해 있다. 주민의 숫자는 70만 명으로 스페인에서 27킬로미터 떨어져 있다. 고대에는 페니키아의 항구였으며, 예로부터 아프리카와 유럽을 연결하는 주요 교역지로 중요하게 여겨졌던 곳이다. 5세기까지 로마 제국의 영토였으며, 이 일대의 중심지로 번영을 누렸고, 그후 반달족의 침입을 받고 쇠락해진 상태에서 잇따라 비잔티움 제국과 아랍 제국의 지배를 받았다.

Tangier[tænˈdʒɪər] 혹은 Tangiers라는 영어 명칭은 어떻게 생겨났을까? 과거 이 지역은 로마의 식민지였다. 페니키아인들의 교역 장소였던 때도 있었다. 원주민은 잘 생긴 베르베르인이었다. 이들이 이곳을 고대 베르베르어로 Tingi, ⵜⵉⵏⴳⵉ라고 불렀다. 식민지 지배자인 로마인들이 이를 Tingis로 받아들였다. 베르베르인들은 오래전부터 Tanja라고 부르고 있다. 그리고 7세기 후반 이후 이 일대를 지배한 아랍어를 쓰는 사라센 이슬람들은 현지인 베르베르인들이 쓰는 Tanja를 طنجة /Ṭanjah로 음사해 사용하고 있다.

한편, 베르베르족과 그리스 신화에 보면 해신海神 포세이돈과 그 부인 가야 사이에서 태어난 아들 안타에우스Antaeus 왕의 부인이 틴지스Tinjis다. 틴가Tinga 혹은 틴지스Tingis라고도 불린다. 그녀는 고대 리비아Libya의 여왕으로 남편으로 안타에우스와 헤라클레스를 두었다. 복잡한 신들 세계의 속사정이다.

사실 탠저린 오렌지는 오렌지이고, 귤은 시트론citron이라고 하는데, 귤속 과일 중 하나인 시트론이 유대인을 통해서 지중해와 유럽으로 퍼져나갔고 레몬과 오렌지는 이베리아 반도에 정착한 우마이야 왕조의 무슬림을 통해서 8세기 이후 처음으로 유럽에 알려졌다. 그래서 오렌지와 레몬은 오랫동안 무슬림과 결부되는 이국적인 과일이었다.

귤속citrus 나무는 연평균 기온이 15도씨 이상인 난대 지역에서 자라기에 알맞으며, 물 빠짐이 원활하고 겉흙이 깊은 모래 참흙이 생육에 좋다. 한국에서 자라는 재래 귤 품종은 당유자, 진귤, 병귤, 유자, 청귤, 동정귤, 홍귤, 빈귤, 사두감이 있다.

앞서 말했듯 귤은 원산지가 인도와 중국이다. 히말라야 동부 지역과 중국 양쯔강 상류에서 고대부터 재배했다. 흔치 않은 귀한 과일로 왕족의 식단에나 오를 선택받은 몸이었다. '회귤유친

懷橘遺親’이라 하여 "귤을 품고 가서 어버이께 드린다"는 유명한 중국 고사성어가 있다. 고사의 주인공 육적陸績의 이름을 붙여 '육적회귤陸績懷橘'이라고도 한다.

철학은 과학이 아니다. 인체의 장기를 간장·심장·비장·폐장·신장의 오장五臟으로 나누고 각 기관의 질환에 따라 시술을 하고 약을 처방하는 일은 과학이다. 그러나 동양의 이분법적 사고의 산물인 음양과 우주만물의 기를 설명하는 방식인 오행의 이치는 철학이다. 이를 일상의 건강법에 적용하는 일이 절대 무익하지 않다고 생각한다. 과신하지 않고 즐긴다면 무엇이 문제일까?

가을은 홍시의 계절이다. 여자 중에는 홍시가 변비를 일으킨다고 먹기를 포기하는 사람들이 더러 있다. 홍시를 한두 개 먹는다고 누구나 다 변비에 걸리지는 않지만, 홍시를 백 개쯤 먹고도 변비 안 걸릴 사람은 단 한 명도 없다. 무엇이든 적당하고 알맞으면 문제없지만, 과다하거나 지나치면 없는 병도 만든다. 메밀이 살 빼는 식품이라지만, 체질에 따라 메밀 먹고 살찌는 사람도 있다. 메밀 음식을 석 달 열흘을 매일 먹었는데 살이 빠지지 않았다면 그때의 절망감 내지 배신감은 얼마나 크겠는가?

다음 글에서는 붉은색, 검은색, 푸른색, 흰색과 관련된 식품과 건강, 숨겨진 인간의 욕망에 관해 이야기하고자 한다.

체질과 섭생

"밥은 봄같이 먹고, 국은 여름같이 먹고, 장은 가을같이 먹고, 술은
겨울같이 먹어라."

앞선 글에서는 음양과 오행에 바탕을 둔 오상 체질을 거론하
며 수실(토허)인에게 유익한 토의 성질을 지닌 황색 식품에 대해
살펴보았다. 이번 글은 화실인, 목실인, 금실인, 토실인과 관련한
식품 이야기를 하려고 한다.

체질에 맞는 식품

붉은색 과일은 화火의 기운이나 성질이 필요한 사람들에게 이
롭다. 그리고 녹색 과일은 목木, 흰색 과일은 금金, 검은색 과일은
수水의 기운이 허약한 사람들에게 필요하다. 금실인은 금의 장부
臟腑인 대장과 폐장이 실하고 금을 제어해야 할 화의 장부인 소장

과 심장이 신약한 체질을 말한다. 따라서 부실한 화에게 힘을 실어주기 위해 화를 상징하는 붉은색 과일이나 채소 등을 섭취하면 좋다고 한다. 토마토, 수박, 체리, 앵두가 붉은색 식품이다. 옷도 붉은색 계열을 입어야 든든하고, 몸에 착용하는 보석 또한 루비(붉은색 강옥鋼玉), 레드 다이아몬드(블러드 다이아몬드라고도 불림), 산호, '불의 돌' 임페리얼 토파즈와 같은 적색 종류를 애용하는 게 바람직하다.

화실인은 화의 장부인 심장과 소장이 실하고 화를 컨트롤해야 하는 수의 기운이 허한 체질이다. 수의 장부는 신장과 방광이며, 색은 검은색이다. 따라서 수의 기운이 필요한 화실인은 '블랙 푸드black food(검은색 과일과 알곡)'가 보탬이 되고, 검은색 의복을 입고 보석, 패물, 장신구도 검은색 계통을 걸치면 좋다. 블랙 다이아몬드, 블랙 사파이어, 스피넬 등이 검은색 보석이다. 검은색 식품은 일반적으로 암 예방과 기억력 향상에 효과가 있다고 알려져 있다. 그러므로 체질과 상관없이 맛과 영양의 밸런스, 건강을 위하여 포도, 오디, 블랙베리, 프룬, 흑미, 흑두, 흑임자, 검정 강낭콩 등의 식품을 섭취하는 것은 권장할 만하다. 사실, 1989년 미국 캘리포니아에서 'Five a Day'라는 오행을 상징하는 오색 식품 섭취 운동이 펼쳐진 이후 다섯 가지 컬러 식품에 대한 관심이 미국 전역으로 퍼졌던 적이 있다. 오색 과일이나 채소를 골고루 하루에 총 400그램 이상 섭취하자는 주장이 캠페인의 핵심인데, 이 운동의 결과 미 건국 이래 처음으로 암 발생률과 사망률이 감소 추세로 돌아섰었다. 지금은 그 열기가 시들해졌지만, 블랙 푸드에 대한 기대와 관심은 여전히 남아 있다.

토실인은 목의 속성을 지닌 식물이 살려는 열망으로 땅에 뿌리를 내리려는데 단단하거나 영양가 없는 토양을 만나 고전하는 경우에 빗댈 수 있다. 토는 강한 반면 목을 상징하는 장부인 간담이 부실하니 녹색 계열의 의상을 입고, 보석은 녹색의 비취 정도를 걸치는 게 좋다. 틈나는 대로 녹색의 잔디밭을 어슬렁거리고, 푸른 숲에서 산책을 즐기는 것도 필요하다. 아보카도, 멜론, 키위 말고도 푸른색 채소나 과일은 많으니 샐러드를 만들어 먹든, 갖은 양념으로 무쳐 먹든, 삶아 먹거나 볶아 먹거나 선택의 폭이 넓다.

목실인은 목이 실한 반면 흰색을 상징하는 금이 허하다. 금이 상징하는 장부는 대장과 폐다. 면도칼金로 아름드리나무木를 벨 수 없다. 설사 그럴 의지가 있다 해도 수개월이 걸릴 일이다. 따라서 흰색 보석류를 착용하고, 옷도 흰옷을 입어야 건강해진다. 식품도 백색 식품을 섭취하는 식습관이 몸에 이롭다. 대표적인 백색 과일과 채소로는 배와 바나나, 알로에, 양배추, 양파, 버섯, 무, 도라지, 더덕, 마 등이 있다. 과학적으로 흰색 색소를 만드는 물질인 안토크산틴이 풍부한 채소와 과일은 따뜻한 성질을 지녀서 폐와 기관지가 약한 사람에게 좋다고 한다. 또 백색 과일이나 채소는 몸속의 노폐물과 독소를 몸 밖으로 배출하는 효능이 있다고 알려져 있다.

중요한 것은 중용이다. 맛있다고, 몸에 좋다고 마구 먹는 폭식은 해롭다. 어느 한 가지에 치우치지 않는 균형 잡힌 식사나 식단 또한 중요하다. 자신의 체질을 알아서 몸에 유익하고 해로운 식품이 무엇인지 아는 것도 필요하다. 본능만 따르는 식사는 잠시 만족을 주지만, 이성의 충고를 따르는 식사는 건강한 삶을 선물한다.

아무리 생각해도 사람은 묘한 존재다. 식량이 부족할 때는 무엇이고 가리지 않고 입에 넣었을 텐데, 살만하니까 사변적이 되어(실제로는 지금 당장 안 먹어도 혹은 눈앞의 음식을 안 먹어도 굶어 죽을 염려를 하지 않아도 되므로) 먹는 일에도 금기를 적용해 까탈스럽게 음식을 가려 먹게 되었다. 종교로 힌두교를 믿는 인도인은 소고기를 먹어서는 안 되고(그렇다고 물론 소고기를 전혀 안 먹는 것은 아니다), 유대인과 무슬림은 돼지고기를 먹지 않는다. 그래서 나도 돼지 지방에서 추출한 젤라틴이 들어간 초코파이를 이란 친구에게 주었다가 거절당한 적이 있다. 우리나라 사람들이 무척 좋아하는 문어를 유럽인들은 '악마의 물고기*devil fish*'라고 부르며 먹기를 꺼린다. 임신부가 멀리해야 할 식품도 문화에 따라 다르다. 오리고기를 먹으면 태어날 아기의 손발이 오리발처럼 달라붙고, 닭고기를 먹으면 피부가 닭살이 된다는 식의 금기는 생각보다 만연해 있다.

현대인들이 보기에 실소를 금치 못할 금기 중 하나가 기휘忌諱다. 돌아가신 조상이나 성인, 황제와 같이 신분이 높은 사람의 이름 사용을 꺼리는 일이다. 사람 간에는 예의와 존숭尊崇의 차원에서 그렇다 쳐도, 식품 이름조차 기휘 때문에 개명해야 하니 우습다고 할 수밖에 없다. 참마를 가리키는 서약薯藥(한약재로 쓰일 때는 산약山藥이라고 함) 덩이뿌리는 강장제로, 몸이 허해서 생기는 남성의 유정遺精, 여성의 대하帶下, 소갈消渴, 묽은 변이나 곱똥을 누는 사리瀉痢 즉 설사 따위에 쓴다. 이 식물 겸 약재의 본이름은 서예薯預였는데, 중국 당나라 제8대 황제인 대종代宗 이예李豫의 휘와 같다고 해서 음이 비슷한 '약藥'으로 바뀌었다.

백제 무왕이 신라의 아이들에게 마를 먹인 까닭은?

고등학교 시절 배운 「서동요」는 그 내용이 알쏭달쏭했다. 『삼국유사』 권2 「기이紀異」 무왕武王 조條는 신라 향가인 이 노래와 관련하여 "(훗날 백제 무왕이 되는 젊은이가) 신라 진평왕의 셋째 딸인 선화공주가 아름답기 짝이 없다는 소문을 듣고는 머리를 깎고 신라의 서울로 가서 동네 아이들에게 서예 즉 마를 먹이니 아이들이 친해져 그를 따르게 되었고, 이에 아래와 같은 노래를 지어 아이들을 꾀어 부르게 하여 동요가 서울 전역에 퍼져 대궐 안에서까지 들리게 되자 백관이 왕에게 극구 간하므로 공주를 먼 곳으로 귀양 보냈다"라고 전한다.

善化公主主隱　　　　　　선화공주니믄

他密只嫁良置古　　　　　　눔 그으기 얼어 두고

薯童房乙

夜矣卯乙抱遣去如

셔동 지블

바므란 안고 가다

이 이야기대로라면 서동은 무왕이어야 하고, 선화공주는 무왕비가 되어야 한다. 그러나 익산 미륵사지 석탑에서 금제사리기金製舍利器와 함께 발견된 금판의 사리 봉안기에 무왕의 비는 "좌평 사택적덕의 딸"이라고 되어 있으니 무왕의 왕후는 선화공주가 아니다. 물론 선화공주가 일찍 죽어 당시 실세였던 사택가문의 여식이 왕비가 되었을 가능성은 있다.

"세간에서 말통대왕末通大王이라고 부르는 사람이 백제 무왕이고 그의 어렸을 적 이름이 서동薯童"이라는 『고려사』의 기록("俗號 末通大王陵, 一云, 百濟武王, 小名薯童")(권57 「지志」, 권11 「지리地理」 2 전라도 전주목 금마군 항목)과 "무강왕武康王이 말통대왕이 되었다"는 『세종실록』「지리지」의 기록("在郡西北五里許, 谷呼武康王爲末通大王")(권151 「지리지」 전라도 전주부 익산군 편)은 서동이 무왕이 아닌 무강왕일 가능성을 시사하고 있다.

역사적 진실을 추적하는 작업도 흥미롭기는 하지만, 여기서 시선을 끄는 부분은 서예가 삼국시대에 아이들도 좋아하는 한국인의 먹거리였다는 점이다. 미리 말하자면 나는 마를 좋아하지 않는다. 내가 수실인이라 토가 허하고 따라서 비위가 약한 체질이라 황색 식품이 몸에 좋다는 게 오상 체질에 입각한 일반론이지만, 위에서 말했듯 균형 잡힌 식단이 중요하기도 하고 왠지 입맛에 맞는 식품이 따로 있는 법이다. 비록 나는 싫어하지만 마를 좋아하거나 체질상 백색 식품인 마의 섭취가 유익한 사람들이 있다. 마는 기력이 허한 남자들에게 강정제로 쓰이는 식품 겸 약재다. 그런데 서동이 신라의 어린애들에게 마를 먹인 까닭은 무엇일까? 『동의보감』에 따르면 "마는 따뜻하고 맛이 달며 허로虛勞(허약한 몸)를 보해주고 오장을 채워주며 근골筋骨을 강하게 하고 안신安神(정신을 편안하게 함)을 통해 지혜를 길러준다"고 한다. 서동의 깊은 뜻이나 의도는 몰라도 먹을 게 부족했던 시절 서동이 아이들에게 좋은 일을 했음은 분명하다.

똑같이 먹어도 유난히 더 살이 찌는 사람이 있다. 심지어는 물만 마셔도 살이 찐다고 하는 사람들이 있다. 그 까닭이 무엇일까? 몸속에 '피르마쿠테스'라는 이름의 유해균이 많기 때문이라는 주장이 제기되었다. 피르마쿠테스균은 장내에서 당 발효를 증진하고 지방산을 생성해 비만을 유도하는 유해균이다. 반면 우리 몸을 날씬하게 만들어주는 이로운 균은 '박테로이데테스'인데, 이 균은 우리가 섭취한 탄수화물을 분해하고 몸 밖으로 배출시켜 체중 감량을 끌어내는 역할을 한다.

프랑스, 특히 남프랑스 여자들은 먹는 양이 절대 적지 않다. 식사량이 상당히 많은 편인데도 변함없이 날씬한 몸매를 유지한다. 이탈리아 사람도 꽤 많이 먹는다. 소렌토 골목 카페에서 노부부가 안티 파스타(애피타이저)로 피자를 한 판씩 먹고, 정어리 파스타와 랍스터 파스타를 또 한 접시 먹는 모습을 보고 놀라 눈이 휘둥그레졌던 기억이 난다. 그런 대식의 비결은 무엇일까? 그리고 많이 먹는데도 살이 안 찌는 건 일종의 축복이다. 먹고도 살이 붙지 않는 현상에 대한 설명 중 하나가 '프렌치 패러독스 *French Paradox*'라는 주장이다. 육류 등 살찌는 음식을 많이 먹으면서 와인을 곁들여 마시기 때문에 살이 안 찐다는 것이다. '지중해 식단'이라 하여 요리를 할 때 올리브 오일을 많이 사용하므로 배불리 먹어도 비만을 걱정하지 않아도 된다는 그럴듯한 조리문화 홍보도 있다.

제철음식

그리고 누구나 다 아는 것 같지만 제대로 실행에 옮기지 못하는 비만 방지 요체가 있다. 다름 아닌 우리 선조들이 경험에서 익힌 섭생 내지 건강 관리법이 그것이다. 앞에 인용한 속담을 잘 들여다보면 이 땅에서 살아온 사람들이 사계절 기온과 섭생을 연결해 생활 속 지혜로 전해왔음을 알 수 있다. 마땅히 밥은 따뜻하게 먹는 것이 좋다. 국은 뜨거워야 하고, 장은 뜨겁지도 차갑지도 않게, 다시 말해 끓인 뒤 식혀서, 그리고 술은 차게 마셔야 몸에 이롭다는 사실을 제대로 알고, 그대로 실천에 옮기는 사람이 얼마나 될까?

우리네 선조들은 부족한 식량 사정 속에서 자연과 일치하는 섭생법을 체득하여 생존을 영위하고 독자적인 음식 문화를 발달시켰다. 서양 사람들과는 달리 우리에게는 절식節食이란 풍속이 있다. 절기에 맞춰 특별히 만들어 먹는 음식을 총칭하는 말이 절식인데, 설날에는 떡국, 대보름엔 오곡밥, 초파일엔 증편, 단오엔 수리취떡이나 쑥떡, 유두일엔 국수(유두면)나 수단, 삼복 중에는 육개장, 추석날에는 송편, 구월 구일 중양절重陽節에는 국화주와 국화전, 동짓날엔 팥죽을 먹는 풍습이 바로 그것이다.

이 중에서 보름날의 풍습에 대해 더 자세하게 말하면, 이날 그저 오곡밥만 지어 먹는 것이 아니라 이른 새벽에 '귀밝이술'이라고 청주를 한 잔 마시고, '부럼 깨기'를 하고, '복쌈'이라고 해서 김이나 나물 잎에 밥을 싸서 먹었다. 나물은 묵혀두었던 박나물, 버섯, 고사리, 도라지 말린 것, 외곡지, 가지고지, 시래기 등을 함께 무쳐 먹었다. 그리고 '묵은 나물을 늘어놓았다'라는 뜻으로 진채陳菜라고 불렀다. 고기 하나 없이 차리는 순 자연산의 한국식 채식 식단이다.

가을 전어가 영양도 최고이며 미각 면에서도 절정임을 조상들은 어떻게 알았을까? "가을에 전어를 구우면 집 나간 며느리가 되돌아온다" 할 정도로 가을철 전어는 미식가의 예찬 대상이다. 그런데 전어 맛의 절정은 9~10월이 아닌 11월이다. 이 시기에 잡히는 전어는 살이 통통하고 비린내가 적으며 뼈가 무르고 맛이 고소하다. 늦가을 고소함이 비길 데 없는 전어 맛의 비밀은 풍부한 지방에 있다. 가을철 전어의 지방 함량은 봄의 세 배나 된다고 한다. 산란기인 3~8월에는 지방 함유량이 적어 맛이 떨어진다. "가을 전어의 대가리엔 참깨가 서말"이라는 말은 틀린 말이 아니다.

아욱 된장국을 특별히 좋아하는 나는 근래 식품매장에 나오는 아욱이 억세고 맛이 예전만 못해 늘 불만이다. 아욱은 가을 국거리 채소로 나 같은 사람의 다이어트에 적격이다. 내가 아욱국을 좋아하는 이유는 된장과 어우러진 특유의 구수한 맛 때문이지만, 알고 보면 마른 체형인 내 몸이 살기 위한 본능으로 아욱을 선택했을지도 모른다. "아욱으로 국을 끓여 삼 년을 먹으면 외짝 문으론 못 들어간다"는 속담대로 한 삼 년을 아욱국만 먹어볼까 했는데, 집 식구가 편식이 해롭다며 동조하지 않는 바람에 아욱의 효과를 확인하지는 못했다. 그래서 오늘의 나는 여전히 몸이 여윈 편이지 불어나 있지는 않다. 아욱국에 맛들인 사람은 알겠지만 "가을 아욱국은 마누라 내쫓고 사립문 닫아걸고 먹어도" 죄책감은커녕 마냥 맛만 좋아 콧노래가 절로 나오게 만드는 그런 매력이 있다.

상추는 어떤 계절의 식품일까? 여름이라고 답하면 오답이다. 한여름 장마가 지나고부터 가을까지가 상추의 계절이다. 상추는 성질이 냉한 식품인 데다 서늘하고 시원한 날씨를 좋아한다. 배처럼 치약 대신 쓸 수 있다. 추분 지나면서 해가 짧아지면 우울해하거나 식욕 부진에 빠지는 사람들이 있는데 이들에게 상추는 권할 만한 채소다.

절기상으로는 이렇게 제철 식품이 따로 있지만, 그보다는 개인의 체질에 맞는 식품, 그렇지 못한 식품을 구별해 먹는 일이 더 중요하다. 전어가 내 몸에 맞지 않다면 아무리 가을 전어라 해도 쓸모가 없다. 동짓날이 다가오면 팥죽 먹을 생각을 하며 나는 미리부터 즐겁다. 팥죽에 곁들여 먹는 시원한 동치미 국물맛과 얼음 박힌 무의 질감 또한 유쾌한 상상을 자아낸다. 음식은 궁합이 맞아야 한다.

숭배와 보시의 공양물, 납팔죽臘八粥

"죽 그릇 속에 담긴 인간의 욕망을 들여다본 적이 있는가? 하나의 혹은 다수의 재료가 뒤엉켜 끓고 있는 죽 그릇을 보면 거기 우리 내면에서 부침을 거듭하는 욕망이 보이지 않는가? 부처는 수자타가 공양을 올린 유미죽을 마심으로써 욕망을 정화했다." _ 정자

수년 전 5월 아일랜드의 수도인 더블린에 갔다가 느닷없이 쏟아진 소나기 때문에 몸이 젖고 추웠다. 따뜻한 음식이 먹고 싶어졌다. 오코넬 거리에 있는 이름이 매디건스*Madigan's*인 펍을 찾아 들어갔다. 처연한 음색의 에이미 와인하우스의 노래가 들렸다. 「Back to Black」이었다. 메뉴를 보니 스타터로 수프 *Chef's Homemade Soup of the Day*가 있었다. 갓 구운 기네스 소다 빵 *Guinness soda bread*과 함께 나온 그날의 수프는 곡물 가루를 조금 넣고 끓인 따끈한 호박죽 같았다. 맛도 맛이려니와 따뜻한 수프

납팔죽

를 먹으니 몸이 풀리고 마음도 누그러졌다.

　문득 생각했다. 사람들은 왜 죽을 먹을까? 죽이라고 하면 소화 기능이 약한 유아나 환자를 위한 음식이라는 생각이 떠오르면서 정상적인 식사는 아니라는 느낌이 든다. 그래서 누군가 죽을 먹었다고 하면 아프거나 형편이 어려워 제대로 식사를 못 한 것으로 간주하게 된다. 식량이 부족하고 먹어야 할 입이 많은 시절엔 소량의 식자재로 양을 늘려 멀건 죽을 만들어 배를 채우기도 했다. 죽의 재료도 평상시 먹던 것이 아닌 새롭게 찾아낸 산야채山野菜이곤 했다. "초근목피草根木皮로 목숨을 연명한다" 할 때 달래, 냉이, 씀바귀 같은 나물은 지금 같은 별미 반찬이 아니라 죽거리로 쓰인다.

　죽은 날것인 식재료를 끓여 사람이 먹기 좋게 만든 음식이다.

그러나 종교적인 관점에서 보자면 숭배의 대상인 신에게 올리는 공양물은 인간이 먹는 음식과는 달라야 했다. 최고의 정성이 담겨야 했다. 그 정성이란 신이 음식을 먹기 편한 형태로 만드는 것이다. 그래서 밥보다는 죽이 더 값지다고 믿었다. 또한 밥은 단일 재료로 만들지만, 죽은 여러 가지 재료 혼합이 가능했다. 내가 어렸던 시절만 해도 식량 생산이 부족한 탓에 국가에서 혼식이라 하여 잡곡밥을 권장했고, 밀가루 소비 촉진을 위한 계몽 교육도 시행했더랬다.

앞에서도 잠시 언급했듯이 고대 황허강 중류의 채도彩陶를 동반한 신석기 농경문화인 양사오 문화 시기, 동북아시아 지역 사람들이 식용으로 먹는 식물성 식품은 쌀, 조, 기장 세 종류뿐이었다. 그리고 그것을 '역'이라는 이름의 세 발 솥 위에 올린 시루에 넣고 쪄 먹었다. 메소포타미아에서 시작된 밀농사가 동북아까지 오는 데는 아주 오랜 세월이 걸렸다. 뒤늦게 들어온 새로운 식재료 밀가루와 국수는 절대적인 환영을 받았다. 12세기경 중원의 송나라에서는 다양한 국수가 탄생하고 음식 문화가 꽃을 피웠다.

승원에서는 불단에 국수를 올리고 예불 의식을 거행했다. 갖은 소망이 담긴 기도와 염불이 끝난 뒤 시방삼세十方三世의 재불諸佛이 시식한 국수를 경건한 마음으로 받들어 먹는 승려들과 신도들은 부처의 온기를 느끼며 안심했다. 그리고 허망하고 고난에 가득 찬 사바세계를 살아갈 용기를 얻었다.

세상에 공짜는 없다. 무언가를 얻으려면 이쪽에서도 주는 것이 있어야 한다. 부처의 가피加被(보살핌, 보호)를 얻으려면 부처에게 꽃이든 향이든 과일이든 음식이든 마지를 올려야 한다. 부처에게 올리는 공양供養을 마지摩旨라고 한다. 이 말은 고대 산스크리트Sanskrit('holy language'라는 뜻으로 범어梵語라고 함) 'maghi'의 음차어로 본래는 신단의 영약인 약초의 일종을 가리키는 말로서 摩舐라고도 표기한다. 최고의 스승인 부처께 올리는 마지 즉 공양은 공양주가 밥을 지을 때나 뜸을 들일 때 잡다한 말을 하지 않아야 하며, 밥이 다 되면 제일 잘된 부분을 퍼서 마지 그릇에 담아 진지를 올린다. 그리고 대개 『천수경』을 독송한다. 부처는 생전에 사시巳時에만 일종식一種食을 했다고 한다. 그래서 부처에게는 사시 공양만 올린다. 그 뜻을 따라 절에서는 아침 공양을 조공朝供이라 하여 주로 죽을 먹었고 그 이름을 신죽晨粥(새벽 죽이라는 뜻) 또는 조죽朝粥이라고 했다.

냉정하게 말해 공양은 순수한 바침이라기보다 나약한 중생이 자질구레한 소망을 담아 헌물하는 뇌물 성격이랄 수 있다. 그러나 수도자의 경우는 달랐고, 달라야만 한다. 삭발하고 출세간의 결단을 내린 구도자로서 숭배의 대상이 있을 테고, 그런 존재에게 공양물을 바치는 행위는 지극히 당연하다. 또 티끌투성이 진세塵世에 살며 선한 삶을 꾸리고자 하는 불자들에게 불법을 전하며 공양을 나누는 일은 자비희사요, 바라밀의 으뜸인 보시행위인 것이다.

속세의 인간은 사는 재미를 기념일에서 찾기도 한다. 자신이 믿는 종교 창시자의 생일과 재일齋日을 기념하고 기리는 일은 자연스러운 마음의 발로다. 그래서 크리스마스가 있고 불교에서는 성도재일, 열반재일 등이 있다. 석가모니 부처는 12월 8일 도를 이뤘다. 사시사철 더운 나라 인도의 12월은 여전히 덥다. 사람들은 고민했다. 부처가 드시기에 좋고, 맛이 있는 공양물로 어떤 음식이 좋을까? 맛있고 향기로운 공양물을 드신 부처께서는 아무래도 정성껏 준비한 공양물을 바치는 자신을 더 어여삐 여기실 것이라는 기대감이 있었다. 납팔죽臘八粥은 그런 인간의 작은 욕망에서 탄생했다.

납팔죽 이야기

후일 샤카釋迦(Shakya)족의 성자牟尼(muni)라는 뜻의 '샤카무니釋迦牟尼'로 불린 고타마 싯다르타가 부처佛陀(Buddha 즉 깨달은 자覺者)의 경지에 이르렀다는 음력 12월 8일을 성도재일成道齋日이라고 한다. 이날을 기념하기 위해 절에서는 죽을 쑤어 불전에 바치고 사람들끼리 나눠 먹었다.

우리나라에서 행해지고 있는 성도재일의 기원은 중국 송나라 때로 거슬러 올라간다. 송나라 때 선가禪家에서 12월 8일을 성도일로 정하고 법회를 해왔다. 그러나 남방불교에서는 베삭*Vesak* 또는 웨삭*Wesak*이라고 하는 5월 보름날을 성도일*Buddha Purnima*로 보고 묵상과 팔정도, 관욕 등을 실행한다. 팔리어로는 베사카

Vesakha, 산스크리트로어는 바이사카*Vais´akha*라고 부르는 이날 현세의 중생은 공덕 쌓기를 최고의 의미 있는 일로 여긴다.

성도일을 한자로 납팔일臘八日이라고 하는 까닭은 '섣달 납臘'을 '사냥할 엽獵'으로 읽는 것과 관련이 있다. 고대 중국에서는 새해가 되기 전 달에 조상들에게 제사를 지냈고, 그때 동물들을 사냥해서 제사의 제물로 사용했기 때문이다. 그래서 '사냥하는 달'이라는 의미로 음력 12월을 납월臘月이라고 부르며 따라서 12월 8일을 납팔臘八이라고 한다.

중국 청나라 시절 12월이 되면 거리마다 죽을 파는 노점이 자리 잡기 시작하고, 8일에는 너나없이 납팔죽을 쑤었다. 흰쌀이나 차조에 밤, 마름, 붉은 팥, 잣, 개암나무 열매, 땅콩, 행인(살구씨) 등을 넣고 죽을 끓여 설탕으로 단맛을 냈다. 이웃이나 친지에게 선물할 때는 반드시 배추절임을 곁들였다. 황운곡黃雲鵠이 쓴 『죽보粥譜』에는 납팔죽은 도회지 선비가 끓인다는 흥미로운 기록도 있으나 왜 그렇게 하는지에 대한 설명은 없다.

종교는 공포에서 비롯된다. 신은 환란 중에 의지할 대상이다. 원시 단계의 종교에서는 자연재해, 전쟁, 질병, 악귀 등 모든 것이 인간 존재를 위협하는 대상이었다. 사막의 종교 기독교에서는 인간은 언제 죽을지 모르는 사망의 골짜기를 지날 때도 신이 함께하므로 안전하리라는 믿음을 가져야 했다. 신은 인간이 기대하는 안전의 욕구, 오래 살고자 하는 불멸의 욕망의 대가로 자연재해를 물리치고 전쟁에서 승리를 기원하는 기도, 질병을 치유하고 악귀를 축출하는 의식을 인간에게 전했다.

동북아시아에서는 일찍부터 동짓날에는 팥죽을 쒔다. 악귀가 싫어한다는 붉은색 팥을 이용해 팥죽을 쑤는 것이다. 음력 12월 8일에는 채과菜果를 넣은 납팔죽을 쑨다. 신에게 올리는 음식에는 소박한 인간의 욕망이 배어 있다.

죽을 한자로는 粥이라 하고 묽은 죽은 鬻(죽), 된죽은 饘(전)이라 표기한다. 회의자會意字인 粥이라는 글자에서 쌀 米 양 옆의 弓은 수증기 즉 김의 상형象形이다. 본래 글자인 鬻을 보면 발이 세 개 달린 솥鬲에 물을 많이 붓고 솥뚜껑을 연 채 불을 때 죽을 쑤는 모습이 그려진다. 된죽이라는 의미의 饘(전)은 육서六書의 하나인 형성자形聲字로 食은 뜻을 亶은 소리를 나타낸다. 亶의 뜻은 '도탑다, 두껍다'다. 미죽糜粥 또한 된죽을 가리킨다.

"一日不作 一日不食"은 음식의 소중함을 강조하는 불교 계율이다. 기름기 많고 향이 강한 수십 가지 음식을 요란하게 잔뜩 차려놓고 먹는 호사스러운 식사를 경계하는 승단에서는 툭하면 국수 공양을 했고, 걸핏하면 쌀죽을 쑤어 먹었다. 맛이 있어서인지 어처구니가 없어서인지 불가의 승려들은 국수만 보면 웃었고, 그래서 승가에서는 국수를 일러 승소라 부른다. 이와는 달리 '승려의 빗'이라는 뜻의 승소僧梳(얼레빗 소梳)는 아무짝에도 쓸모없는 일이라는 말이다. 승려들이 죽을 많이 먹다보니 죽반승粥飯僧이라는 말이 생겨나기도 했다. 글자 그대로는 죽을 먹고 지내는 승려라는 뜻의 이 말이 와전되어 무능한 사람을 조소하는 데

쓰이고 있다.

"피죽도 못 먹었다"라는 말이 있지만, 피는 더 이상 곡물이 아니다. 그러나 전란, 가뭄, 홍수 등의 재해로 지나치게 곤궁하여 먹을 게 없으니 사람마저 잡아먹어야 했을 때 피는 인류 존속에 큰일을 했다. 영양가는 없는 유사 식품이니 먹어도 든든한 구석이 없었다. 그래서 많은 사람이 피골이 상접하고 행색이 남루한 사람더러 피죽도 못 얻어먹었느냐고 비아냥거리거나 값싼 동정을 보태기 일쑤다.

그러나 이런 나의 생각은 인간사회의 다양한 계층이 존재한다는 사실을 간과한 무지의 소치였다. 조선왕조실록을 보면 죽에 관련된 기사가 많이 나온다. 백성은 배를 곯거나 초근목피로 연명하는 지경임에도 왕실에서는 녹두죽, 연자죽蓮子粥은 말할 것도 없고 양죽胖粥(胖, 숫양 장)이라는 이름도 생소한 죽을 쑤어 먹었다. 또 앞에서 보았듯 사찰에서는 납팔죽臘八粥(음력 12월 8일에 불전에 올렸던 공양죽)을 쒀서 사부대중이 나눠 먹었다. 이 죽은 칠보죽七寶粥이라고도 불렸는데 세간에서도 석가의 성도成道를 축하하는 뜻에서 여러 종류의 쌀, 콩, 과일 등을 넣고 죽을 쒀서 돌아가신 조상에게 바치고 친척과 친지에게도 보냈다. 일본 사람들은 이 죽을 운조가유溫糟粥(うんぞうがゆ)라 부르는데, 갖가지 곡물을 함께 섞어 죽을 쑤다보니 빛깔과 맛이 술 빚고 난 뒤의 술지게미 같다고 느꼈기 때문인지 모르겠다.

'죽'이 본디 우리말이었는지도 분명치 않다. 죽의 한자어가 죽

粥이기도 하고, 죽의 사전적 정의는 "곡식을 물에 오래 끓여 알갱이가 흠뻑 무르게 만든 음식"이다. 그런데 여기에 의심을 하게 만드는 옛시조가 있다. 중장 앞부분을 요즘 말로 옮기자면 "조죽과 쌀죽을 백양나무 젓가락으로 찍어서 당신이 드시오"라고 할 수 있는데, 곡식 알갱이가 푹 퍼진 죽이라면 젓가락으로 먹는 일이 가능할까 싶다. 허술한 움막을 짓고 죽을 먹으며 지내도 사랑하는 사람과 헤어지지 않기를 바란다는 시조의 내용으로 보아 백양나무 잔가지를 꺾어 만든 어설픈 젓가락으로 조금씩 아껴서 죽을 집어먹는다는 게 아닐까. 참고로 초장의 지명 금화와 금성 그리고 수숫대 등으로 미루어 이곳은 오늘날 강원도 철원 일대에 해당하는 지역이다.

욕망의 음식

ⓒ 연호탁

초판인쇄 2026년 3월 12일
초판발행 2026년 3월 24일

지은이 연호탁
펴낸이 강성민 이은혜
편집 양나래 심예진 최유진
관리 편집보조 김유나 김지우
디자인 고희주
마케팅 정민호 한민아 이민경 한경화 박진희 황승현 김경언 양지연
브랜딩 함유지 이송이 박민재 김하연 신은서 이준희 조다현

펴낸곳 ㈜ 글항아리
출판등록 2009년 1월 19일 제406-2009-000002호

주소 경기도 파주시 문발로 214-12, 4층
전자우편 bookpot@hanmail.net
전화번호 031-955-2690(마케팅) 031-941-5161(편집부)

ISBN 979-11-6909-545-7 03900

잘못된 책은 구입하신 서점에서 교환해드립니다.
기타 교환 문의 031-955-2689, 3580

www.geulhangari.com